中公文庫

フランス革命史（上）

ジュール・ミシュレ
桑原武夫／多田道太郎／樋口謹一 訳

中央公論新社

フランス革命史　上　目次

下巻

DTP　平面惑星

フランス革命史　上

人民史家ミシュレ

桑原武夫

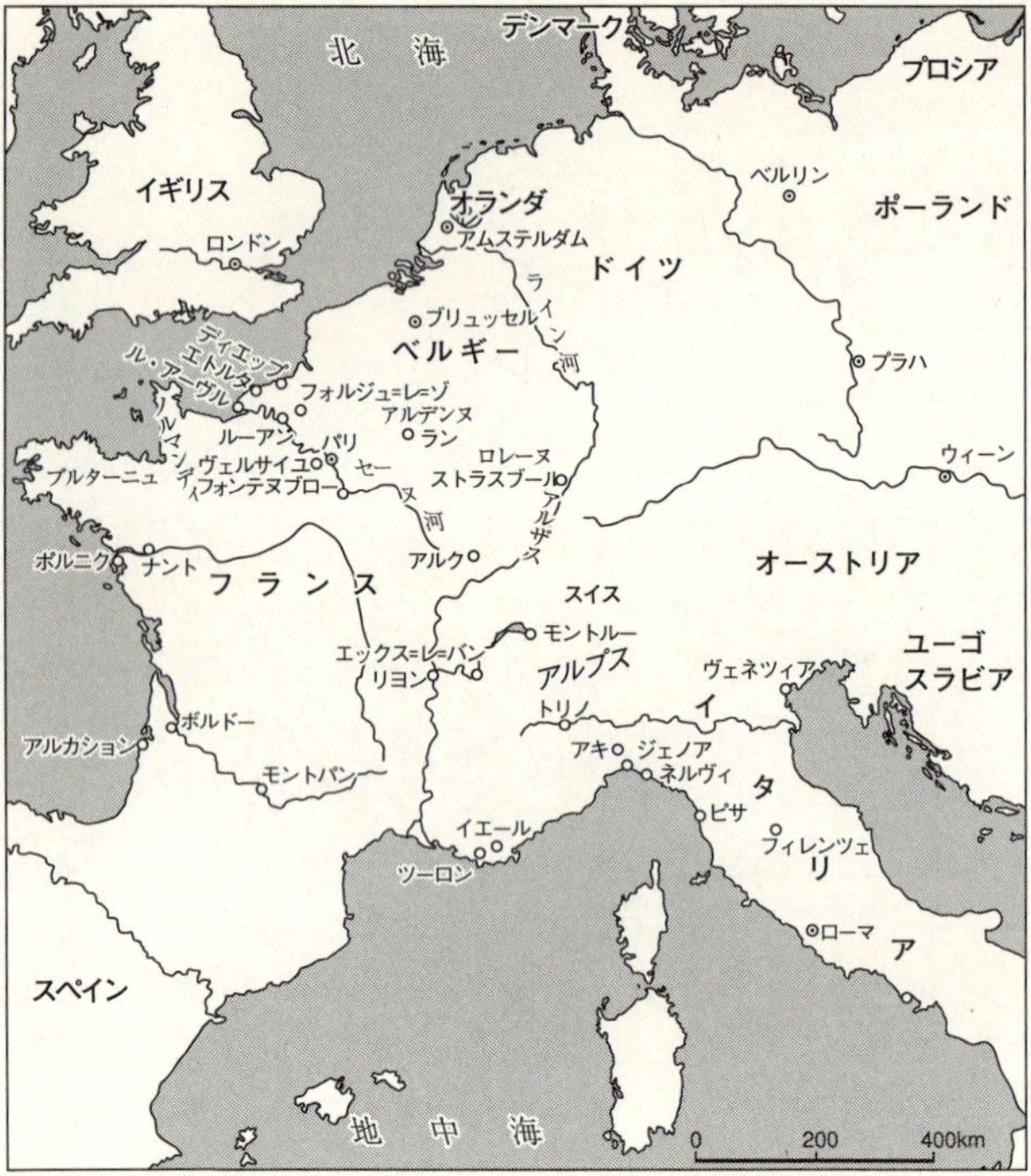
北　海
デンマーク
プロシア
イギリス
ロンドン
オランダ
アムステルダム
ベルリン
ポーランド
ドイツ
ライン河
ブリュッセル
ベルギー
プラハ
ディエップ
エトルタ
ル・アーヴル
ノルマンディ
フォルジュ=レ=ゾ
アルデンヌ
ルーアン
ラン
パリ
ヴェルサイユ
ブルターニュ
フォンテヌブロー
セーヌ河
ロレーヌ
ストラスブール
アルザス
ウィーン
アルク
ポルニク
ナント
フランス
スイス
オーストリア
モントルー
エックス=レ=バン
リヨン
アルプス
ユーゴスラビア
ヴェネツィア
トリノ
イタリア
ボルドー
アルカション
アキ
ジェノア
ネルヴィ
モントバン
ピサ
イエール
フィレンツェ
ツーロン
ローマ
スペイン
地　中　海
0
200
400km

なぜこの本を訳するか

「世界の名著」六十六巻のうちの一巻をミシュレの『フランス革命史』が占めていることを、不審に思う人が少なくないようである。ミシュレという大歴史家の名は、たしかに、日本の一般読書人のあいだにほとんど知られていない。『フランス革命史』は、かつて冒頭のわずかな部分が訳出されたことがあるにすぎない。そのようななじみのうすい著作、すくなくとも日本ではまだ名著というなかにははいっていない、しかも膨大な外国の歴史書を、なぜあえて訳出して、読者の前に提供しようとするのか。その冒険がいまや必要だ、と私たちは確信するからである。

なぜ必要か。それには二つの理由がある。

第一には、フランス革命は人類史上の最も重要な事件の一つであって、その歴史を知ることが私たち日本人にとっても必要だからである。

第二には、本書はそのフランス革命を最も生き生きと伝える名作であるが、同時に、歴史叙述の模範として推奨する価値があるからである。

フランス革命の人類史的意義

どこの国においても、いつの時代においても、一年は三六五日である。しかし、だからといって、その一日一日が人類にとってすべて同じ重さをもつものではない。すべての時代は神に直結する、などといわれ、いずこにおいても、いつのときも、人間は苦痛を避け、快楽をもとめて日々を送り、その日々は当人たちにとってひとしく価値あるものであったことは言うまでもない。しかし、自然において過去は、それ自体のために存在したのであるにしても、その過去を意義あるものとして現在からとらえようとする歴史にとっては、過去はわれわれのために存在するのである。あるイギリスの歴史家が率直に言ったように、「過去は、過去をつくった人間と同じく死んでしまっている」のだ。私たちが死せる過去にかかわりあい、過去を知ろうとするのは、私たち自身の関心のゆえである。

いわゆる専門の歴史科学者が、あらゆる過去の事象はひとしく研究するに値するとするのは自由だが、健全な一般読者が、生きている私たちに関係のないような過去の事象にたいして——それを私たちの関心にむすびつけてくれる歴史家の存在しないかぎり——冷淡であるのは当然のことである。過去のあらゆる時代はすべて均等に価値をもつというのは、衰弱した科学主義の想定にすぎない。ペリクレスの生きた時代のアテナイと八世紀のギリシア地方、それが私たちにとって同じ歴史的価値をもつであろうか。明治維新前後の二〇年と村上天皇治世の二〇年とが、同じ関心をヨーロッパ人やアジア人からひきだしうるであろうか。人類の歴史には、とくに重要な時期というものがあるのである。

フランス革命は、政治・社会・文化におけるいっさいの「近代的なもの」の偉大な源泉である。その期間、すなわち本書の扱う一七八九年から一七九四年までの五年間が、悠《ゆう》久《きゅう》な人類史上にもつ意義の大きさについては、ここに詳説する必要はないであろう。この大革命がその後のあらゆる革命にたいして、かならずしも直接のモデルとしてではなくとも、強烈な刺激をあたえたことは周知のことである。そして革命に不可避の流血の惨を嫌《けん》悪《お》するのは自由であるが、革命によって積弊と矛盾が一挙に破砕され、社会の躍進が保証されたことは、なんぴとも否定しえないであろう。フランス革命が、その栄光と悲惨に満ちた過程をとおして、近代を前面におしだす始動力となったことは明らかであり、また好むと好まざるとにかかわらず、この西洋近代が生みだした価値体系が人類全体のそれとなり、世界文明のなかに定着していることは否定できない。今日、アメリカもソ連もともに、それぞれ独自の変容を加えつつも、この体系の延長のうちに発展しつつある。そして近代日本、とくに第二次世界大戦後の日本が、新憲法においてこの価値体系を採用しつつ成長してきたことは言うまでもない。

しかしフランス革命は、政治史ないし思想史における輝かしいひとこまとしてのみ貴いのではない。むしろこの革命がそうした輝かしいひとこまとなりえた、その経過が私たちの関心をひくのである。いかにすぐれたものにせよ、抽象的理念ないし図式だけでは満足できず、結果としてそれを生みだすこととなる人間行動の充実した生きた過程をとらえようとすることになれば、それがすなわち歴史ということになるのである。

歴史叙述の一つの模範

フランス革命の歴史として、日本の私たちは何をもっているであろうか。専門的な特殊問題の研究をのぞくとすれば、通史としては、箕作元八《みつくりげんぱち》の『仏蘭西《フランス》大革命史』二巻（冨山房、大正八〜九年）があるが、オラールに依拠したこの概説は、いま絶版となっている。私の友人アルベール・ソブールの『フランス革命』（岩波新書、昭和二十八年）は、むしろ理論的な解釈であって、あらかじめ革命の実質的な経過についての知識をもっていなければ、これだけを読んで、革命を全的に把握《はあく》することは困難であろう。マチエの『フランス大革命』（岩波文庫、昭和三十三〜四年）はより詳細だが、なお抽象的であることをまぬかれない。

ミシュレの歴史観については、あとですこしたちいって考察したいが、ともかく、歴史とは過去の「全的な生活の復活」であるとした、この大文章家の『フランス革命史』は、この偉大な悲劇の時代を文字どおり活写している。私たちは本書に導かれてこの壮大な劇的事件のさなかに立って、「ミシュレとともに、見、聞き、触れ、そしてにおいをかぐの

ミシュレ（1842年）

である」（ダニエル・アレヴィ）。しかし、この歴史家は、後輩テーヌに「文筆家《エクリヴァン》」として激賞されたときふかくは喜ばず、「あなたが私にあたえた詩人という名称は、非難のことばで、そうよぶことによって歴史家を圧倒しうると信じる人があるということを、あなたはまだご存じない。このことばはどうとでもとりうる。……私は歴史に厳粛で実証的な基礎をあたえようとしたが、その甲斐《かい》もなく……やはりいたるところで、私はすばらしい想像力をもった歴史家だと書かれているのです」などという手紙を出している。

　ミシュレは、史料の綿密な探究を怠らぬ歴史学者をもって自認していた。たしかに、この国立古文書保管所の歴史部主任（在任二十二年）は、史筆のなかに感動をまじえるが、史料の真実性をふまえることなくして、けっして歓声をあげることはなく、悲嘆の涙を流すこともないのである。だから、一見感覚的なその表現のつみかさねは、究極において「きびしい批判者をすら尊敬させる力づよい構造をつくりあげている」（ピーター・ゲイル）ことになるのである。現代におけるフランス革命研究の最高峰であるジョルジュ・ルフェーヴルが、ミシュレをもってフランスの歴史家中の最大の者としたのには、十分の学的理由があってのことであった。この『フランス革命史』は、学問の立場において、歴史叙述の一つの模範をなすものと言うことができる。

歴史科学の弱点

歴史はもと物語の一種であって、文学の領域に属し、クリオとよばれる美神《ミューズ》のつかさどるところであった。しかし、近代にいたって自然科学の勃興、躍進につれて、歴史はしだいに芸術から科学の領域に移ろうとした。科学的正確性、厳密性をもとめ、また社会科学の影響下にみずからを歴史科学とよぶようになった。そして他の科学と同じように、研究の専門細分化の方向をとっている。これは世界の学界の大勢であって、いかんともしがたいが、もともと大勢順応的心情の強い日本においては、あまりにも安易に無抵抗にこうした考えが採用されたきらいがある。

ヨーロッパでは、さきのジョルジュ・ルフェーヴルをはじめとして、「歴史科学」という名称を認めない歴史家が多いが、日本でこのことばに反撥《はんぱつ》を示す歴史家は、従来ほとんどみかけなかった。そして歴史上の特定の時期の特定の問題にのみ没頭して、歴史全体のビジョンを見うしなうことを恐れず、部分的真実（そうしたものがありうるとすれば）の発掘技術者たることに甘んじ、いな、かえってそこに専門科学者としての誇りを見いだすにさえいたっている。そして科学者たるかぎりにおいて、文学や文章は軽蔑《けいべつ》の対象とはなっても、努力の目標となることはけっしてなかった。しかし、歴史科学がいかに進歩しようとも、その成果の全体を伝達するためには言語シンボルを媒材とするほかはない以上、文体の問題、ビジョンないし構想の問題は、基本的なものとして残るはずである。すなわち歴史叙述の問題である。

歴史研究が厳密な史料操作を前提とすることは言うまでもない。過去に存在した事実の実証的研究、さらにその内容の理論的分析は不可欠である。しかし、それだけに終わるならば、歴史の貴重な部分品でしかない。厳密に考証された個々の事実、それは歴史の全体の流れのなかに、適当な場所に適当な形で組みこまれるべきものである。それではその構築はだれがするのか。自分は専門領域を守り、厳密に掘りさげるだけである、全般に目をくばることは非科学的である、全体をまとめることは自分は遠慮する、こうしたセリフがなにか学問的であるように聞こえた時期があった。わらうべきである（特殊研究のみでなく、通史の講義ができぬ者は歴史学の教授にはなれないとするドイツの伝統は正当である）。歴史上の一定のせまい時期を専門領域とするにしても、そのなかでの甲ないし乙の事件、それの特殊性ないし価値を把握するためには、その短い期間のなかにおいてにせよ、全体的ビジョンがなくてはなるまい。全体的ビジョンを歴史の全過程についてもつ能力のない人間が、どうして個々の研究においてすぐれた業績をあげうるであろうか。また、個々の専門史家がすぐれた業績をあげておけば、それを繰りこんで全体をまとめる神のような歴史家がどこかにいるはずだと思うのは、あまりにも空想的楽天主義ではないか。めいめいの歴史家は、史料収集家ないし好事家《こうずか》でなく歴史家であるためには、全体的ビジョンをもつことを要請される。そしてそれを追求することが歴史家の責任でもあるのだ。

歴史ブームとクリオの復讐

一般社会人のなかには歴史を読むことを好む人が少なくない。ところが、こうした人々は、ながらくむしろ欲求不満におちいっていたといえる。日本においてとくにそうである。アカデミの歴史学者が、普通の社会人の目には、古い、どうでもいいようにみえる事実を科学的に厳密に詮索《せんさく》するだけで、その事実をのせる文明ないし政治の大きな流れについて、あるいはその事実のもつ究極の意味について教えてくれないことにたいして、歴史愛好家は大きな不満をもっている。「歴史のための歴史科学者」にたいして、秘められた反感をもっているとさえ言うことができる。歴史学は二十世紀になってからおおいに精密化され、進歩をとげたといわれる。歴史学界の内部に住む人には、おそらくそうみえるのであろう。しかし、一般の健全な社会人の側からは、歴史科学者なるものは、自分の専門領域の倉のなかで銭勘定をするばかりで、ひろい外界へ出ることを恐れる卑怯《ひきょう》な利己主義者とみなされる危険が生じてきたのである。そうした状況で、過去の再現という一般読者の素朴《そぼく》にして健全な欲求に答えていたのが、いわゆる歴史文学とよばれるところのものであった。それは過去を感覚的に再現することには成功したが、過去が現在とのむすびつきにおいてもつところの価値を、きびしい分析と総合の手続きを経たうえで示すことができなかった。一般読書界における歴史にたいするこの欲求不満のふかい潜在を洞察《どうさつ》していたのは、学者ではなく出版資本であった。そこで歴史についての計画的大量生産の企画がたてられた。その広告の文面がどのように学問尊重的であれ、事業の基本的意図が利潤の追求にあったことは言うまでもない。その追求は完全な成功であった。社会人の不満の一半が解消され、日本ないし世界の歴史についての知識が普及したことは、喜ぶべきことである（世界で現在の日本国民ほど歴史の本を消化した国民はどこにもない）。ただ、この「歴史ブーム」のなかで生まれた作品のすべてが歴史として満足すべきものであるかどうかは、むしろおおいに疑問である。日本は『平家物語』『太平記』『日本外史』などというすぐれた歴史文学をもったが、不幸にして、新井白石などの例外はあるが、模範とすべき歴史叙述をもつことがなかった。明治になってようやく竹越与三郎の『二千五百年史』が書かれたが、専門家はこれに敬意をはらうことがなかった。その後、批判史学、実証史学、科学的歴史などのすぐれた学術論文は多く生産されたけれども、ながらく通史をもたぬことを自責しようともしなかった歴史学界に、歴史叙述の傑作が生まれなかったのはむしろ当然の帰結であった。

伝統のないところで新しい仕事をはじめるには、よほどの覚悟を必要としたはずである。ところが日本の歴史学者は平素、事実の実証的追求には熱心であったが、その成果を示すべき言語シンボルの操作には練習不足であることを、恥としない人が多かった。それが資本の要請に応じて、にわかに長い歴史叙述をこころみたのであるから、全体としての構成にゆるみがあり、内的リズムの感じられないものを生じたとしても驚くにあたらない。若干の歴史学者は、特定の時代の社会構造には通じていたが、その社会においてそれぞれに行動すべき個体の姿には従来ほとんど注目せず、またそれを当然と考えていた。たしかに人間描写ぬきの構造史学というのも一つの学問的態度であって、これを否定することはできない。しかし、そうした立場の人が、いわゆる「読者の要請」に応じて人物中心などということ歴史叙述をこころみたさい、失敗するのはむしろ当然の結果である。私は、ながらくかえりみられなかった美神クリオの復讐《ふくしゅう》のようなものをそこに感じる。専門の歴史科学者が実証的研究を遂行することはりっぱな行為で、異存のありようがない。しかし、その人がひとたび歴史叙述をこころみるならば、それは学問を不可分の前提としつつも、学問をこえた才能と努力を必要とすることを知らねばならない。そのように考えるとき、ギボン、ブルクハルトなどとともに、わがジュール・ミシュレの名が輝きをおびて浮かびでてくるのである。

国民的歴史

ミシュレの歴史叙述がいかにすぐれているかを感得してもらいたいためにこそ、この訳書がつくられたのである。したがって、それの味読をこいねがう以外に、その特質をあらかじめ詳説することは避けるべきであろう。ただ後述のように、ミシュレの歴史観は愛国心に浸透されていて、フランス民族の使命という考えがすこし強すぎる底流をなしている。これが今日この名著の外国への普及をさまたげているといえるが、「世界はフランスに身をゆだねる」といった表現に過敏な反応をおこさぬかぎり、この歴史叙述は世界の読者のなんぴとにとっても興味ぶかいものであるにちがいない。

昨年（一九六七年）の夏、私はフランスのブルターニュ地方を旅行したが、そのさい、偶然話しあったひとりの在郷軍人が、最も愛読する本としてミシュレをあげたことは、私を驚かせた。そしてさらに話しあうと、この素朴な地方人はイギリスぎらい、ドイツ好きで、いまなお自由で進歩的なフランスという理想をいだきつづけており、ミシュレが今日なお一種の国民的歴史として愛読され、影響しつづけていることを如実に示しているのであった。

ミシュレの『フランス革命史』は生き生きとした描写によって、人類史上最も激烈な変動期を体感せしめると同時に、そこに生き死にしたそれぞれの革命家の人間存在のうちに、政治行動とは何か、思想の実践とは何か、公共への献身とエゴイズムとの矛盾、等々の切実な問題を設定するように読者をさそわずにはおかない。たとえば、ロベスピエールの気韻生動するような肖像ほど、革命なるものの輝かしさと惨《みじ》めさを痛感させるものはないの

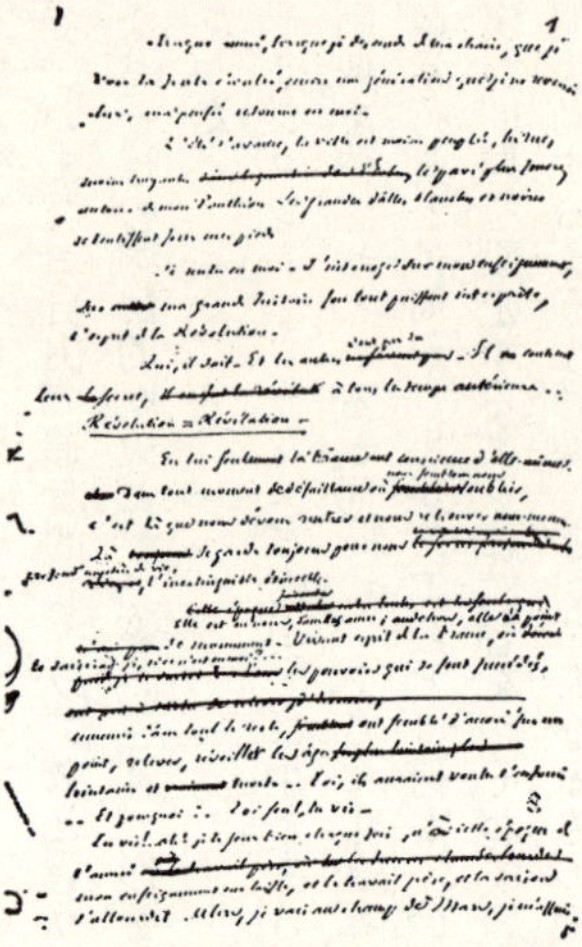

『フランス革命史』序説の草稿

である。

「私は、私と同じように勤勉で、私と同じように貧しかった偉大な意志の人と、毎朝多くの激烈な討論をまじえた。私の精神的、生理的研究の最大の成果は、まさにこの討論であり、真剣にロベスピエールを解剖したことにある」と十年にわたる革命史の仕事を終えたとき、ミシュレは述懐したが、このことばこそ彼の描く人物の迫真力の秘密を示すものといえる。

ミシュレの生涯

「私は、パリの二枚の敷石のあいだに生《は》えた雑草のように成長した。しかし、この草はアルプスの草のように、その養液を失わなかった」

これは、あらゆる評伝家がかならず引用するミシュレのことばだが、たしかにこの歴史家の一生の本質を象徴しているといえる。彼はパリの貧しい人民の子として生まれたが、逆境のうちに奮励努力して美しい歴史の花を咲かせ、七十五歳の死にいたるまで、つねにみずみずしい感受性を失わず、しかも、高山植物のように孤高な面を示していた。

人民の子

ジュール・ミシュレ Jules Michelet は、一七九八年八月二十一日、フュルシを父とし、アンジェリク＝コンスタンスを母としてパリに生まれた。ミシュレ家はラン市の貧しい市民で、祖父はそこの大聖堂のオルガン弾きであった。フュルシは僧職を志したが、革命はこの道をとざしてしまった。そこでパリに出て印刷工となり、また革命に献身した。恐怖政治時代には国立印刷局につとめていたが、ジュールの生まれる二年前から、非キリスト教化運動の対象とされた、マレ通りの旧教会のなかに印刷所をひらいていた。母方のフルシ＝ミレ家はアルデンヌの出身で、独仏国境に近いランウェに住んで、小さい土地をもった農民であった。

ナポレオン時代にはいって父の事業は不振となり、借金のため投獄されるようなこともあった。そのため夫婦喧嘩が絶えず、ジュールはいつも母の味方をしたといわれる。一八一二年、印刷統制令によって父は廃業を余儀なくされるのだが、ナポレオンへの反撥もあって、父はいつも革命時代のよさを賛美していた。それに耳をかたむけながら、ジュールは父の助手をつとめていた。ミシュレは、自分が印刷工の子であることを誇りとして、

「本をつくる前に私は物的に本をこしらえていた。私は思想を集める前に活字を集めていたのだ」(『人民』)と回顧しているのは文飾ではないのである。

ジュールは幼いときから神童として、いまやどん底に落ちこんだ一家の嘱望の的であった。困窮のなかで父は、「私のなかに生き、私の未来への信頼のなかで生きようとしていた」とジュールは書いている。父はいっしょに眠るジュールの枕《まくら》もとで、こんな歌をうたったという。

　父であることはなんと幸福なことか
　私のせがれは私のなぐさめ手
　最後のときまで私のやさしいせがれは
　私の幸福をつくりだす

祖父もランウェの叔母たちも、なんとしてもこの子を学校へやらねばならぬと考えて金を出しあった。彼は学校では、たちまち抜群の成績をおさめた。一八一四年、父は生活のため一種の療養所の管理人の職をひきうけたが、翌年ジュールは母を失うのである。しかし彼は、けっして意気沮喪《そそう》することはなかった。

「私は思いだす、この上もない不幸のなかで、現在の困窮、未来への恐怖のなかで、敵軍は目の先に迫り〔一八一四年〕、私の敵ども〔私の同級生〕が毎日毎日私をばかにしていたが、ある日、木曜の朝だった。私は身をうずくまらせた。雪はあらゆるものをおおっており、火の気ひとつなく、パンがやってくるかどうかも確信がもてず、すべては私においてて終わったかのようにみえたのだが、そのとき、私のうちに、宗教的希望のすこしも混じらない、ストイックな、純粋な感情が生まれ、私は寒さでこごえた手でもって樫《かし》の机を打った。そして私は若さとみずからの雄々しい喜びを感じた。だれがこの男らしい躍動を私にあたえたのか……。私とともに生きていた人々、つまり私の愛する著者たちだ。私は日一日といっそうこの偉大な人々の集まりにひかれ、私は急いで彼らのもとへもどろうとした」

彼は、古典世界の英雄たちのうちに励ましをもとめていたのだ。彼の努力のむくいられる日は遠くなかった。ラテン語作文で彼は首席を獲得したのであった。

「ついにその日がやってきた……。私の心臓はおどり、すべてのものが私の目にはごっちゃにみえた。アンドリュウ氏が首席の名まえを呼んだ。私だった。電気機械の最もはげしい振動も、これほどの作用を及ぼさなかっただろう。膝《ひざ》は力がぬけ、私はもう何もみえなかった。しかし、私はよろめきながらその宿命的な場所に進みでて、そこで私はすわるというよりむしろ崩《くず》れた。私が家へ馳せ帰ったときの感動をどのように描けばよいのか。……家にはいり、何も言わずに私は名誉の記章をみせた。パパの目には涙が浮かび、すこし前からすっかり寝こんでしまっていたママも同じく感動した。このとき以来、両親は私の未来について安堵《あんど》したのである」（『回想』）

さらに十八歳で全国学力コンクールで国語、ラテン語で三つの賞を獲得した。

ポーリーヌとの結婚

学徒としての道は大きくひらけた。十九歳で彼は大学入学資格試験に合格し、塾の復習教師の職を得、二十歳で学士号をとり、二十一歳で文学博士となった。その論文の一つが、それまで彼の精励をささえてきたプルタルコスの『英雄伝』であったことは興味ぶかい。二十三歳で大学教授資格試験に第三位で合格し、ただちにコレージュ・シャルルマーニュの歴史科の教授に任命された。教職について収入が得られ、多少の余裕もできたので、ミシュレは古典の知識をさらに充実させ、近代思想にも親しんだ。ルソー、ゲーテなどもよく読んだが、本人は、小説はあまり読まなかったと言っている。「だから、私は精神の力と若々しさを保ったのだ」というノートのことばは、ミシュレがよく文学的歴史家とよばれることからみて、興味ある発言である。

十八歳のミシュレは誇り高い貧書生であった。その学才によって女性たちの注視をあびていたが、彼はそれに背を向けていた。しかし、この内気な秀才のうちには、後述のように、つねに異性なしではすませぬ強壮な男性がひそんでいた。二十歳のときから彼はポーリーヌ・ルソーとのひそやかな恋愛にはいる。

父の管理する療養所に、ふたりの老貴族婦人の患者がそれぞれ付添いの女をつれていたが、そのひとりにポーリーヌという不幸な娘がいた。その母はオペラの歌手であったが、ある男爵と結婚し、見すてられてしまった。そのあと、この女は義理の子どもと不倫の関係をもったりする。ポーリーヌは、善良な、すこし弱々しい女であったが、二十歳のミシュレはこの六つ年上の女性の愛人となった。まもなく療養所が閉鎖されたので、父はその患者の一部とともにロケット通りに移った。老貴婦人とその付添いが同行したことは言うまでもない。ふたりの関係は結婚を前提としたものではなく、叔母たちは反対であったが、六年後、ポーリーヌが妊娠したので、正式の結婚にふみきった。この女性はちゃんとした家庭もなく、もちろん持参金もなく、不利な結婚であったが、ミシュレはこの献身的な女性を捨てかね、叔母たちを説得して承知させたのである。

ロケット通りのミシュレの家

ポーリーヌはふたりの子どもを生んだ。アデール（一八二四～五五年）とシャルル（一八二九～六二年）である。ミシュレは勉強に没頭して、しだいにこの無教養な妻をかえりみなくなった。そのため、飲酒のくせのついたポーリーヌは結核になり、一八三九年に死んだ。ミシュレははじめて良心の呵責《かしゃく》に悩み、妻の遺骸を発掘して対面したうえ、改葬するなどという異常な行動に出た（彼が最も愛した革命の英雄ダントンも同じことをしている）。ミシュレは、子どもにもむしろ冷淡であったのではないかとみられる。娘アデールは愛弟子《まなでし》と結婚させたが、その母は、後述のように肉体的関係はなかったにせよ、一時同棲までしたあこがれの女性であった。息子シャルルは身をもちくずし、三十三歳で夭折《ようせつ》したが、ミシュレは、いかんともするなし、と言ったのみである。

娘アデール

仕事優先の日常生活

ミシュレは、公的私的にどのような事件があろうと、勉学だけは一日として廃することがなかった。彼をロマン主義者とする人は少なくないが、生活態度においては彼はむしろ現実主義者というに近かった。彼自身はロマン主義者を泣き虫として軽蔑している。いつも彼のうちにある人民的な健康な精神が、詠嘆的な人生態度を峻絶《しゅんぜつ》させたのである。「私は悩むとは、そして意欲するとは、何であるかを、あらかじめ知っていた。いたずらな欲求ではなく、働くことによって現実化する意志を知っていた。未来とは、すでにつくられて待つだけのものではない。それは、みずからが創造せねばならぬところのものである」。彼は晩年まで、つねに日の出前に起床、学校の講義に行く以外は、勉強一本であった。国立古文書保管所の主任となってからは、十一時の出勤まで執筆、役所からは午後三時ごろに帰宅、夜はほとんど仕事せず、十時ごろには就寝した。その勤勉な仕事ぶりは伝統的な職人のそれであった。社交は好まず、シャトーブリアンなどから招待をうけても謝絶した。仕事以外に外出することはほとんどなかったという。

ミシュレは早くからイタリアの哲学者ヴィコの著作に親しみ、そこからふかい影響をうけたことを自認しているが、一八二七年には、その『哲学と歴史の原理』の自由訳を公刊した。また教科書として好評を博した『近代史概説』も同年に出したが、シャルル十世の孫娘やルイ＝フィリップの王女の家庭教師をしていた当時のミシュレには、まだ革命思想は定着していなかった。一八三〇年の七月革命は、ミシュレ自身が「私は一八三〇年に存在しはじめた」と告白しているように、彼にとって突然の啓示であった。フランスのもつ使命、これを明らかにすることこそ自分の天職ではないか。そこで彼はローマ史の研究を中止して、『フランス史』の構想を練るのである。その第一巻は人種に、第二巻は国土にあてられる。歴史研究においてこうした観点を導入したのは、フランスにおいては彼をもって嚆矢《こうし》とする。

ミシュレのくわだてたのは国家の歴史ではなく、そこに生きたフランス人民の歴史である。ミシュレは、著作にかかる前に十分構想を練るが、ひとたび執筆をはじめると、その進行はいつも快速であった。一八三三年には『フランス史』の第一巻、第二巻が上梓《じようし》される。中世の三～六巻は一八四四年に終わり、『フランス革命史』二十一巻、六冊（一八四七～五三年）で中断されたあと、ルネサンスを扱う第七巻（一八五五年）から書きつづけられ、六七年に第十七巻（ルイ十六世まで）が上梓される。さらに『十九世紀史』三巻（一八七二～七四年）が死の直前に完成する。すなわち二十六冊がおよそ四十年をついやして書きあげられたわけであり、フランスの歴史家中最大の執筆量といわれる。

ミシュレは、一八三八年、コレージュ・ド・フランスの教授に任ぜられ、同時に精神科学・政治学アカデミの会員に選ばれた。彼は四十歳で社会的昇進の頂点にまでのぼりつめてしまったのである。言うまでもなくコレージュ・ド・フランスは、ソルボンヌがまだ真の大学の形をなさない当時においては、フランス最高の教育機関であった。そこの教授たることは学界最高の栄誉であったが、彼はこの光輝ある教壇から、いまこそ、栄進の途中では控えねばならなかった人民にたいする信頼の感情を、声高く告げねばならぬと思った。赤貧のなかに育ったミシュレは、いまやブルジョワの生活をいとなみうるにいたったが、にもかかわらず彼は、心情においても態度においても、人民の姿を失わなかった。彼は、社会的上昇が人民階級出身者にその本質を失わしめ、混合的な庶子にしてしまう危険を知っていた。「彼らは出身階級の起源を失い、しかも他の階級のそれを得ることもできない。

困難は、上昇することではなく、上昇しつつ自己にとどまることである」。自己にとどまりえた者として彼がモデルに描くのは、親友、プルードンであった。

病妻を失った翌年、ミシュレは、コレージュ・ド・フランスにおける教え子、アルフレッド・デュメニルの母の訪問をうけ、たちまちこの四十歳で病身の婦人にはげしい愛情をいだく。夫人は自由主義者で、同志とともにミシュレ家を訪れ、ベランジェの歌を合唱するようなこともあった。ふたりは意気投合し、同じ家に暮らしたこともあるが、プラトニックな関係に終わった。そして二年後、癌《がん》によってこの愛人を奪われたミシュレは最大の打撃をうけ、「私がまたたちなおれようとは想像もつかない」とまで嘆いた。

しかし、仕事のために生まれてきたような、この勤勉家は半年をいでずしてたちなおる。そして歴史家としての仕事を精神の乱れなくして遂行するためには、肉体に、あまり苦心を要しない快楽の餌をあてがっておく必要があると考えるようになる。女中のマリやヴィクトワールとの情交がはじまるのである。日記には、「ヴィクトワールと楽しい、しかし上っつらだけの愛情」といった記載や、さらに感覚的なことばが散見する。また、自分の

デュメニル夫人

主治医の夫人との関係が一八四四年からおよそ三年にわたってつづけられたのも、同じ理由からであろう。女中との情交が娘のアデールに知れて、怒ったアデールが一週間も部屋のなかにとじこもるといった事件もあったが、この勤勉家はそうした事件のあいだも、仕事はやめていない。ルイ十一世時代の歴史はこのとき書かれたものである。それどころか、ミシュレは、こうした農民階級出身の女中たちとの情交が、『僧侶・女性・家族』(一八四五年)、『人民』(一八四六年)や『フランス革命史』の最初の三巻の製作の心理的なささえになったことを率直に認めている。

『フランス革命史』の執筆開始

コレージュ・ド・フランスでの開講にあたって「私はカトリックである」と言ったミシュレも、カトリック教会の教育への干渉がはげしくなるのにたいして、しだいに反撥を強めてきた。一八四三年になると同僚のエドガール・キネやポーランドの亡命詩人ミツキェヴィッチとともに、カトリック反動にたいする抵抗運動をはじめた。とくに後者の講義に列席して感動の涙を流してから、ミシュレは即興的にジェジュイット(イエズス会士)について講義し、その講義案をふまえて、同年、キネと共著で『ジェジュイット』を出版した。

「大衆! 大衆! 大衆! そのために空へとばねばならない。Die《ディー》 Fluegel《フリューゲル》(ドイツ語で、つばさのこと)

生のかなたへのつばさ、死のかなたへのつばさ、進撃！　進撃！」。ミシュレはここで戦闘的共和主義者、人民主義者としての態度を明らかにし、同時にオルレアン公夫人に手紙を出して、自分の生活の新しい方向を告げ、王女の家庭教師を辞任するのである。

この急進化は何によるのか。もちろんカトリック反動にたいする怒りがきっかけとなったのだが、それが一時の興奮ではなく、永続したことをみれば、それを内部から準備するものがあったのにちがいない。その点、ミシュレが晩年、ゴンクール兄弟の訪問をうけて語ったことばは、参考になるかもしれない。ルソーやミラボーがなにごとかをなしえたのは、彼らが進みも退きもできぬ苦境に追いこまれたからである。つまり、海へとびこまねばならぬ袋小路に偉人が追いこまれた運命のためである、とミシュレは言い、そしてアメリカへの亡命者のことばをあげたという。――「板ぎれの上に乗り、おぼれてでもアメリカにつかねばならない。トランクをもって上陸するようなやつは何もしない」

コレージュ・ド・フランスの進歩派三巨頭（左よりミツキェヴィッチ，ミシュレ，キネ）

ミシュレはこのとき四十五歳であった。娘は、やがてアルフレッド・デュメニルと結婚して家を去る。息子はぐうたらで苦労をかけるだけである。

安易な快楽をあさる以外に、もはや家庭の幸福など自分にはありえないと感じる学究の絶望感と戦闘的決意とは無関係ではなかったであろう。

ミシュレは幼いときから革命の思い出のなかに生きてきた。歴史家となった以上、いつかはこの祖国の光栄の時期を書かねばならないと思っていたにちがいないが、人民主義者として進みでたことが、この執筆を促進した。彼の当面の敵、ルイ＝フィリップは「フランス人の王」と自称しているが、その本質はまったくブルジョワ的で、反人民そのものである。真の人民主権を考えるためには、一七八九年の革命にまでさかのぼる必要がある。連盟祭に象徴されるような、あらゆる階層の融和、ブルジョワと農民と小市民と兵士の団結した国づくりの時期に理想をもとめねばならぬと考えたのであろう。『フランス史』第六巻（ルイ十一世）を書きおわると、ミシュレはそのままルネサンスへは進まず、三世紀を飛躍して、一七八九年を扱おうとする。一八四一年ごろから、史料の収集ははじめていたのである。

一八四五年一月のコレージュ・ド・フランスでの講義、「序説、革命の精神と効力」はその基本線をあらかじめ示すものであった。「(王政といった) 最大の悪弊を残したままで、あらゆる小悪弊を改良しえたであろうか」。改良は不十分、不可能で、革命は救国的にして不可欠だったのである。しかも国民は革命をおこすためには成熟しておらず、定式をたてることなくいわば即興的に革命を遂行せねばならなかった。それに「人民は宗教的シン

2月革命後，コレージュ・ド・フランスにおけるミシュレ（左）とキネの講義再開

ボルをもっていなかった。古いものは滅びたが、新しいものを見いだしかねていたのだ」。革命は幻滅をあたえ、恐怖政治に席を譲らざるをえなかったと考えるのである。

翌四六年から、蓄積された史料の研究に没頭しだしたが、このころのミシュレは、革命史は部厚な一巻におさまると考えていたのであった。十八世紀についての知識の不足で不安になることもあったが、自分は人民の子である、人民のことは学問的に知らぬことでも直観的に洞察しうるはずだ、と自己を励まして、九月末から執筆にとりかかる。一章書くごとに出版者に渡し、十月十九日から印刷がはじまり、翌四七年二月十日には『フランス革命史』第一冊が発売されたのである。ミシュレは一息いれるといったことを好まない。ただちに仕事を続行し、年内に第二冊を上梓する。その快速ぶりは、第四巻の八・九・十の三章を十日間で書きあげたほどである（邦訳にすれば一日に十数枚）。世評はあまりかんばしくなかった。

アルフレッド・デュメニル

政治参加か研究活動か

一八四八年になると、情勢は緊張してきた。ミシュレはその思想傾向をとがめられて、一月に講義停止処分をうけたが、彼はこれに抵抗して、毎週講義内容をパンフレットにして公表し、また学生は抗議デモを行なったりした。しかし、二月二十四日の革命は彼の地位を一変せしめ、ミシュレはもちろん講義停止処分を解かれ、臨時政府の一員に擬せられたりした。彼の家には訪問客が殺到した。彼の娘婿、アルフレッド・デュメニルの手紙の一節——「きのうの朝は六時から、ものをたのみにくる愛国者たちがミシュレ氏の食堂にいっぱいになった。突然われわれが有力者になったのをみることは、きわめておもしろいことだ」

ミシュレは、革命後の総選挙にアルデンヌ県から立候補するように勧められた。「あなたは最近おこったすべてのことを準備されたが、それればかりでなく、あなたは新しい社会を導かれるべきです」と言われたのである。また、労働者階級をよく理解しつつ、しかも「一つの階級を他の階級にたいして武装せしめることなく、幸福は相互の善意、一言でいえば、友愛にかかることを教えている」からというのを理由として、立候補を勧める労働者の手紙もまいこんだ。しかし、ミシュレはこれを固辞し、身代わりに婿のデュメニルを立たせたが、彼は落選した。

ミシュレは、六月、彼の最も敬愛する民衆詩人、ベランジェに手紙を出して、人民教育のために、(1)公開のパンフレット朗読会、(2)絵入り壁新聞の発行、(3)シャンソンによる歌ごえ運動、を提案したが、ベランジェが熱意を示さぬために、この計画は流れてしまった。

ミシュレが直接政治に参加しようとしないのは、独立を守るためであった。二月革命後、叔母への手紙で彼は言っている。「私自身のためには何も望まないが、前の政府にたいしてと同じく新政府にたいしても、私の独立を維持したいと望むのです……。私は、悪を非難する権利を失いたくない。たとえ私の友人と信ぜられている人々のあいだにおける悪についても」。彼は革命史の研究から得た信念として、政治を動かすのは力ではなく、むしろ躍動であり、声であるとした。「私はものを書く人間であって、そして、そうしたものとしてとどまりたい。それ以上のことを何も望まない」。そして六月事件で、新政府が蜂起《ほうき》した労働者に弾圧を加えたことによって第二帝政に進む不可避の方向が明らかになると、ミシュレは、フランス人民にとって必要なのは、政治家よりも教育者だという信念をいよいよ強め、革命史

ベランジェ

に専念することになる。

一八五〇年、息子シャルルへの手紙の一節――「講義のあいまは、私の本が私をしっかり占めている。このまったく知られていない歴史を書く無限の困難をだれひとり察してくれる者がない。これが私の最後の義務だ。いかなる政治的努力も、いかなる演説も、フランスがみずからにたいしてなすこの啓示の重要さをゆるがすことはできない」

しかし、この敏感な人民主義者は、歴史家という天職のなかにこもることによって安心立命し、なんの疑惑も感じないような人ではなかった。過去をどのように復活せしめえたところで、それは目の前の不幸な現実を改めえないのではないかという疑念がおこる瞬間もあった。「孤独な博学者の貴族主義的な私の立場」などという反省のことばが書かれるのである。

アテナイスの出現と第二の結婚

『フランス革命史』の第二冊を出したあと、仕事は一年以上停滞する。二月革命前後の外的状況がミシュレを落ち着かせなかったためだが、それだけではない。彼はこのころ、内部においてもはげしく動揺していたのである。アテナイス・ミアラレの出現である。

一八四七年の秋、四十九歳の歴史の教授は、ウィーンから一通の手紙をうけとった。愛読者の女性の手紙はめずらしくもない。しかし、オーストリアに住むルーマニアの大貴族、カンタキュゼーヌ家につとめる教師で、二十一歳の孤児だというアテナイスの手紙には、この学究にどこか媚《こ》びるようなところがあった。彼の本、とくに、女性にたいする僧侶の影響をのぞかなければ幸福な家庭はありえないとした『僧侶・女性・家族』を、この少女は読んでいるのである。すぐれた文体で書かれている文面は、「世間では、少女が僧侶以外の指導をうけることを許しません。ところが先生のように僧侶を奪ってしまわれると、少女には何が残るのでしょうか。私は十四のときに父を失いました。父が生きていれば、指導者をほしがることもないのですが……。それが私にはありません。先生が私の悩みのもとになられたのですから、父の代わりをつとめて、先生がお子たちになさるように私に話してくださり、また私を助けてくださるようにお願いすることをお許しくださいませ。先生のご本を読む前の私に二度とかえることのできないことを知っておりますので。私には新しい方向づけが必要なのでございます」

アテナイス・ミアラレ

ミシュレは、「なりたたない恋愛に心を奪われることを恐れていた」。そしてごくひかえめな返事を出す。アテナイスは不満をにおわせ、短い礼状をよこしただけだ。すると、ミシュレのほうがこれに失望して、調子を変えた手紙を書く。「この破壊された不幸な世界のただなかに、なおあくまで希望をもとうと思うが、廃墟《はいきょ》の上に立つ私以上に心の静安と力とを必要とする者はだれもないのです。私たちの悲しみについて、また私たちの心をひく人々の悲しみについても、あまり心をやさしくしてはいけない。あなたの手紙を読みながら私が自分に言いきかさなければならない忠告がこれです」などと書く。

二月革命の勃発《ぼっぱつ》は、往復書簡のいい材料であった。革命はウィーンにも波及する。少女は興奮し、三色のリボンを身にまとって散歩し、街頭で学生たちの歓呼をうけたという。やがて十月、アテナイスは職をやめて、勉強のためにパリに出たいと言ってくる。ミシュレは慎重を勧めるが、十一月八日の朝、ミシュレが書斎から出ると、控えの間に一枚の名刺がおかれているのを発見する。ミアラレ嬢である。彼女は、ミシュレが午前中はだれにも会わないことを知っている女中によって追いかえされたのだった。少女は、四時にもう一度来ると言って帰ったという。

ミシュレが古文書保管所から帰ると、少女はそこにいた。上下黒の服を着て、帽子には色あせたバラが一つ。顔は細おもてで、驚くほど色が白い。「私の第一印象は、身のひきしまる感じであった」とミシュレは告白している。はっきりした、むしろ男といってもいいほどしっかりした声で、彼女は未来を語った。ミシュレは、彼女のもつ弱々しさに心をひかれ、そのりりしさに圧倒された。彼はこの女性のなかに、自分に欠けているものを見いだした。むなしく捜しもとめてきた愛情と、自分のうちに失われつつあるエネルギーとを感じた。彼の魅惑された声音が彼の本心を示した。二十日後には、ふたりは婚約していた。しかし、双方の家族たちはもっぱら反対であった。ミシュレはこの恋愛に心を乱され、一生のうちにこの一、二ヵ月だけ例外として、執筆を中止するほどであった。ふたりは毎日会っていたが、ミシュレは朝仕事にとりかかる前と夕方古文書保管所から帰宅してからと、若い愛人に手紙を書いた。そうした手紙の一つ——

「一八四九年一月三日夜半

私は心臓の調子がひどく悪く、震え、感動していて、何もこれをしずめることができないので、また筆をとります。

ああ、愛するひとよ！　こんなふうにあなたの両手のうちにつかまれて、私はどうなることか。

ああ、その手が私に親切でやさしくあるように。でなければ、私は死んでしまう。

私はいろんなことをしゃべって、この前私が書いたすこし行儀の悪い、あつかましい手紙のことを、あなたに忘れさせようとたいへんな努力をした。あなたといっしょのあいだ、私はちゃんと落ち着いていた。あなたが帰ると、私は気分が悪くなり、歯をくいしばり、心臓が梗塞《こうそく》したり、ひどくとびあがったりした。あすはあなたに会いにゆくだろうが、そのあと、きっと床につくだろう。いまの瞬間も、私は熱でまだ震えている。私はあなたに文句を言おうとは思わない。ああ、好きなひと！　あなたは、私にあのほかにいろいろな非難をあびせかける権利があった。あなたの非難、たしかに、それは正当なものです。私があなたの心にたいするのと同じようにあなたの体にたいしてもつ乱暴な愛、それが私を敏感にし、おそらく、ときにはあなたの内部にはいりこませるが、しかし、けっきょく、告白しますが、あなたの生の魅惑的な神秘にたいして貪婪《どんらん》にします。たったいまはじまったばかりのこの愛情の最初の段階で、そんなそぶりをみせる権利がないほど、はげしく貪婪にするのです。

しかしながら、どうか信じてほしい。体についてこんなにはげしい好奇心をあたえるところのもの、それは、その体がこの高貴な精神、この美しく寛大で英雄的な心情にむすびつくところをみたいからです。

あなたの体が興味をひく。手紙を読んだり、話を聞いたりしていると、純粋精神のようにみえる、そのあなたが体をもっているということが、ひとを驚かすだけに、いっそう興味をひくのです。

そのことを、私は昨日あの変な手紙を書いたあとほど、はげしく感じたことは、かつてありません。

あなたは、あなたの高貴で誇りに満ちた（結婚受諾の）決意をするために、あなたの生活、習慣、友情、おそらくはあなたの家族までをも私のために犠牲とすることによって、またあなたの若き日の宗教的思想のすべてを私にゆだねることによって、私にあなたを賛美し、愛着する機会をあたえてくれた。ああ、私は自分があなたにたいする尊敬と宗教によって浸透されるのを感じます。

私がこんなに大きな犠牲にふさわしい者となりえますように！　そしてこの困難な問題にふれるほど私を大胆にしたもの、それはおそらく、あなたの全身に及ぶあなたにたいする私のはげしい崇拝のためでしょう。あなたについては、すべてが賛美すべく神聖なものとみえます。

許してくださるなら、み手に接吻《せっぷん》を。

J・M」

アテナイスは結婚を承諾する。ミシュレは、コレージュ・ド・フランスの講義を彼女にささげるほどの大胆をあえてする。彼は、彼女からもらった手紙のなかの文句を講義のなかに挿入して、聴衆のなかにいるアテナイスを狼狽《ろうばい》させるのであった。結婚式にはベランジェ、ミツキェヴィッチ、キネなどが列席したが、この結婚に反対の娘アデール夫妻は不参であった。

晩年のミシュレ夫人

結婚の翌年には男の子が生まれ、ミシュレは最大の期待をかけたが、二ヵ月にも満たないうちに死んでしまい、その後子どもは生まれない。この結婚から生まれるのは人間ではない。人間にかんする巨大な著作であった。アテナイスは愛情のいとなみには冷淡であったが（ロラン・バルトは冷感症と断定している）、知的には野心家であった。文筆にあこがれていたのである。しかし、ミシュレは自分の机に彼女がすわることを最初許さなかった。彼女もまた、老学究と寝台を共にすることを数ヵ月間こばんだ。やがて妥協は成立し、寝台も勉強机も共有となる。アテナイスは、ミシュレの歴史執筆の本格的な助手となり、その死後は、遺作に過度の加筆をしたとして非難されることになる。彼女はミシュレを支配し、もっぱら仕事に精進させようとした。従来の友人たちも遠ざけられ、学生の出入りは禁じられ、家も転居して、ふたりだけの生活を守ろうとする。ミシュレはそれまでは朝しか仕事をしなかったが、結婚後は古文書保管所から帰宅後も四時から六時まで二時間、明日の執筆の準備をすることとなる。ミシュレはアテナイスの容色のみに眩惑《げんわく》されたのではなかった。そのようにみえつつも、この偉大な頭脳は、彼女が優秀な知的協力者であることを直観的に見ぬいていたのである。アテナイスなくして彼の晩年の生産力は保証されなかったであろう。やがてナポレオン三世のもとで彼があらゆる役職からしめだされるとき、一家の生活をみごとにささえたのも彼女である。

追放後の不遇の生活

二月革命によって、ルイ゠フィリップは追放され、第二共和政がはじまる。それは自由・平等・博愛の理想の実現を期待させたが、幻想にすぎなかったことはすぐにわかる。同じ年の六月末には、市街戦に蜂起《ほうき》したパリの労働者にたいして、史上空前の残虐な弾圧が加えられる。そして十一月に発布された新憲法によって、十二月には大統領選挙が行なわれ、ルイ゠ナポレオンは、叔父ナポレオンの栄光の幻につつまれて、投票総数の七五パーセントを得て当選した。この野心家は、着々と帝位への準備工作を進め、一八五一年には、十二月二日クーデタを行ない、翌年一月には、大統領任期を十年延長し、同年十一月には国民投票に問い、翌十二月には皇帝ナポレオン三世となるのである。ミシュレがこのような反動の進行に不満であったことは言うまでもない。五一年のはじめには、彼の聴講生が反ナポレオンのデモを行なうようなこともあって、三月には彼の講義は停止を命ぜられた。学生はもちろんこれに反対の気勢をあげたが、翌年四月には、ミシュレはキネ、ミツキェヴィッチとともにコレージュ・ド・フランスの教授を免ぜられた。彼はナポレオン三世への忠誠の宣誓を拒否したのである。古文書保管所からも追放されたことは当然である。そしてまもなく彼はパリを去って、ナントの近くのサン゠フェリックスに移転する。

以後、彼は国内、国外とさまざまに生活の場を変えるが、その生活は著作からの収入のみによる貧寒なものであった。しかし、彼は意気沮喪《そそう》することはなく、たとえばパリを去るにあたって書いている。「アテナイスを迎え、『フランス革命史』を執筆した家、十二月二日の打撃をうけたこの家、新政府によって免職されるという幸福と光栄をもったこの家を、私は陽気に、そして悲しく、むしろ苦い喜びに満ちてたちさった。フランスと自分との同一性を感じながら、フランスが引き裂かれるとき私も引き裂かれ、フランスが根こそぎにされるとき、私も根こそぎにされ……おお、祖国よ、おまえと同じように」

自分の菜園の作物で口を糊《のり》しながら、彼はサン＝フェリックスから昂然と書いている。「ここで私たち、妻と私は、二つの方向に進歩しています。二つともデモクラシーの仕事ですが、それは仕事への執着、そして家庭生活の質素さです。貧乏であることを知っている者は、すべてを知っているのです」。別の手紙でミシュレは、「貧乏という語は今日では自由そのものとほとんど同義である」と言いはなっている。

ミシュレの仕事への熱情は年齢によって衰えることはなかった。『フランス革命史』を書きあげたとき、一時病気するようなこともあったが、一八六七年に『フランス史』を完了したのみでなく、おそらく若い妻の協力を得て『昆虫《こんちゅう》』『鳥』『海』『山』などの博物誌的で詩的な作品をぞくぞくと生産した。

しかしミシュレは、静観のうちに生を終えることはできなかった。普仏戦争の勃発である。彼は平和を守るために若干の文書活動を行なったが、一八七〇年九月、メッスの降服に衝撃をうけ、翌年一月、『ヨーロッパを前にしてのフランス』を書いてドイツのアルザス、ロレーヌ合併に反対した。パリの包囲を聞いて卒中の発作をおこし、またコミューン挫折の報にふたたび発作をおこした。以後、冬は地中海岸、夏はスイスで隠退静養の三年を送ったが、一八七四年二月九日、プロヴァンスのイエールにおいて心臓発作で七十五歳六ヵ月の生涯を終わった。ミシュレは仮死の人間を埋葬することにたいする異常な恐怖心をもっており、そのため、自分の死体は二日間天日にさらすことを要求していた。そのあと宗教的儀式ぬきで簡素に最寄りの墓地にうずめてほしいと遺言した。死の二年後、彼の遺志に反し、未亡人は遺体をパリに移し、政府、パリ市、学生、人民による盛大な葬儀が行なわれた。その墓はペール・ラシェーズにある。

ミシュレの墓

ミシュレは小柄だが、姿は申し分なく、どこか旧制度《アンシャン・レジーム》を思わせる気品があったという。その風貌《ふうぼう》をヴァレスは伝えている。「骨ばって、しかも繊細な顔、女の顔のように変化しやすく、しかも大理石の胸像のように頑丈《がんじょう》な顔」。この矛盾はミシュレが、孤独のなかで人々との融和を願い、人間本来の社交性を信じつつも現実生活ではそこに到達しえなかった、その感情生活を示しているのかもしれない。たゆむことなき仕事への精進、それと並行しての異性へのはげしい情熱、晩年の不断の旅行、そしてなによりその長寿、ミシュレは本来健康な人であったにちがいない。

ミシュレの人民史観

少壮歴史家ミシュレは、少壮の俊秀であるかぎり自然なことだが、史学界の先輩たちにたいして不満であった。彼のみるところ、当時フランスには二つの学派があった。「描写学派（l'école pittoresque）は皮相的であった。それは内面生活について何一つ語っていない……。思想学派（l'école philosophique）は、乾ききってたいくつであった。いつも分析ばかりしていて、けっして物語ることがない。それは一つのものを他のものの横におく。彼らの作品は、石ころの堆積《たいせき》で、それ以上のなにものでもない。そうした本には、芸術の心情も感情もない……。描写派は、こまかな事実で私を圧倒し、自称抽象哲学者たちには、深みもなく生産性もない」（一八三三年の手紙）

また、晩年、自分が歴史家となったころのことを想起して、ヴィルマン、ティエール、ギゾーなどは、歴史事実を語るなかで、それを統《す》べる法則をもとめようとせず、またオーギュスタン・ティエリや、ミニェは、法則に関心をもったが、それはもっぱら宿命論で、人種、思想などによる決定論であったと言っている。彼らの叙述はともに、若いミシュレには不十分とみえた。ティエールらの政治的歴史家は、人間の活動の自由性という彼ら自身の原理に忠実とはみえず、またティエリらの決定論者は説明が不完全である。自分はその二つの方向においてなすべきことが多いと感じたが、そのさい、ヴォルテールが師匠であったと書いているが、ミシュレの史観を確立せしめたのは、彼の告白するとおり、一八三〇年とヴィコであった。

ヴィコの影響のもとに

たんなる政治的事件の連続でなく、芸術も思想も宗教も考慮に入れ、それらの相互作用を示す文化史をもとめていたミシュレは、「事実は、それをむすびつけることなしに研究することは不可能であり、また諸事実をむすびつけるためには理論がなければならない。

ギゾー

ティエール

ティエリ

ヴィコ

だから、哲学はたえず歴史のなかにはいりこみ、また歴史は哲学のなかへはいりこむ」（一八二八～二九年の講義）と信じていた。その哲学を供給したのが、イタリアの思想家ジャン＝バチスタ・ヴィコ（一六六八～一七四四年）であった。ミシュレは、一八二三年以前にヴィコを発見し、これに傾倒し、一八二七年にはその『新しい学問の原理』を自由訳して、『哲学と歴史の原理』と題して出版して好評を博した。当時ほとんど無名であった外国の哲学者を自力で発見したということは、ミシュレの洞察力のするどさを示すものであるが、同時に、そこから決定的影響をうけたということは、素質的一致があったからであろう。「ヴィコが奨励することを、私は本能的に自分のうちにもっていたのだ」（一八六九年のノート）とミシュレは言っている。

　ヴィコは生活条件、したがって思想、感情を異にする過去の人間社会を、いかにして知ることができるかと問い、それは分析的抽象的精神のはたらきのみでは不可能であり、直観的想像力を必要とすると考えた。過去から伝わる文書のみでなく、過去から現在まで生きつづけているもの（伝統、伝説）にたよらねばならぬというのである。歴史はいわゆる歴史的事件よりも、むしろ特定の時代の風習、掟《おきて》、話しぶり、伝説などを資料とし、こうしたシンボルを読みとることによって、そこに人民の思想をつかむべきだと主張する。この反デカルト的な生の哲学者からミシュレの学んだ基本的態度は、(1)分析にたいする想像力の優位、(2)現象の多様性のうちに共通なものをもとめること、(3)歴史は全体であって、しかも動いているものであるとする認識、であるとゲイルは指摘している。そして三つの態度の延長上にミシュレの人民史観があることは、容易に理解されるであろう。

人民の代弁者としての歴史家

ミシュレによれば、歴史家の任務は、永遠のむかしから人類社会をささえてこれを進歩せしめてきた人民、不幸な貧しい生活を送りつつしかももの言わぬ人民、彼らにかわって歴史を物語ることである。

「歴史家は、カエサルでもなければクロディウスでもない。ただ歴史家は夢のなかに、しばしば涙を流して嘆く群集をみる。十分に生きることがなかったので、もう一度生きたいと思っている人々の群集を。この群集とは、すべての人であり、人類である……。これらの者が涙を浮かべ、祈りながらもとめるものは、涙壺だけではない。それは挽歌でもなく、泣き女でもなく、それは占者、vates である……。彼らの嘆きをまた繰り返すだけではたりない。彼らに必要なのは、ひとりの占者、ひとりのヴァテスである。彼らがこの占者をもたないかぎり、彼らはうまくとじられていない彼らの墓のまわりを歩きまわり、安らぐことはないであろう。彼らにはエディプスが必要なのだ。彼らがその意味をとらええない彼らの謎《なぞ》を解きあかし、彼らが理解しえなかったところの彼らのことば、彼らの行為の意味することを彼らに教えてやるエディプスが」（一八四二年一月三十日の日記）

歴史家が、もの言わぬ人民の代弁者となってあやまたぬためには、彼は人民と一体でなければならない。「自己のうちに人民をもっていなければならない……。大きな手を黄色の手袋の下にかくすやからのように、自己の出身を否定してはならない」（一八四五年二月五日の覚え書）。ミシュレは、こうした資格において欠けるところはないという強い自信をもっていた。

ミシュレが人民史家であろうとする決意の美しいことばを聞こう。すこし長い引用になるかもしれないが、これは人民史学の詞華集にのせるべき文章である。

「私たちはだれもかまいつけなかったこのもの言わぬあわれな生きものの歴史をつくりたい。歴史をもたぬ人間、悩み、働き、疲れはて、生を終えたが、しかもその苦悩を語ることすらできなかった人々の歴史を。それはよく働くが軽蔑され、役にたつがふみつけにされたカースト、偉大な人民、かぞえきれない人民の歴史である。それはほとんど人類の歴史といってよい。ときたままれに引き裂くような苦痛の叫び声、はっきりことばにならず、幾世紀の過程のうちに間遠に聞こえる叫びをのぞけば、この人民は語らなかった。その思想そのものも無気力で、彼らのうける不幸の重さに窒息したようになり、ほとんどかつて明確になったことはなかった。語られなかったこと、ほとんど考えられなかったことを、私たちはどうしてふたたび見いだそうとするのか。

それはおそらく思ったほど困難なことではない。なぜか、諸君にわかるか。それはこの偉大な、悩みつつ黙している人民、世界のはじめのほうから私たちのほうにやってくるのがみえる人民とは、私たち自身にほかならないからだ。

私たちはその一部であり、あるいはその一部であった。現代は、この大衆の即位であり、沈黙の世界が声をあげた真に祝福すべき瞬間なのだ……。だから、私は捜しもとめる必要はない。私はその歴史を私自身のうちにもっている。それは私のうちに自由に書きこまれており、それを読むのは、そんなにむずかしいことではない。私たちの父親の魂は、忘れられた苦悩のために私たちのうちに震えている、あたかも傷ついた人間がもはや失ってしまった手のために悩むのにも似て」（一八四二年の講義ノート）

ここで「大衆の即位」という表現が使われているが、これは多くのエリートの反感をさそうにちがいない。ミシュレはそのことをよく知っていて書いたのである。フランス革命後、人民が進出し、また進歩することを、蛮人の侵入にたとえる人がある。しかし彼は、蛮人《バルバル》ということばをむしろ肯定する。「上層階級が文化をもっているとするならば、われわれ蛮人は生命熱をより多くもっている……。人民の養液をもってあらわれる人々は、力よりも心情に問いかけつつ、他の者たちよりもより高く、より遠い目標をおく」

歴史の推進者としての人民

ミシュレは、よく熱を光に対立させる。理性ないし知性は光であり、それは本来貴族的なものであって、不毛である。心情ないし感情は熱、むしろ地熱であり、それは本来人民のものであって、社会の下層に宿る。「国民のあり方は地質学のばあいとまったく同じだ。熱は下方にある。下降せよ。熱が増大することを発見するだろう。下の地層では燃えている」(『人民』)というのである。光は照らすが、あたためることなく、また生みだすことはできない。地上に何かよいものが生まれるとすれば、光と熱との結合があってはじめて可能となるのだ。社会の上層の寒冷の地帯にいるインテリの頭に宿る知性は、下層にある人民の地熱にあたためられなければけっして現実の力に転化しない。歴史を維持するものはつねに人民である。十八世紀の啓蒙哲学者たちのすぐれて人間的な思想も、フランス革命のはげしい人民行動によってのみ人類史に定着したのである。

人民は全能の力をもっている。人民が確信をもって一致協力するとき、不可能ということはなくなる。七月十四日の朝、「行け、そしてバスチーユを攻略するのだ！」ということばが人民のひとりひとりの胸のうちに宿ったとき、この不可能事はたちまちにして完遂されたのである(上巻一三三ページ以下をみよ)。

「大革命の歴史は、いままでのところ、すべて君主本位だった。偶像や神々を打ちくだいた本書こそ、最初の共和主義的な革命史だ。第一ページから最終ページにいたるまで、この歴史にはひとりの英雄しかいない。すなわち、人民である」（下巻三八六ページ）とミシュレが『フランス革命史』の結論で誇りをこめて言うことができたのは、以上のような思想によってである。

それでは、この「人民」peuple とは何をさすのか。ミシュレに社会科学的な定義をもとめることは、もともとむりなのであった。彼において、人民はプロレタリアを意味しない。それはむしろ古代ローマのプレブスに近く、むしろ平民とでも訳したほうが近いであろう。それは僧侶や知識人を含まないが、ブルジョワジーを排除するものではない。金持階級すら、もし彼らが人民を愛し、そのなかに加わろうとするならば、可能なはずだと考えるのである。ミシュレも、彼の生きた時代に、現実社会に階級が存在することを認識してはいたが、階級の関係において歴史をとらえようとはしなかった。階級は存在する。しかし、それは協調し、いや、むしろ融合すべきものだと信じていたからである（この点において彼は、マルクス主義にたつマチエからきびしい批判をうける）。ミシュレが、革命史において最も輝かしい時期は、三部会の召集から連盟祭、さらに八月十日のころまでとし、連盟祭をその頂点におくのは、ここに全人民の協力一致の理想状態がみられるからである。

「全員一致！　完全で無条件の一致だった。状況は単純そのもの、一方に国民、他方に特権があるだけだ。そして、このとき国民のなかには、人民とブルジョワジーの区別などありえなかった。……ああ！　われわれの出発点である、この比類なき瞬間の思い出に、感動せぬ者があろうか。……この瞬間は、長つづきしなかった。だがそれは、われわれにとって、不断に目ざすべき理想として、未来の希望として残っている。……崇高なる一致。そこでは、のちには対立しあう諸階級の、生まれたばかりの自由が、揺籃《ゆりかご》のなかの兄弟さながら、愛情ふかくやさしく抱擁しあっていた。この崇高なる一致がこの地上をふたたび訪れる日は、こないのであろうか」（上巻八七ページ）

「ついに闇は去り霧は消え、フランスはわが愛するものをはっきりと見さだめ、まだ手に入れてはいないが、それを追いもとめた——祖国の統一」（上巻二一八ページ）

人民主義とナショナリズム

祖国の統一はミシュレの賛美してやまぬところであって、たしかに美しい達成であった。しかしそこから何が生まれたか。それはかならずしも美しいものばかりではない。ナショナリズムは不可避的にそこから生まれた。大革命前後におけるナショナリズムの展開過程については別に書いたので（桑原武夫編『フランス革命の研究』第一章）、ここにはくわしく述べないが、一七九〇年五月の外に向かっての非征服、武力不使用の宣言にみられる内向的ナショナリズムが、やがて革命の輸出という対外的ナショナリズムに転化し、ついにはナポレオン体制を招いたことは事実である。革命を行なうことによって国内の矛盾を除去してエネルギーを増大した民族国家が、なんらかの形で膨張の傾向を生むことは、フランスのみでなく、日本、ソ連、中国、その他アジア、アフリカの新興国にもみられる現象だが、ミシュレはフランスのばあい、これを全的に肯定するかのようである。

書斎で研究に没頭するミシュレ

「私は論理によって、また歴史によって、同じ結論に到達した。それは、わが光栄ある祖国は、今後人類という船のパイロットだということである」と言うとき、ミシュレは、世界に先がけて自由・平等・博愛のための革命を行ない、圧政の鉄鎖を切りはなって、人民主権のもとに人間を人間化する運動の先頭に立ったという誇りをもった、革命当時のフランス人民の感情をそのまま認め、フランスを人類解放史の選手とみなすのである。「フランスの人民は、全世界の自由に関心をもち、最も遠隔の地の不幸にも心を悩ます。人類のすべてがこの民族のなかでうちふるえている」というようなことばは、あまりにも非現実的で、今日では時代錯誤的とみえるが、そのようなロマン的理想主義者がフランスの庶民のうちに今日もなお残存している（アメリカにも現在これと類型的な感情をもつ善意の市民がいる）。解放の選手がなぜ同時に植民地略取の選手でありうるのか、と考えられるが、フランス人民のうちにはなお文明の一元性を信じていて、フランス文明が未開地域に光被してゆく過程における不可避的なひとこまとして、植民地領有を認める者が最近までいたのである。

「フランスの推進する世界同一化は、イギリスやローマがその利己主義的、唯物主義的政策において夢みたものとはちがう。それは知性による同一化だ」とするミシュレは、『フランス革命史』の一章に「世界はフランスに身をゆだねる」という題名をあたえ、革命軍の国外進出をロマンチックに描きだした（下巻一一ページ以下）。しかし、このことは、革命は善であるから、相手国の意志のいかんにかかわらず、これを輸出して、おしつけてよいという命題が成立せぬかぎり、フランス人以外には容認しがたいものとなる。またミシュレが「革命そのもの」と称賛した愛国者、カンボンは最も強硬な革命輸出論者で、同時にフランスの利益を優先的に考えていた。その評価をめぐってゲイルがミシュレを非難するのは、正当となる。ミシュレは、ビスマルクによるドイツ統一に反対して、「自分たちはドイツの統一をつねに希望してきたが、それは納得された真の統一であって、こんな野蛮な、暴力的な、不当に強制的な統一ではない」と言ったのも、鉄血宰相の武断主義への反対のうちに、フランスの不利という感情が無意識のうちに秘められることになるのである。このさい歴史家は人民として考えているが、人民は、つねに生きることを考えており、その観点から正義を、いわば生きる主体の主観の側に歪曲させることが多いのである。「私はフランスを愛する。なぜなら、それがフランスだから。そしてまた私が愛し、私が愛した人々の国だから」（『人民』）とするミシュレの愛国の真情は十分に認めるが、このことばにはっきり示された反知性主義に立つ彼のナショナリズムに同調することはできない。ただ、人民の子をもって自任するミシュレが人民的に考えるとき、フランス中華思想におちいったのもむりはないと理解することはできるのである。彼のナショナリズムは、彼の人民主義と同根のものである。

そこで人民は謬《あやま》つことはないという説を堅持すれば、フランスの行動はすべて正しかったということになるか、それとも、人民の知恵はつねに正しいのだが、なおおわれていて、悪しき指導者にだまされる可能性をもっていると考えるべきなのか。このように性急に二者択一的に問いかけても、ミシュレは答えないであろう。彼はつねに人民教育の有効性を信じているから、後者の立場を全的に否定はしないであろうが、他方、人民こそ正義の担《にな》い手であり、フランス革命は人民による「正義の反撃」（上巻七五ページ）とするミシュレは、基本的には人民不謬《ふびゅうせつ》説を信じているのである。それでは正義すなわち人民の即位である革命が、なぜつぎつぎと指導者を殺し、ついにナポレオン皇帝を出現せしめることになったのか。そのさいもミシュレによって批判されるのは政治権力者であって、人民ではない。人民のなかから生まれた指導者が政治権力者となって人民との接触を失い、抽象原理の世界に舞いあがると、人民の熱っぽい行動力を恐れるようになる。やがて逆に人民を恐れさせようとするようになれば、すなわち暴君である。専制君主はみな暴君であったが、革命の指導者もまた例外をなさない。ミシュレは、ロベスピエールにその不幸な適例を見いだしている。彼はフランス革命最大の推進者であり、献身者であって、彼なくして革命はおそらくありえなかったであろう。にもかかわらず、独裁者となった彼はテルミドールに倒れなければならなかったのである。

歴史叙述の方法

「革命はかつて宗教であった。いま革命は警察となる」（上巻二五七ページ。第三巻「一クラブの抬頭」の章をみよ）とミシュレの書くとき、彼は革命を行なった正義と人間性の原則が、「公安」とよばれる方便と利害との原則と対立して圧倒され、それが恐怖政治となってフランスの破滅を招いたと嘆くのである。しかし革命も地上の事業であってみれば、人民のうちにあるヒューマニズムへの信念のみでは進行しない。実務の着実な遂行は不可欠である。ミシュレはそれをよく知っていて、カンボン、カルノーらが高く評価される。しかし、こうしたすぐれた革命の実務家が安んじて仕事をなしえたのは、ロベスピエールやサン＝ジュストによる不寛容の実践、すなわち恐怖政治の公安の枠内《わくない》においてであった。

この人民史家はこのことも知らぬわけではなかったが、彼の好尚《こうしょう》はロベスピエール以下、計算の政治家の組織というべきジャコバン・クラブよりも、人民の本能に絶対の信頼をおく情熱的革命家の集まりであるコルドリエ・クラブにあった。統制主義よりもアナーキズムにあった。ミシュレはロベスピエールを革命の最大の人物とみなすけれども、同時にダントンに最大の魅力を感じている。多くの矛盾を包蔵し無分別ともいえるエネルギーを発散しつつ滅びさるこの情熱家を、ミシュレは「(革命への)献身的なエディプス、みずからの謎《なぞ》にとりつかれ、みずからのうちに恐ろしいスフィンクスを飼い、ついにはそれに食い殺されるエディプス」(上巻二五一―二五二ページ)と形容したが、これは同時に、フランス革命の象徴ともみられるのではないか。

大革命は悲劇であった。しかし、旧制度を打破して資本主義社会を導きだすために、この悲劇は避けられないものであったとか、また、当時の生産様式はモンターニュ派の理想国をささえうるものではなく、その没落は必至であった、というような説にはミシュレは同調しないであろう。歴史において彼は分析的、図式的解釈に興味はなかった。歴史はたしかに時間の上における継起である。しかしその前後関係はそのまま因果の関係ではありえない。それを抽象的に性急に措定するよりも、まず大河のように流れてゆく歴史の実質にふれること、いわばそのなかで泳ぐことが肝要だとミシュレは考えるのである。しかし、五年間という短い期間にしても、あらゆる時期のあらゆる場所における事件を均等に述べることは不可能である。そこで彼の用いる独特の方法は、若干の特色のある場面を画面としてこまかに描きこんで、象徴として提供することである。読者は、いわばそれを凝視することによって、歴史家が抽象的、図式的言語によってはけっして把握《はあく》、伝達しえないところの意味の複合体をつかみうることとなる（ミシュレの講義を聞いたことのある詩人ハイネが、ミシュレは学生たちから「象徴先生」というあだ名をあたえられていたと伝えていることは興味ぶかい）。

たとえば、本書の第八巻「二　マラーの死」（下巻一四九ページ以下）を読むがよい。図式的にいえば反革命の貴族少女が恐怖政治の指導者を暗殺したというだけのことだが、ミシュレはまずマラーが寛容の年齢に達し、人間的になっていたことを伝える。愛人が心をこめてととのえた彼の居室のあり方も彼への好感をそそる。しかし憎悪で無分別となった地方人は、マラーのうちに諸悪の根源しかみない。そして「万事終わった人間の口においてはただの演説にすぎぬ」ことが、この純真な美少女の心においては宿命となるという。貧しい貴族の孤独な娘が共和派であった事実は重要だが、それよりも、少女シャルロットが英雄主義の劇詩人、大コルネイユの子孫であることとともに、彼女の灰色の頭髪、白い帽子、白い服、ただ一つのぜいたくとしての頰《ほお》のあたりでゆれるレース、子どもっぽい声、これらの点描は、純真者が献身者をなぜ刺殺せねばならぬようになるか、革命に不可避の運命といったものを実感させるのである。

第十一巻「テルミドール」は、まさに『フランス革命史』の圧巻として有名だが、とくに市役所へ移されてからギロチンにかけられるまでの大写しにされたロベスピエールの姿は、革命の栄光と悲惨を象徴的に示した歴史叙述の最高傑作である。少年憲兵にピストルで下顎《したあご》を打ちくだかれたあと、おそらくなかば意識を失って、テーブルの上に横臥《おうが》させられたままのロベスピエールが血だらけの頭をのせている枕は、北部戦線から送ってきた軍用パンの見本を入れた樅《もみ》の木箱である。それは一つの小さな事実にすぎない。しかし、これは読者の胸に強い圧力を加えずにはおかない。それは象徴である。なんの象徴か。それを明言することはむずかしく、また人によって異なるであろう。戦争・闘争・死・革命・質素・リゴリズム・聖職・天職――革命の殉教者がそこにいるのである。そして彼が最後にやさしい声で言う「ありがとう、ムッシュ」ということばのもつ千鈞《せんきん》の重さ。これこそ歴史を象徴するものである。

ミシュレは革命を分析的にはとらえていない。しかし、そのことは彼が怠惰な空想で歴史を思いえがいたということでは、もちろんない。この勤勉無比の歴史家は、入手しうるかぎりの史料に直接あたり、革命時代の生きのこりにインタヴューし、あたうかぎり実証的に追求しようとした。その誠実な追求の果てに、はじめてするどい直観がありえたのである。たとえば、テルミドール直前にいたって、ロベスピエールとサン＝ジュストのあいだになにか不和があったにちがいないという、それまでの歴史家は気づかず、またその後

晩年のミシュレ（1868 年）

の歴史家も最近まで指摘しえなかった重要な事実を、つとに洞察しえたのもその一つであり、いわゆる「ミシュレの奇蹟《きせき》」がそうして生まれる。

ミシュレは人類史上最も意義ぶかい五年間を、比類なくさまざまな人間行動に充実したものとして、あたかも一つの偉大な生物の生涯《しょうがい》のように描きだした。そこでは特権派も革命派も、穏和派も過激派も、男も女も、すべてそれぞれに異なる運命を切実に生き、生きおわって死ぬ、または殺される。その人々の生きた意味を語ってやらねばならない、とミシュレは思うのである。それがどのような方向における生であったにせよ、すべて生きるに値したものであり、その最後はそれぞれにあわれである。『フランス革命史』を読んで強く感じる特色の一つは、人が墓地へ、ないしは刑場へ運ばれる場面になると、それがたとえ夜であろうとも、文章になにか明るく光がさし生彩をおびることである。ルイ十六世であろうと、ジロンド派であろうと、ダントン派であろうと、ロベスピエール派であろうと、変わりはない。フランス革命という大事業のひとこまをになった人にたいするフランス人民の黙禱《もくとう》が、そこにあるような印象をあたえる。それぞれの死者の記憶を尊重することは歴史家の義務だと言ったミシュレのうちにある、いわば人民的な宿命愛のあらわれとみることができるであろう。

人民史家の自己反省

ミシュレが主張するような意味における歴史を書きうるためには、歴史家は、人民と同一化していなければならない。ミシュレがその点について自信をもっていたことは、さきにも述べた。

「歴史は、強烈な一種の精神化学である。そこでは、わが人民たちが私となり、そこでは、私のわれがひるがえって人民たちに活力を吹きこむ」（一八四一年六月十八日の日記）

「歴史は何からつくられるか。私からでなくてなんであろう。歴史は、何について自己をつくりなおし、また自己を語るのであろうか。私についてでなくてなんであろう」

こうしたあまりにも自信に満ちたことばは、反感をそそるかもしれない。しかし、ミシュレは同時に良心的であった。というよりむしろ、敏感さにささえられて誠実であった。

「人民的な生活をもはやしていないときに、人はなお心情においてのみ人民に属することが許されるであろうか。私は理解されているか。私は忠実であるか」。そういう疑問が彼の心に浮かぶ瞬間もまれではなかった。さらに一八五二年五月十九日の日記には、ナポレオン三世のクーデタにふれて、「私は十二月二日を憎む。私はその日を私自身にたいして、ものを書き、また演説する知識階級のすべてにたいして、文学者、新聞、議会にたいして非難する。私たちは人民のために何一つしなかった。そしてそのために私たちは罰せられている」とふかく自責している。

ミシュレの人民主義にたいする反省は、言語の問題において最もするどくあらわれる。彼はヴィコの影響もあって早くから、言語こそ民族の内的生活を示すものであって、外的な政治史よりも言語史のほうがより正確な歴史ではないかと考えていた。そして「言語のうちに再現された文明の歴史」といった題の書物を構想さえした。

「言語は、諸民族の精神の忠実な表象、その性格の表現、その内的存在の啓示、いわば三位一体における彼らの〈ことば〉なのだ」(『フランス史』第一巻第一章)。そしてことばこそ、人間連帯のきずなでなければならぬと彼は考えた。

「人間は魂と肉体からできているから、その二重の性質の完全なシンボルである言語をもっているのはよいことである。人民的にして科学的な言語を……。同一の言語が人民にも哲学者にも役だつことが重要だ。両者ともそこから得るところがある。哲学者がその思想を人民に伝えれば、こんどは人民が哲学者にはたらきかける」

一八二七年の講義では、ミシュレはやや楽観的にこのように説いているが、彼はその連帯の困難さをしだいに悟ることとなる。一八四五年の講義ノートには、つぎの反省がみられる。

「人民に属する人間として、私たちは人民的なことを書かなかった〔ベランジェすら貴族的だった〕。一つの宿命的な分離が、人民のままにとどまったものと、私たちのように文字を知った人民とのあいだになお存している。これを埋めなければならない」

さらに死の五年前の一八六九年には、つぎのような悲痛な告白すら聞かれるのである。

「私は私たちの惨めさを感じた。文字をあやつる繊細な人間の無力さを。私は自分を軽蔑した。私は人民として生まれ、心のなかに人民をもっていた。人民の古い時代の記念物は私を恍惚《こうこつ》たらしめた。四六年に、私はかつてなんぴとも行なったことがないほどに人民の権利を確立した。六四年には、その長いあいだの宗教的伝統を。しかし、人民のことば、人民のことばは、私には近よりがたいものであった。私は人民をしゃべらせることができなかった」（『われらの子どもたち』）

人民のための人民的学者と自称する人は少なくない。しかし、その人民的学者が抽象的言語によって自説を述べるとき、それが人民の利益のために書かれたにしても、その抽象的言語によってすでに人民から隔離されねばならぬという不可避的な運命を、どれだけの人民主義者が自覚しているであろうか。

ミシュレの歴史叙述の文章は平明な名文である。しかし、誤って信じられているように、いわゆる文学的美文ではない。ロラン・バルトも指摘しているように、それはパスカル、アルチュール・ランボーなどと同じ系譜に属し、水平にすべり流れるのではなく、垂直にものに切れこむ文体である。あれほど精神と心情において人民的でありながら、なお人民のことばには近よりがたいと嘆いた、鋭敏な感覚をもつ人によってのみ創出されうる文体である。

「ダントンにおいては、ことばは行動であり、英雄的なあるものであって、そのゆえに、どんな文学的な分類からもはみだす」（上巻四二九ページ）。この評言は、そのままミシュレの一生にも、またこの『フランス革命史』にも、転用しうるであろう。

後記　本書の底本としたのは Michelet, Histoire de la Révolution française, édition établie et commentée par Gérard Walter, Bibliothèque de la aPléiade, 2 tomes, 1961. である。上下二巻の原文は計二二五五ページあるが、これを全訳すると四〇〇字詰原稿用紙で概算六六〇〇枚となる。それを本全集の規格に従って約一二〇〇枚にちぢめた。しかし、たんに要約するだけでは、ミシュレ独特の文章、その組合せによる描写、さらに一つの章の構成がわからず、それではこの歴史家の歴史叙述の趣がとらえられないことになるので、若干の重要な章は全訳し、その他の章は10級（文庫版）を用いて要約するが、そのさいも、特色的な個所は12.5級（文庫版）で直訳することとした。その配分は、下巻三八八ページ以下の「原著との目次対照表」に示したとおりである。この訳書は三人の共同制作で、三人が全体の責任を負うものであるが、全訳の章には多田が、その他の章の要約には樋口があたり、その全訳稿を桑原がテクストと照合しつつ訂正した。必要事項についての注は本文中に加え、人名はすべてを巻末索引に集め、生没年と略歴を付した。巻末に「フランス革命史年表」とミシュレの「年譜」とをそえた。「索引」とともにこれらはすべて樋口が作成した。

また、読者の便宜のために、同じく巻末に、「ジャコバン・クラブの推移」「革命家の生涯」「パリ市街図」「フランス全図」をそえた。これらは桑原武夫編『フランス革命の研究』（岩波書店、昭和三十四年）よりの転載（およびそれに加筆したもの）である。

主要参考書にはつぎのものがある。

Gabriel Monod, La vie et la pensée de Jules Michelet（Champion, 1923）.
Jean Guéhenno, L'Évangile éternel. Étude sur Michelet（Grasset, 1927）.
Daniel Halévy, Jules Michelet（Hachette, 1938）.
Roland Barthes, Michelet par lui-même（Seuil, 1954）.
Pieter Geyl, Debates with Historoians（Meridian Books, 1958）.
Paul Viallaneix, La voie royale, essais surl'idée de peuple dans l'œuvre de Michelet（Delagrave, 1959）.

フランス革命史

序説

革命を、わたしは定義する。法の即位、権利の復活、正義の反撃。

革命の生みだした法は、それまでのキリスト教の法と似たものか、反対物か、つまり、革命はキリスト教的なものか否か、これが基本問題だ。これをぬかしては、革命史家は一歩も前進できまい。

キリスト教は、究極において革命と和解しうるものであろうか。キリスト教の古い原理は、革命のなかで若がえったのであろうか。つまり、世界はたちさわいだようにみえても、じっさいは不動であって、そこではたらいたのは、ただ一つキリスト教だけであったのか。それならば、ドラマはなかったということになる。事実は、二つの闘争者があったのだ。

革命はキリスト教を継続する。そして反対する。革命は、キリスト教の相続人にして同時に敵対者である。

両者は人間愛の感情において一致する。しかし、それぞれ固有の行き方、それぞれを生みだした基本観念において、両者は対立し憎しみあう。

キリスト教の基本は恩寵《おんちょう》にある。神は、自分の好みしだいで、ある者を救い、ある者を地獄に落とす。人間がどのように努力しようと、それを改めることはできない。神は愛するが、裁《さば》きはしない。つまり、キリスト教の愛の教義から正義は生まれてこないのである。しかも、社会を形成する人間は正義なしに生きることができない。ところが、神の気まぐれな恩寵にすべてをまかせるドグマでは、正義は地上に実現しようがない。そこで人々は、一つの政治的宗教のうちに正義の救いを見いだそうとした。つまり、一個の人間を「正義の神」として崇拝し、このはっきり目にみえる神が、目にみえぬ恩寵の神によって曇らされた正義の光を人間のために顕示してくれるものと信じようとした。それがフランスに統一をもたらしたブルボン王朝の王なのである。「わたしの王さま」、わたしはこのやさしいことばが、フランスの奥ぶかい地底からふかいひびきをもって発せられるのを聞くことができる。そこには、へつらいなどというものはなかったのである。

王は、人民の敬愛を文字どおりにうけとった。みずからを神と思いこんだのである。しかし、この神ということばを彼はまったく理解していなかった。神であるとは、すべての人々のために生きることである。……王は、しだいしだいに宮廷だけの王となってしまう。彼の目どおりにまかりでる連中、この少数者、彼をとりかこむ金ピカの乞食《こじき》の群れ、これが彼の人民となる。……ヴェルサイユだ。

このようにして、追放されてしまった正義があえてふたたび頭をもたげるのは、至難のことであった。人間的な感情は、歴史の重みのもとで窒息させられていたのだ。まず正義がみずからの正当さを自覚し、目ざめ、権利の意識をとりもどさねばならない。

こうした意識が、六百年にわたる宗教の支配のうちにしだいに目ざめ、一七八九年、政治と社会の世界において爆発する。

革命とは、寵愛の政治と恩寵の宗教とにたいする正義の、遅ればせの反撃以外のなにものでもない。

すべての人が危機の近づくのを感じていた。一七〇九年にフェヌロンはすでに言った。「古い機械は、最初の衝撃でつぶれますよ」。なかなかつぶれない。一七四三年ごろ、ルイ十五世の愛妾《あいしょう》、シャトールー夫人は言った。「大転覆があるでしょう。わたしにはよくみえます、もし対策を講じないと」。……この不幸な人民は、まだ愛していた。なお信仰を捨てず、希望にしがみつき、救世主を待望しつづけている。いかなる救世主か。人民の現《あら》人神《ひとがみ》、国王。

笑うべき、涙ぐましい偶像崇拝。……この国王、この神は、何をなすか。彼は、この社会をむしばむ根ぶかく隅々《すみずみ》にまでゆきわたった病気、社会を変え、飢えさせ、その血を飲み、骨を枯らす病気をなおそうという強い意志をもたず、おそらくその力ももたなかった。

この病気とは、最も高いところから最も低いところまで、しだいに少なく生産し、しだいに多く金を支払うように社会が組織されていたことである。

この十年〔一七四四―五四年〕は、この世紀のまさに危機であった。国王、この神、この偶像は、恐怖の対象となってしまった。王は神の化身だというドグマは、永久に死滅してしまった。そしてそのあとに精神の王国がそびえたった。

人間は、三つの姿をとって出現した。――モンテスキュー、ヴォルテール、ルソー。正しき者の三人の代弁者である。

正義を地上くまなく捜しもとめてゆく旅行者、探究者、これが平静で偉大なモンテスキューだ。しかし、正義は彼の手をすりぬける。流動的で相対的なのだ。法とは関係である。抽象的で、生命をもたない。そうした法は、生命の病をいやしてはくれない。

モンテスキューはあきらめたかもしれないが、ヴォルテールはあきらめない。ヴォルテールは、悩む者、人間のあらゆる苦悩を自分にひきうけ、あらゆる不正を実感し、追及する。ヴォルテールは、人権の証人であり、その使徒、殉教者である。

モンテスキューは、権利について書き、解説した。ヴォルテールは、権利のために泣き、叫んだ。そしてルソーは、権利を建設する。

彼はみずからの苦悩の底に、中世がけっして読みとりえなかったものをはっきりと読みとった——正義の神。

ルソーは、まだ居眠りをつづけている、弱く、力なく、躍動を知らぬ世界に向かって言った。いや、言わねばならなかった。「一般意志、これこそ権利であり、理性である」。あなたたちの意志、それが権利なのだ。目ざめよ、奴隷たち！「あなたたちの集合意志、それが理性そのものなのだ」。それは、あなたたちが神なのだ、と言うに等しい。そして、自分を神と信じないで、偉大な事業をなしうる者があろうか。

神となろう！　不可能は可能となり、容易となる。世界を転覆することは、些細《ささい》なこと

ルソー

ヴォルテール

モンテスキュー

である。一つの世界を創出するのだ。

しかし、最大の影響を及ぼしたのは、ルソーの理論の新しさではない。ここにはもっと奇妙な、もっと神秘的な現象がある。本を読まず、けっして理解もできそうにない者すら感じた影響である。どこからきたのか、この熱気をおびたことばが空中にひろがって以来、気温が変わり、なま暖かい息吹《いぶ》きが世界を吹きぬけたかのようであった。大地は、かつてみたこともない果実を実らせはじめた。

それは何か。お望みならば言おう。それは心を乱し、それをとろかすもの、青春の息吹きだ。だからこそ、わたしたちはみなそれに負けるのだ。このことばは、あまりにもしばしば力よわく、虚勢をはったものであり、ときとして俗悪な感情を含んでいる、などと証明してみたところで、何もならない。青春とはそうしたものであり、情熱とはそうしたものなのだ。

熱っぽさ、胸にしみとおるメロディ、これこそルソーの魔法であった。『エミール』や『社会契約論』のなかにある力は、議論の余地があり、打ち負かすこともできよう。しかし、その『告白』と『(孤独な散歩者の)夢想』によって、つまりその弱さによって、ルソーは勝ったのだ。すべての人が涙を流した。

こうした奇蹟《きせき》を、ルソーはそのライバルのヴォルテールと共有している。ライバル? 否。敵! 否。……このふたりが、永久に一つの同じ台座の上に置かれんことを。この人間性のふたりの使徒が。

このふたりが死んだとき、革命は、精神の高い領域においてすでに成しとげられていた。

革命は進行する、つねにルソーとヴォルテールを先頭に立てて。国王たちも、大臣たちも、ヴェルサイユ宮殿の美女たちも、ふたりの革命思想に感染する。けれども、事態はすこしも好転しない。悪の根源は、個々の人間のうちでなく、制度そのもののうちにあることが、つまり、国王の断罪ではなく、王政の断罪が必要であることが、だれの目にも明らかとなってきた。僧侶《そうりょ》と貴族、この二つの身分が国の災いであることは、だれの目にも明らかとなった。

恩寵の宗教は、救済すべき人々の選択について公正を欠き、寵愛の政治は、寵臣どもの手中に握られているので、両者はまったく似たものである。特権をもった乞食は、きたない身なりをして僧院にいようと、金ピカでヴェルサイユにいようと、どちらも乞食であることにかわりはない。二つの家父長的権力がある。宗教裁判に特徴づけられる教会のそれと、赤い帳簿とバスチーユに特徴づけられる王政のそれと。

赤い帳簿とは、ルイ十六世の寵臣たちへの恩賜金の帳簿である。こうした濫費は一時的なものだが、もっと恒久的なものがある。すなわち、貴族、僧侶、そして最下級の属吏までもが、免税の特権を享受していたことである。時とともに財政支出は増大してゆくのに、納税者の数は減少する。そこで納税者ひとりひとりの肩にかかる重荷は、しだいに大きくなってゆく。

バスチーユとは何か。王は善意に満ちている。人間の首を切るのは、耐えられないことだ。良心もいたむ。そこで、生と死とのあいだに、死せる生、埋もれた生、忘却の生をつくりだす。すなわち、国事犯を収容する牢獄《ろうごく》、バスチーユである。フランス全土に二十ばかりのバスチーユがあったが、その六つだけで三百人ばかりを収容していた〔一七七五年〕。

聖なる革命よ、あなたはどうしてそんなにくるのが遅かったのか！　千年も前から、中世の畑のうねに立ってわたしは待っていた。いまも待っている！　おお！　時の歩みのなんと遅いことか！　どれほどわたしは時刻をかぞえたことか！　あなたは、いつかはやってくるのか。

みんなは、もはや革命の到来を信じなくなってしまった。世紀のなかごろは、みんなが革命を予見していた。世紀のおしまいには、だれもがそれを信じなくなってしまった。モン＝ブランの山は、遠くからはみえる。ふもとまでくると、もはやみえない。

「ああ！　もうしまいだ」と一七八四年に、マブリが言った。「われわれはあまりにも低いところまで落ちすぎた。風儀はあまりにも弱々しくなった。もう革命はけっしてこないだろう！」

ヴェルサイユ宮殿（鏡の間の供応）

信仰うすき者よ、革命がおまえたちのうちに、哲学者たち、おしゃべりたち、詭弁者《きべんしゃ》どものなかにとどまるかぎり、何もなしえないことがわからないのか。神のおかげで、みよ、革命はいたるところにいるではないか、人民のなかに、そして女たちのなかに。……自由が、理性が、理屈とたもとを分かって自然にまでおりてくるとき、心にまで〔そして心のなかの心とは、女性のことだ〕おりてくるとき、すべては終わる。すべての人為は破壊される。……ルソーよ、わたしたちはあなたを理解する。あなたのことばは正しかった。「自然に帰れ！」

アンシャン・レジーム（旧制度）とは何か、旧王政における国王とは、僧侶とは、何か。恩寵の名における圧政。

革命とは何か。公正の反撃、永遠の正義の遅ればせの即位。

わが母なる正義、わが父なる権利、あなたがたは神と一体だ……。

群集のなかのひとりとして、千万と生まれる者のひとりとして、わたしたちの革命なしには生まれなかったであろう者のひとりとして、わたしは自分を何に基礎づけたらよいのか。

正義よ、わたしを許してほしい。わたしはあなたを厳格で苛酷《かこく》なものと信じてきた。そして、あなたが愛と恩寵と同じものであることを、もっと早く気がつくことができなかった……。だからこそ、わたしは中世においては弱かったのだ。中世は、愛のことばのみを繰り返し、愛の行ないをすることがなかった。今日、かつてなく燃えさかる心をいだいて、わたしは自分のうちにたちかえり、償いをする。敬愛すべき、美しき、神の正義よ。

あなたこそ、まさに愛であり、あなたこそ、恩寵とまったく同じものだ……。

そして、あなたが正義である以上、あなたはこの本のなかで、わたしをささえてくれるだろう。この本のなかで道を切りひらくのは、わたしの心であって、けっしてわたし自身の利害でもなければ、地上のいかなる思想でもない。あなたは、わたしにたいして公正であろうし、わたしは、すべての人に向かって公正にしよう。永遠の正義よ、あなたのためでなくて、だれのために、この本をわたしは書くのであろうか。

一八四七年一月三十一日

第一巻　革命のはじまり

一　三部会の開会

一七八九年の三部会（国王の徴税にかんする討議をする、三つの身分からなる会議）召集は、まさしく人民生誕の紀元である。それは、全人民に権利の行使をよびかけた。

小共和国で、全国民が政治的権利への参加を許されたことがあったにせよ、フランスのような大王国・帝国では、かつてなかったことである。これは新奇なことだった、わがフランス史においてのみならず、世界史においても。

五百万人が選挙に参加したという証言がある。

偉大にして異様な、驚くべき場面！　全人民が一躍、無から有に転じ、それまでの沈黙を破って一挙に声を発するとは。

この人民がなんと答えるか。それが大問題であった。

人民のうちには物質的にも精神的にも格差があり、対立がある。だから人民は、たいしたことはできまい、というのが宮廷のあてにしていたところである。そうでなければ三部会召集などという大胆なことをするはずがない。

宮廷が考えていたのは、この鈍重な大衆を荘重に召集することによって、特権者たちをおびえあがらせることだけであった。自分自身が特権中の特権、悪弊中の悪弊である宮廷には、特権や悪弊に闘《たたか》いをいどむ気などみじんもない。唯一の希望は、僧侶《そうりょ》と貴族という特権身分に賦課を強制して、国庫を満たし、これをわがものにする、ということであった。

僧侶、貴族をのぞく国民からなる第三身分の要求にこたえて、その代表の数を二倍にすると認めたのも、こうした底意からであった。これでいい顔ができれば安いものだ。三部会での投票を、第三身分の要求していたように、個人別にせず、むかしのままの身分別にすれば、第三身分は、議員数の多少にかかわらず、三票のうちの一票をもつにすぎない。危険はないのである。

だが宮廷の計算は、すべて裏切られた。人民は、準備不足にもかかわらず、確かな本能を発揮した。自分たちの要求を代弁しうる人々を選出し、陳情書にまとめあげ、要求を彼らへの訓令とした。しかもその内容は、全国的に驚くべき一致を示し、恐るべき圧力となって、宮廷側にのしかかったのである。

こんなに広大な、多様な、そしてこんなにも準備不足な運動が、全員一致になろうとは！　……すばらしい現象だ。みんなが参加し、そして〔目にみえぬほどの例外はあるが〕みんなが同じことを要求したのだ。

全員一致！　完全で無条件の一致だった。状況は単純そのもの、一方に国民、他方に特権があるだけだ。そして、このとき国民のなかには、人民とブルジョワジーの区別などありえなかった。ただ一つ、はっきりした区別は、読み書きできる者と、できない者とのそれであった。前者だけがしゃべり、書いた。しかし、みんなの考えを書いたのである。彼らは、共通の要求を定式化し、そしてその要求は、彼らのものであったと同様に、それ以上に、もの言わぬ大衆の要求だったのである。

ああ！　われわれの出発点である、この比類なき瞬間の思い出に、感動せぬ者があろうか。……この瞬間は、長つづきしなかった。だがそれは、われわれにとって、不断に目ざすべき理想として、未来の希望として残っている。……崇高なる一致。そこでは、のちには対立しあう諸階級の、生まれたばかりの自由が、揺籃《ゆりかご》のなかの兄弟さながら、愛情ふかくやさしく抱擁しあっていた。この崇高なる一致がこの地上をふたたび訪れる日は、こないのであろうか。

諸階級の合一、人民の恐るべき一致に、宮廷は震えあがった。四月二十七日に予定されていた召集日を、五月四日に延期した。しかし冬はきびしく夏も不作であった。飢えた人民は、三部会への期待があったため、食糧暴動に立ち上がることをわずかにひかえていた。そして宮廷は弾圧の口実を失った。事態は平静に、しかしきびしく進んでいった。

恐れられた三部会よ！　集合せよ、開会せよ。これを召集したが、沈黙しているべきだったといま後悔している連中には、何もできはしない。三部会は、潮の満ちてくる大洋、無限の、深遠の大義。歴史の海底からわきあがり、とどろく海鳴りのごとく、大衆を立ち上がらせる。……全世界の軍隊を動員して、立ち向かうがよい。それとも、小児の指で立ち向かうか。どちらにしても同じことだ。……神がこの大洋をおしすすめる。神が遅ればせの正義を、過去の償いを、未来の救いを推進しているのだ。

三部会開会の前夜、ヴェルサイユでは荘厳な聖霊ミサの声が聞こえた。この日ほど、この予言的な聖歌のうたわれるにふさわしい日はなかった。

「汝《なんじ》は諸国民を創出せんとす。地表はここに革新されん」

偉大な日、五月四日、千二百人の代表、国王、王妃、全宮廷がノートル＝ダム寺院で『ヴェニ・クレアトール（来たれ、創造主）』の歌を聞いた。それから、サン＝ルイの教会へ向けての大行進が、全市を横ぎった。いならぶフランス衛兵、スイス人衛兵（国王護衛の衛兵はフランス人だけでなくスイス人など外国人の傭兵からもなっており、出身国により隊が分けられていた）たちも、王室の紋章をちりばめた壁掛けをかけた大

5月4日の行進

通りにあふれる群集を押えきれなかった。

パリじゅうが見物にきていた。窓という窓、そして屋根まで鈴なりの人である。高価な織物で飾られたバルコニーには、光りまばゆく婦人たちが色どりをそえていた。彼女らは、当節流行の、羽毛と花々とをとりまぜた、あでやかにも奇妙な装いをこらしている。すべての人々は感動し、期待と興奮に胸をはずませていた。

偉大なことが、はじまったのである。これが将来どうなってゆくか、どのような結末をよび、どのような結果をもたらすか。だれに予言ができよう……。こんなにも多様で荘重な光景、遠近《おちこち》にひびきわたる音楽。このさい、ほかにいったいどんなことが考えられよう？

うるわしい日、平和の最後の日、巨大な未来の最初の日！

人々は熱狂していた。熱狂はさまざまで、たしかに反対の方向を向いていたのもあったが、まもなくそうなるような、とげとげしい対立ではなかった。新時代の到来をみじんも望んでいなかった人々でさえ、みんなと感動をともにせずにはいられなかった。貴族身分のある代議士は、思わず随喜の涙をこぼしたと告白している。

「このフランス、わたしの祖国が、宗教の力をかりて、わたしたちに、『きみたちの争いは、やめたまえ！』と言うのをみて、涙がわたしの目から流れた。神も、祖国も、同胞も、みんなこのわたしと一体になっていた」

まず、行列の先頭にあらわれたのは、黒っぽい服を着た大勢の男たち。第三身分の代表、五百五十人の大部隊である。このうち三百人以上は法学者、弁護士、司法官で、彼らの存在は法の即位を力づよくあらわしていた。その服装は質素だが、足どりとまなざしには確固たるものがある。彼らは、まだ党派の区別をたてず、彼らが準備した、彼らの勝利そのものであるこの偉大な日に、みな酔い心地で行進してゆく。

ついであらわれたのが、羽根飾り帽子をかぶり、レースや金の襟章《えりしょう》をつけた貴族身分の代表の、美々しい小集団。第三身分を迎えて鳴りやまなかった拍手は、このとき、はたとやんだ。しかしこの貴族たちのなかにも、約四十人ばかり、第三身分の人々におとらぬ人民の熱烈な友がいたようである。

僧侶身分にたいしても、同じ沈黙。この身分のうちには、はっきりちがった二つの階層が含まれている。一方は貴族で、他方は第三身分だ。まずレース飾りの白い短衣とすみれ色の長衣を着た三十人ばかりの司教たち。そしてそれとは別に、合唱隊があいだにはいって、司教たちからへだてられた、黒い僧服のみすぼらしい二百人の司祭グループ。偉大な情熱に燃えている千二百人の堂々たるこの集団をみて、注意ぶかい観察者なら、つぎの事実に驚いたことであろう。これらの人々のなかには強い個性がほとんど認められないのだ。たしかに、人格高潔な、あるいは高い才能にめぐまれた人は、たくさんいる。しかし、天分と性格とを兼備した威権によって群集をひきずる力をもつ人は、ひとりもいない。大天才もいない。英雄もいないのである。

この世紀の大道をひらいた強力な革新者たちは、このときすでにない。彼らの思想が残っていて、諸国民を導いているのみである。その思想を解説し、適用するための大雄弁家はたちあらわれた。しかし彼らは、加えるべきなにものをももたなかった。初期の段階における大革命の栄光、そして同時に、その歩みをあやうくするかもしれぬ危険、それは、人物なしで革命が行なわれたということだ。もっぱら理念の躍動によって、純粋な理性の信仰をふまえて、革命が単独で進行し、そこに偶像もなければ、偽りの神もなかった。

フランスの軍事的栄光の守り手・受託者である貴族の隊列にも、ひとりの有名な将軍もいなかった。「フランスの大貴族はみな無名の高官だった」。おそらくただひとりだけ、興味をひく人物がいた。宮廷の意にそむいて、まっさきにアメリカ独立戦争に参加した男、若くて金髪のラファイエットである。こののち、運命の導きによって、この男は、とほうもない役割を演ずることになるが、このとき、だれひとりとして予想しえた者はなかった。

第三身分は、その無名の集団のなかに、すでに「国民公会」をはらんでいた。しかしだれがそれを予見しえたか。だれが、この弁護士の群れのうちに、アラスの某弁護士（ロベスピエール）のぎすぎすした体つき、青白い顔を、見わけえただろう？

二つのことが、注目をひいた。シエースの不在、ミラボーの存在。

シエースはまだ来ていなかった。この大運動の渦中《かちゅう》にあって、あらかじめこれを見ぬき、定式化し、計算していた、異様に鋭敏な精神の持主を、人々は捜しもとめていたのである。

ミラボーはそこにいた。彼は、みなの注目をひいた。厚ぼったい頭髪、力に満ちた醜悪さを示す獅子頭《ししあたま》は、人々を驚かせ、ほとんどおびえさせたが、彼から目をそらすことはできなかった。これこそ、文句なしに男であった。ほかの連中は影にすぎなかった。不幸にして時代と階級の烙印《らくいん》をおされた男。当時の上流社会と同じ程度に不良であり、そのうえ、醜聞をまきおこし、悪徳にかけては、騒々しく、大胆な男であった。そして、それがやがて身の破滅となる。彼の色恋、恋のとりことなったその情熱、そんな物語で社交界はもちきりだった。というのは、彼は何度も恋をしたからだ。しかも猛烈ではげしいやつを……。当節、こんなに恋をした男がほかにいたろうか。この否応なしの、無我夢中の情熱の専制によって、彼は何度もどん底にまで落ちこんだ……。家庭のきびしさのために金がなく、気持のうえでも惨《みじ》めだった。彼は金持の悪徳だけではたりないで、貧乏人の悪徳までももちあわせていたわけだ。家庭の専制、国家の専制、内面的精神の専制、情熱の専制……。

ああ、だれがこのミラボー以上の熱い心をもって自由の夜明けを喜び迎えたことであろう。そこに自由を、魂の再生をみつけだすことをあきらめはしないと、彼は友だちに言ったものだ。いまや彼は、しみのついた古い外套《がいとう》をぬぎ捨てて、フランスとともに再生しようとする……。といっても、彼はやはり生きていかねばならない。新しい生活の戸口に立って、精気と熱意と情熱にあふれていた。だが、彼はやはり傷ついていたのだ。顔色は悪く、頬《ほお》はやせこけていた……。それがどうしたというのだ！　彼は、でかい頭を昂然《こうぜん》ともたげ、まなざしはあくまでもふてぶてしい。みなは、ミラボーのうちにフランスの偉大な声を予感していた。

第三身分は、みな拍手をうけた。つぎの貴族身分では、オルレアン公だけが、そして王もともかく拍手をうけた。三部会を召集してくれたことは、ありがたいというわけだ。人民は、こういう意味で公平であった。

王妃が通ると、ざわめきがおこり、女たちは叫んだ。

「オルレアン公万歳！」

王妃の敵の名をよぶことで、いやがらせようというわけだ……。王妃はすっかりこたえて、あやうく気を失いそうになった。かろうじてささえられた。だが、彼女はすぐ気力を回復し、昂然と顔をあげた。このとき、彼女はまだ美しかった。これ以後、王妃は、公衆の憎しみにたいして、毅然《きぜん》とした、またさげすみに満ちたまなこで、これを払いのけようとすることになる……。なさけない努力。そんなことで、人は美しくはなりはしない。王妃おかかえの画家、ルブラン夫人が一七八八年にかいた荘重な肖像画が残っている。画家は、王妃を愛しており、愛情で彼女の姿を飾ろうとしたのにちがいないが、なにかしら人を見くだした、いやな、かたくなな感じが、すでにそこに感じられる。

　こうして、表面は平和と団結のこのうるわしい祭典も、そのかげに闘いをのぞかせていた。フランスが一つの考えで団結し、いだきあうための時間が指定されたわけだが、同時にこの日に、分裂の種子《たね》もたっぷりと蒔《ま》かれたのである。代表たちの着せられたさまざまの衣装をみただけでも、シエースのきついことばがあたっていることがわかる。

「三つの身分だって？　いや、いや、三つの国民だ」

　宮廷は、古文書をひっくりかえして、時代遅れの儀式の臭気ふんぷんたる故実を掘りおこさせる。階級の対立、身分的差別のしるし、そして社会的憎悪感。こんなものは、むしろ逆に葬りさるべきものであったのに。

　ヴォルテールの出たあとに、『フィガロの結婚』の出たあとに、紋章だの、表象だの、象徴だのとは！　もう手おくれだ。ほんとうのことをいえば、宮廷を動かしていたのは、古物趣味などではなかった。選挙でたくさんの王さま（代表）をつくりだした平民どもの地位を低め、彼らに卑しい出生を思いおこさせてやろうというひそかな喜びが、ほんとうの動機なのであった。強者を侮辱してやろうという、これこそ最後の危険な遊びに弱者がふけっていたというわけである。

五月三日、聖霊祭前夜、代表たちはヴェルサイユで謁見を許された。真心にふれて容易に感激させることのできるこの機会に、国王は代表の血を凍らせてしまった。代表たちは、ほとんどみな国王にたいして好意をもってやってきたのに、国王は、彼らを地方別に身分の区別なしに迎えるかわりに、身分ごとに入場させた。まず僧侶、そして貴族、それから間をおいて第三身分。

マリ＝アントワネット（ルブラン夫人画）

こうしたけちな非礼は、役人や下僚の考えでやったことだろうと思うかもしれないが、そうではない。ルイ十六世自身が古い儀式に執着していたことは、明々白々だ。五日の会議のときでも、王は着帽し、貴族がそれにならったので、第三身分も同じようにしようとした。ところが、王は、第三身分が貴族と平等にふるまうことを好まず、自分が脱帽して全員を脱帽させてしまったのである。

こうした非常識な宮廷が、第三身分には、国王へのごあいさつをひざまずいたままで言上させるという、ばかげた旧習を思いだして、なつかしがったといっても、だれが本気にしよう。はっきり旧習を廃止するのも業腹《ごうはら》だ。そこで第三身分の代表は、ごあいさつを申しあげなくてもよいということにきめた。つまり、君臣のあいだに分裂と沈黙の二百年があったあとで、やっといま国王が人民と再会するというのに、人民に話すことを禁止したわけである。

五月五日、三部会はひらかれた。場所は、王の宮殿ではない。パリ通りのムニュ公会堂である。この建物は、残念ながら今日残っていないが、壮大なものであった。千二百人の代表のほかに、四千人の傍聴者を収容できた。

目撃者のひとり、ネッケルの娘、スタール夫人は、この日、この場へ、父の演説が喝采《かっさい》をうけるのをみるためにやってきていた。じっさい、ネッケルは喝采された。ミラボーが議席につくと、ざわめきが聞こえた……背徳漢を憎むざわめきが。この輝かしい上流社会は、悪徳のために死に瀕《ひん》しており、いまや最後の祭典のために集まっているのだ。人にきびしいことを言う資格などなかったはずだ。

議会は、三つの演説を聞かされた。国王、国璽尚書《こくじしょうしょ》（国王の印の保管、勅書の副署にあたる大臣）、そしてネッケルの演説である。いずれも同じ題目についてで、いずれもその場にふさわしいものではなかった。国王は、やっといまふたたび国民の前にたちあらわれたのだが、父親らしいことばの一つも、心と心をかよわせる単語の一つも、その口からは出なかった。まず序説として、革新精神にたいするぶきっちょで臆病《おくびょう》な、意地悪な非難からはじまった。国王は、思いやりも示したが、それは上層の二身分にたいしてであった。この二身分は、「金銭的特権を放棄する用意のあることを示していた」からである。

演説は、三つとも金のことばかりを問題にしていた。権利の問題、万人の魂を満たし、昂揚させていた平等の権利の問題などについては、ほとんど、あるいはまったくふれられなかった。美辞麗句がたちまち粗野なことばに変わる。不器用な感激調のなかで、国王とふたりの大臣は、問題は要するに税金、お金、生計、そして胃袋のことにすぎないと思いこんでいるようであった。特権身分が施しとして、租税の平等について第三身分に譲歩しさえすれば、万事おのずとうまくゆくと思いこんでいるのだ。だから、三つの演説で三つの賛辞が聞かれたわけだ。上層身分が免税の特権を放棄したいと申しでたのは、奇特な犠牲的精神というわけで、賛辞はしだいしだいに高まり、ネッケルにいたっては、史上比類をみぬ英雄的行為などと言いだす。

これらの賛辞がむしろ勧誘といった調子だったことは、このすばらしい賞賛すべき犠牲が、まだ実行に移されていないことを明白に示している。早く実行されますように！　国王や大臣にとっては、それがすべての問題であって、第三身分は、ただ案山子《かかし》がわりによびつけただけで、むしろ早く追っぱらいたいのだった。この大犠牲については、部分的な、しかもあやしい約束があっただけだ。数人の貴族が申しでたが、ほかの貴族たちはこれをばかにしていた。僧侶身分の若干の代議士が、僧侶部会の周知の意見に反対して、そうした希望をいだかせていた。上層二身分は、この問題について急いで意見を発表しようとはしなかった。決定的なことばが彼らの口からもれることは不可能で、のどにつかえていた。僧侶身分が、六月二十六日、ついに降服して権利をあきらめるためには、なお二ヵ月、最も重大な、最も恐るべき状況、はっきりいえば、第三身分の勝利が必要だったのである。そのときですら、貴族身分がたんに権利放棄の約束をしたにすぎない。

ネッケルは三時間にわたって、財政と道義について演説した。「公共の道義なくしては、個々人の道義なくしては、なにごともなしえないのであります」とはいうものの、彼の演説は、国王が三部会なしにすませ、専制をつづけうるための反道義的なさまざまの手段の列挙になっていた。そこから考えると、三部会というのは、国王のたんなる贈り物、認めはしたものの、いつでもとりけせる恩恵ということになる。ネッケルは不用意にもらした、国王は不安でいらせられる……と。ネッケルは、上層二身分が第三身分とは別に自由なものとして残り、犠牲を完了し、そのあとで共通利害の問題を討議するために、第三身分と合体するようにという要求を示した。危険な提案だ。大臣は、大土地所有の宝庫から税金をとりたてる自由をいったん確保してしまえば、三身分

5月5日の三部会

の合同を獲得するためには、ほとんど尽力する気持はない。こうなれば、特権者たちは偽りの多数を占めることになろう。二身分がぐるになって一身分に対抗すれば、改革をはばむこともできよう。そんなことはどうだっていいのだ！　国庫の破産が避けられ、飢饉《ききん》がやみ、世論がまたもや眠りこけ、権利と保障の問題が延期され、不平等と専制が再建されてしまえば、ネッケルの天下になるだろう。いや、むしろ宮廷は、いったん危機を脱してしまうと、この感傷的な銀行家（ネッケル）をジュネーヴへおっぽりだしてしまうかもしれないのだ。

五月六日、第三身分の代表たちは、大会議室を占拠した。戸口のところにつめかけ、じりじりしていた群集も、そのあとにつづいておどりこんだ。

貴族は別に、僧侶も別に、それぞれの会議室に陣どった。そして時を移さず、それぞれの身分によって、それぞれの身分内で、議員の資格確認を行なうべしと決議した。貴族身分では圧倒的多数によって、僧侶身分ではぎりぎりの多数によって決議された。司祭たちの多くは、第三身分と合流することを望んでいたのである。

第三身分は多数という点で力をもち、また大会議室を支配していたが、「他の二身分の来るのを待つ」と宣言した。この広大な場所に空席があることは、二身分の欠席をとがめているかのようであった。会場自体が雄弁だったのである。

三身分の合同という問題は、そこに他のあらゆる問題を含んでいた。第三身分は、すでに数において二倍だが、合同すれば、さらに約五十人の貴族と百人ばかりの司祭の票が加わるはずだ。したがって、圧倒的多数で他の二身分を支配し、彼らの審判者となるだろう。特権をもって圧迫しようとしたまさにその人々によって、特権そのものが裁《さば》かれる！　判決を予想するのはやさしいことである。

だからこそ、第三身分は、僧侶身分と貴族身分とを待っていた。すべて永遠なるものがそうであるように、第三身分は、おのれの力に自信をもって、我慢づよく待っていた。特権者たちは焦慮していた。彼らは、おそまきながら、特権者中の特権者である国王のほうにふりむいた。彼らは、国王の権威をかつてゆさぶってみたこともあるが、国王はやはり彼らにとって生まれつきの中枢なのである。こうしてひと月以上もつづいたこの待機の期間のうちに、ものごとはそれぞれ親和力に従って整理された。特権者は国王とむすび、議会は人民とむすびつく。

議会は扉を大きくあけはなち、人民とともに生き、人民とともに語った。柵《さく》などというものはまだなかった。パリが代表とごっちゃになって、ヴェルサイユに宿っていた。あらゆる方向の道にたえず通信が流れた。パリの選挙民集会、大衆がパレ＝ロワイヤル（王族オルレアン公の邸のおよび名だが、公が周辺の所有地を人民に解放してできたカフェなどのむらがる盛り場もこの名でよぶ）でひらく騒々しい不定期の集会、どこでも、議会についての刻々のニュースがもとめられた。ヴェルサイユからくるものなら、なんでもむさぼるようにたずねるのだ。第三身分は、宮廷がしだいにいらだち、軍隊を周囲に配置するのをみて、自分たちを守ってくれるのは、彼らに耳をかたむける群集、そして全王国の人々に彼らの声をとどける新聞、それ以外にないことを悟った。

三部会開会の当日、宮廷は、新聞の息の根をとめようとした。ミラボーの発行していた『三部会新聞』は、参議会の決定によって断罪され、発禁となった。別の命令は、いかなる定期刊行物も、許可なくして出版することを禁止した。こうして数ヵ月来活動を弱め、停止同然になっていた検閲制度が、国民集会を前にしてふたたび確立された。代表とそれを選んだ人々とのあいだに、伝達が必要不可欠となったそのときにである。ミラボーはそんなことにおかまいなく、『わが選挙民への手紙』という題で発行をつづけた。まだ陳情書を作成中だったパリの選挙民集会は、参議会の決定に全会一致で反対するために、仕事を中断した〔五月七日〕。国務にパリが干渉したのは、これがはじめてである。出版の自由という重大問題が、あっというまに奪われた。宮廷は、これから大砲や軍隊を集めるかもしれない。しかし、より強力な砲兵、出版という大砲は、今後、人民の耳朶《じだ》を打ち、全王国がそれを聞くことになる。

五月七日、第三身分は、マルーエとムーニエの提案にもとづき、第三身分の代表の若干が僧侶身分と貴族身分にたいして、大会議室に来て、議席につくように勧誘することを承認した。貴族身分はそれを黙殺して、自分たちの部会を構成した。僧侶身分は仲間割れがさらにはげしく、いっそうおっかなびっくりだったので、事態の推移を見まもろうとした。もっとも、高位の司教たちは、時間がたてば、司祭たちのなかからも同調票がとれると思いこんでいた。

六日間がむだに過ぎた。五月十二日、ニームの新教徒の代議士、セベンヌの老殉教者の息子、ラボー＝サン＝テチエンヌが、三身分の合同をもたらすための話合いをすることを提案した。その代案として、ブルターニュ人のル・シャプリエは、つぎのように提案した。「第三身分は、他の二身分の欠席に驚いていること、全員が合同する以外に会議は不可能であること、全議員の資格の有効性についての判定をくだすのは、個々の代表の利害にもかんし、またその権利であること、以上のことを告知すべきである。三部会がひらかれた以上、身分ごと、あるいは地方ごとの代表はもはや存在せず、存在するのは、国民の代表者のみであること、そうなれば、特権身分の代表たちも得をするのであり、彼らの職能は拡大される、このような告知をなすべきである」ラボーの意見がより穏健だとして勝ちを占めた。話合いはなんとか行なわれたが、事態を悪化させただけである。五月二十四日、ミラボーは、自分の言いだした意見をもう一度むしかえした。僧侶を貴族から切りはなして、「平和の神の名において」僧侶身分に、第三身分と合流するように招待してみようというのである。きわめて政治的な意見だ。たくさんの司祭は、合同の機会を一日千秋の思いで待っていた。この招待は、あやうく全僧侶身分をひきずりこむところであった。高位の司教たちが苦心惨憺《さんたん》、やっと猶予をかちとったのである。その夜、彼らはお城へ、つまりポリニャック委員会（王妃の寵愛ふかかったポリニャック夫人を中心とする廷臣たちに人民がつけたあだ名）へかけつけた。王妃をとおして国王から一通の手紙をかちとった。「国璽尚書と宮中委員会の面前で、話合いを再開することを望む」というのである。こうして国王は、僧侶身分が第三身分と合同することをさまたげ、みずから明らかに特権者の代理人であることを露骨に示したのである。

　国王にはすこしもふさわしいものではないが、この手紙は、罠《わな》をかけたのである。もし第三身分がこれをのめば、国王は話合いの判定者となり、参議会の決定によって問題をおしつぶし、三身分は分断されたままとなる。もし第三身分だけがこれを拒否し、他の二身分が認めたとしよう。すると、第三身分だけが三部会全体の活動を不可能にしたという汚名を負うことになる。困窮と飢餓のこの危機にのぞんで、第三身分だけが国民を救うために一歩もふみだそうとしなかったということになる。ミラボーは、議会にたいして罠がかけられていることを示し、だまされたふりをして、別途に上奏文によって抗議はしながら、話合いの会議をのむようにと勧めた。

　またしても新たな罠。話合いの会議で、ネッケルは感情に、寛容の心に、信頼心にうったえかけた。各身分は、それぞれの資格確認を他の身分にゆだねよと勧告したのである。意見が不一致のさいは、国王が裁決をくだすであろう。僧侶身分は、一も二もなくうけいれた。もし貴族身分がうけいれれば、二身分と対抗して、第三身分だけがとり残されることになる。

　だれがこの窮地から救いだしてくれるのか。それは頭が変になって、みずから墓穴を掘っている貴族身分自身であった。ポリニャック委員会は、自分の敵（ネッケル）によって提案された方策など、問題にしなかった。貴族身分は、国王の手紙を読む前に、あらかじめあらゆる妥協への道をとざすべく、身分ごとの討議および他身分の決定にたいする拒否権こそが、君主政治の構成原理であることを決議していたのである。ネッケルは、多くの穏健派貴族を誘惑した。人材ではあるが、気性がはげしく、知力の弱いふたりの新貴族、カザレスとデプレメニルが問題をこじらせ、この最後の救済手段をはぐらかしてしまった。国王が、難破中の彼らに投げてくれた板きれをおしかえしてしまったのである〔六月六日〕。

三部会の召集を三度も延期しておきながら、さらに一ヵ月の遅滞とは！　飢饉のさなかの一ヵ月！　……。忘れてならないのは、こうしてみんながじりじりしているあいだ、金持たちはじっと動かず、支払いをすべて延期していたことである。仕事は中断されていた。腕だけがたよりで、その日の糧《かて》を得るためには、その日の仕事しかもたない連中は、求職にでかけ、それがみつからず、物乞いをし、施しが得られず、盗みをし……。飢えに迫られた徒党が国じゅうを荒らしまわっていた。抵抗されると、彼らは怒りくるい、人を殺し、放火した……。恐怖は遠くにまでひろがった。通信はとだえ、飢饉は日一日とひどくなる。ばかげた流言が無数に乱れとんだ。この盗賊たちは、宮廷から手当をもらっているそうだ、などと言われた。そして宮廷のほうは、オルレアン公こそ黒幕だと、罪をなすりつけていた。

議会は困難な立場におかれていた。治療薬は、すべて議会の行動のうちにこそあると信じられているまさにそのときに、議会はじっとすわったままでいなければならない。苦悩するフランスのうめき声にたいして、いわば耳に栓《せん》をしていなければならない。フランス自体を救うためにも、フランスに自由を根づかせるためにも……。

僧侶身分が、こうしたひどい状況をいっそう悪化させた。第三身分にたいして、文字どおりパリサイの徒さながらのペテンを考えついたのである。ひとりの司祭が第三身分の会議にやってきて、涙をこぼし、あわれな人民について、農村の窮乏についてうったえた。

議会を傍聴していた四千の人々を前にして、彼はポケットからおぞましい黒パンを一切れとりだして言った。

「これが百姓のパンなのです」

僧侶たちは、行動しよう、委員会をつくろう、と提議した。いっしょに食糧問題について、貧民の窮境について、討議しようではないか。

危険な罠だ。議会がこの案をのんで、行動に移るとする。そうすれば、事実上、三身分の分離を認めたことになる。この案に反対したとする。そうすれば、国民の不幸をなんとも思っていない、と内外に公言することになるのだ。いたるところにはじまっていた混乱の責任は、まっすぐに議会の頭上に落ちかかってきた。ふだんはよくしゃべる連中も、この問題にはかかわりあいになるのを恐れて、口をつぐんだ。しかし、無名の代議士、ポピユリュスとロベスピエールが、はげしく巧みに、みなの意見を代弁した。僧侶身分への答えはこうだ。合同の会議場へおいでなさい。そこで公の災害について討議しましょう。議会はこの問題について、あなたがたにすこしもおとらず心をいためているのだから。

この回答によって、危機はすこしも緩和されなかった。宮廷、貴族、僧侶にとって、人民をあやつることは、なんと容易なことであったろう。フランスを救うと称しながら、不当な権利ばかり要求して一歩も譲らず、飢えているフランスを見殺しにしようとする、傲《ごう》慢《まん》で野心に満ちた三百代言どもの議会！　なんというすばらしい宣伝文句だ。

宮廷は、この武器にとびついた。これで議会を殺せると思った。国王は、僧侶身分の議長が食糧問題について、彼らが考えた慈悲ぶかい提案をもってきたときに言った。

「意見を具申して、朕《ちん》に協賛しうるような三部会の委員会がつくられることを、朕は嘉《よみ》するであろう」

僧侶身分は、人民のことを考えていたことになる。国王もまたしかり。貴族身分が同じことばを吐くことをさまたげるものは、何一つとしてない。とすると、第三身分だけが孤立していたことになる。みんなが人民のしあわせを願っているのに、第三身分だけがそれを願っていない、ということが確認されることになるだろう。

二　球戯場の誓い

六月十日、シエースは、議会に顔を出すやいなや叫んだ。

「時はきた。錨綱《いかりづな》を切れ！」

革命の船は、この日以後、嵐《あらし》にも雨にもかかわりなく、ときにたゆとうことがあろうとも、けっしてとどまることなく、未来に向かって進む。

シエースは、大理論家としてだけでなく、好機をのがさぬ政治家としてたちあらわれた。ものには好機というものがある。もうすこし早ければ、人民に特権身分の悪意を見ぬくだけの時間がなかったろうし、もうすこし遅ければ、貴族と僧侶の特権身分同盟が成立していたであろう。六月十日のシエースの提案。僧侶、貴族の代表を点呼する。一時間以内に出席しない者は、棄権とみなす。こうして第三身分は、かえって上級者、いわば裁判官となったのである。

国民の思想を定式化した大理論家の栄光、その定式を採用した議会の栄光は、武力による威圧を無視して論理を信じ、おのれの信念にもとづいて前進したことであった。

宮廷は、決断のつかぬままに、横柄な沈黙をつづけていた。国王は、二度までも第三身分の議長に謁見をこばんだ。国王は、特権と人権とにはさまれて、特権者の先頭に立つ特権者であることをみずから暴露した。

しかし、僧侶身分のうちに、まず動揺がおこった。村から出てきた司祭たちは、自分たちも人民であることを自覚し、人民の側に立とうとする。はじめは三人、それから七人、しまいには十八人が第三身分に合流した。最初の勝利である。

議会は、前進するか死滅するかのほかはなかった。特権に対抗する人権は、議会のうちにこそ集約されている。このことにふさわしい名を名乗ろう。「国民議会」とよぶことにしよう。

「第三身分だけでは、三部会を構成できぬとおっしゃる。……いかにも、それこそもっけのさいわい。第三身分だけで国民議会をつくろう」

こう言いはなったのは、またしてもシエースである。「第三身分、それがすべてだ」というみずからの革命理論を現実化しようというわけである。宮廷と取引きをはかっていたミラボーやムーニエから妥協案が出たが、シエース提案に賛成の議員は五百人近く、反対は百に満たなかった。感動にあふれてこれを見まもる聴衆は四千。六月十七日朝のことである。

世界をもひっぱりまわせると思いこんでいたネッケルは、世界がかってに前進したことに驚《きょう》愕《がく》し、特権身分は動揺した。

司教たちは、十七日の夜、近くのマルリーの小離宮にひっこんでいる国王と王妃のもとにかけつけて哀願した。十九日、貴族身分の会議では、第三身分との合流をもとめたオルレアン公の提案がしりぞけられたが、一方、司祭たちは、僧侶身分の多数を制し、第三身分との合流を可決させた。

その夜、ふたたびマルリーにかけつけた司教たちは、「キリスト教もおしまいです」と嘆き、そのあとに、高等法院の連中がやってきた。「三部会を解散しなければ、君主政は滅びます」なお不決断で、強硬策の一歩手前でぐらついていた国王は、僧侶が第三身分と合流することをさまたげるために、翌六月二十日の議場閉鎖を命令するだけにとどめた。

翌朝は雨である。議長のバイイをはじめ、集まってきた議員たちは、近衛兵《このえへい》に入場を阻止され、人民の見まもるなかで、万難を排し別の場所を捜して会議をひらくことに全員一致で決定する。やがて球戯場《ジュー・ド・ポーム》へ。

醜悪で、家具一つなく、貧しく、みすぼらしい建物……。だが、ちょうどそれでよかったのだ。議場はみすぼらしかったが、その日、それだけに、人民をいっそうよく代表していたわけである。木のベンチ一つなく、一日じゅう立ったままであった。それはあたかも新しい宗教の秣桶《まぐさおけ》、ベツレヘムの厩《うまや》であった。

こうして彼らは国王の意志にそむいて、球戯場に集まった。だが、彼らは何をしようというのか。

ここで忘れてならないのは、この時期の議会は、すべてひとりの例外もなく王党派だったということである。

忘れてならないのは、議会が十七日、みずから国民議会という名を選んだとき、「国王万歳！」と叫んだことである。また、議会がこれまでの徴税を非合法と宣言して、新たに課税を議決する権利をみずからにあたえたとき、反対派の議員たちは、席をけって立った。国王の権限を侵すことを是認する席につらなることを、いさぎよしとしなかったからである。

王権というあの古びた亡霊、あの古風な迷信。それは、三部会の議場ではあのように強力だったが、球戯場では、たちまち色あせてしまった。貧寒なこの球戯場は、当世風といっても、むきだしで、家具一つなく、過去の幻が身をひそめうるような一つの片隅もなか

6月20日の球戯場の誓い

った。ここを支配するのは、純粋精神、理性、正義、かの未来の王者である！

この日、もはや反対派は存在しなかった。議会は、思想も信条も一つであった。あの有名な宣言を議会に提案したのは、穏健派のひとり、グルノーブルのムーニエであった。それは、いかなる場所に集まることを余儀なくされようと、国民議会は、議員の集まる場所に存在する。審議の続行をなにものもさまたげることはできない。憲法が制定され、確立されるまで、議会は断じて解散しないことを誓うのである。

バイイが先頭を切って誓った。彼の宣誓の声は明瞭《めいりょう》で、朗々としており、戸外にひしめく人民大衆も聞きとることができた。彼らは熱狂に酔いしれ、喝采《かっさい》した……。「国王万歳」の叫びが、議会と人民のあいだからわきおこった。これは、古いフランスが感動のあまり発した叫びではあったが、これには抵抗の誓いも混じっていたのである。一七九二年、ムーニエは異国で孤独をかこつ亡命者となっていたが、あの六月二十日の彼の提案は、法にかなったものであったかどうか、王党派としての彼の忠誠心と、市民としての彼の義務とは、一致していたかどうか、自問したのである。そして亡命のさなかに、憎悪と追放のあらゆる偏見のなかにありながら、彼はみずからに答えた。「正しかった！」

「正しかった。宣誓は正当なものであったが、議会の解散を欲する連中がいたのだ。宣誓がなければ、解散されていたかもしれない。三部会の制約から解放された宮廷は、二度と召集することはなかったろう。全フランスの陳情書が一致して要請していたあの憲法の確立を、断念しなければならなかったであろう」

これがひとりの王党派、穏健派中の穏健派、いつも実定法のうちに道徳的決断の根拠をもとめるならわしの一法律家が、われわれの革命の根本的行為について述べたことばである。

この間、マルリーでは、何が行なわれていたか。土曜と日曜、ネッケルは高等法院の連中につかまっていた。国王が彼をさしむけたのである。高等法院の連中は、おろか者がときとして示す冷血ぶりで、ネッケルの試案をくつがえし、議会での可決に役だつかもしれないような部分を抹殺し、折衷的な性格をぬぐいさった。こうしてネッケル案を、ルイ十五世風の乱暴な純粋のクーデタ、つまり、高等法院自身がいままで何度となく苦汁《くじゅう》をなめてきた、国王が親臨することによって法案を拒否するやり口に変えてしまったのである。議論は夜までつづいた。議長が、明朝の国王の臨席はとりやめられ、火曜日に延期されたことを寝床のなかで知ったのは、真夜中になってからであった。

日曜日、貴族たちは、鳴りもの入りで大挙してマルリーへやってきた。彼らは上奏文のなかで、いまや問題は、貴族身分よりも、むしろ国王自身にかかっていると建言していた。宮廷は、騎士道風の大胆さで活気づいていた。帯剣貴族たちは、ペンをあやつる連中にいつでも襲いかかろうと、合図を待っているかのようであった。こうした挑発的な強がりのなかで、アルトワ伯は傲慢に酔いしれ、あすは球戯場へ遊びにでかけると言いにやらせたほどである。

こうして国民議会は、月曜の朝もまた、寒空に集まる場所もなく、ヴェルサイユの舗道の上をうろついていた。宮廷にとっては、おあつらえむきの慰みごとだ。球戯場長はおびえていた。王侯たちを恐れていた。議会はフランソワ派修道院の門をたたいてみたが、これもうまくはいかなかった。修道僧たちは、かかわりあいになりたくなかった……。どこへ行っても、鼻先で門戸をとじられるこの浮浪人たち、この危険な集団、これはいったい何か。ほかでもない。フランス国民そのものである。

どうして青空のもとで討議しないのか。それ以上に高貴な集合の場所があろうか。しかし、まさにこの日、僧侶身分の大部分が平民といっしょに討議しようとしていた。彼らをどこに迎えいれればいいか。さいわいにして百三十四人の司祭が、数人の司教を先頭に立てて、その朝、サン゠ルイの教会にたむろしていた。議会はその本堂に案内された。最初、内陣に集まっていた聖職者たちは、そこを出て、議会のただなかに席を移した。誠実な喜びに満ちたすばらしい瞬間！　演説者のひとりは感動して言った。

「宗教の殿堂がいまや祖国の殿堂となった」

同じ二十二日、月曜日、ネッケルは、なおもむなしい闘いをつづけていた。彼の提案は、なまぬるい性格を残していたので、自由にとって有害なものであったが、これに代わったものといえば、もっとはっきりした、事態の本質を白日のもとにさらすようなものであった。ネッケルは、正と不正とのつりあいをとる顔をして、人民と人民の敵の双方におべっかを使っていたが、いまや善と悪の罪ぶかい調停者にすぎなかったのである。ヴェルサイユで同じ日ひらかれた最後の会議に招かれた王侯たちは、理性と反理性との正面きっての対決をさまたげていたこの曖昧《あいまい》な仲介者を排除することによって、自由にたいして根本的な奉仕をすることになった。

会議がはじまる前に、わたしは二つの提案、すなわち、ネッケルの提案と宮廷の提案とを検討しておきたい。前者については、ネッケル自身の証言のみを信じたい。

ネッケルの提案

一七九六年、反動のただなかで書いた本のなかで、ネッケルは、彼の提案とはなんであったかを、われわれにこっそりうちあけている。この提案は、大胆な、きわめて大胆なものので、特権者のためをはかったものであったという。こうした告白をするのは、彼にとって多少つらかったが、けっきょく、彼はつとめて告白した。

「わたしの提案の欠点は、それがあまりに大胆すぎたという点にある。わたしは、できるかぎりの危険を冒したのです。わたしの気持を説明せよとおっしゃるのですか。説明しましょう。そうする義務がある。わたしの言うことをとっくり聞いてください」

彼が話しかけ、弁明をこころみているのは、亡命貴族たちにたいしてである。むなしい企てだ。人民を政治の場によびだし、五百万の選挙人をつくりだしたことを、彼ら亡命貴族がどうして許すことがあろう。

〔1〕宮廷があのように長いあいだ拒否してきたけれども、不可抗力的にのみこまねばならなかった必要にしてまちがいのない改革案を、ネッケルは国王の名において公布した。ネッケルは、国王が王妃と宮廷のロボットにすぎず、立看板以上のなにものでもないことを身にしみて知っていたのだが、この惨めな喜劇を続演しようとしていたのである。自由というそれ自体で存在する神聖な権利を、ネッケルは、国王の贈り物、授与された憲章と

したのである。一八一四年の憲章（一八一四年、連合軍の武力にささえられて王位に復したルイ十八世の欽定憲法）と同じように。しかし、フランスがこのような偽りの憲法をうけいれるためには、三十年にわたる戦争（革命戦争およびこれにつづくナポレオン戦争を総称してよぶ）と、全ヨーロッパ軍のパリ進駐が必要だったのである。

〔2〕一つの立法府ではなく、すくなくとも両院が必要である。イギリス風にせよというのは、フランスにたいする臆病な忠告であった。これにはじっさい二つの利点があった。僧侶と貴族を今後一つの上院に集中させることによって、特権者を強化すること、つぎに、国王が人民をごまかす手段を容易にすること、つまり、国王自身が拒否するのではなく、上院に拒否させ〔今日われわれがみているように〕、一つの拒否権でなくて、二つの拒否権をもちうることになる。

〔3〕国王は、三つの身分にたいして、一般的国務についての共同討議を許した。しかし、礼遇と栄典の諸特権、領地に付属した諸特権については、共同討議はありえない。まさにこれこそ、フランスがすぐれて一般的な問題と考えていたものなのだ。栄典の問題を特殊問題とだれがあえてみなしえただろうか。

〔4〕ときには合同し、ときには三身分に分離されるまがいものの三部会、ときには活動し、ときには三つの動きによって活動できなくなるまがいものの三部会。ネッケルは、地方三部会を設けることによって、さらに三身分のつりあいをとり、足かせをはめ、中立化しようとする。フランスが統一をこそ渇望しているときに、分裂を増大するのである。

〔5〕以上がネッケルのあたえようとするものであるが、彼は、それをあたえたかと思うと、すぐさまひっこめる。このみごとな立法機構の活動を、だれひとり目撃する者はなかろう。彼は、見せ惜しみをするのだ。それは密室のなかではたらく。会議は、いっさい公開されない。こうして法は、白日から遠いところで、闇《やみ》のなかで、法にそむく陰謀のようにつくられてゆくであろう。

〔6〕法！　個人の自由のないところで、このことばは何を意味するか。だれひとりわが家で枕を高くして寝られないというのに、だれが自由に行動し、選挙し、投票できるのか。社会生活の第一条件、政治行動の前提であり、不可欠な条件を、ネッケルはまだ保証しようとしない。国王は議会に勧めて、封印状（王の出す白紙逮捕状）の廃止を可能にする諸手段を詮議せしめる。そうするあいだも、国王は、封印状、ほしいままな略奪、牢獄、バスチーユをその手に握っている。

以上が、老いさらばえた王権が、人気のある大臣に圧迫されて、最上の時期において行なった最大の譲歩案なのである。じつは、まだそこまではいけなかったのだ。名目上の国王は、そのように約束する。真の国王、つまり宮廷は、そんな約束をあざわらっている。……その罪のただなかで死んでしまうがいい！

国王の宣言〔一七八九年六月二十三日〕

宮廷のプランは、ネッケルのぬえ的なプランよりもすぐれていた。すくなくともずっとはっきりしている。ネッケル案がもっていた悪いところは、すべて慎重に保存されたうえ、さらにふんだんに増補されている。

専制主義の遺言状ともいうべきこの政令は、二つの部分に分かれる。〔1〕「現在開催中の三部会にかんする宣言」という題のもとでの諸保証の廃棄。〔2〕いわゆる改革、恩恵、つまり「偶然的な未来にたいする国王の意図、その誓い、願望についての宣言」。悪は確実であり、善は可能というにすぎない。その細目をみよう。

〔1〕国王は、五百万の選挙人の意志を破棄し、彼らの要求は、情報として聞くにとどめることを明らかにする。

国王は、第三身分の代表の決定を破棄し、これを「無効、非合法、非立憲的」と宣言する。

国王は、諸身分の区別が明確であることを望む。一つの身分が他の身分を制約しうる〔国民の百分の二が国民全体と同じ比重をもつ〕ことを望む。

三身分が合同することを欲するならば、今回に限って、国王はそれを許す。ただし、一般的国務にかんしてのみである。この一般的国務のなかには、つぎのものは含まれない。

すなわち三身分の権利、つぎの三部会の構成、封建的・領主的土地所有、金銭ないし栄典の諸権利。……つまり、アンシャン・レジームのすべてが除外されているわけである。

以上すべてが宮廷の考えだ。国王の心にかかっていた箇条、ひょっとすると、彼自身が書いたのかもしれぬ箇条は、つぎのとおりだ。僧侶身分は、宗教、戒律および教区と修道院の聖職秩序にかんするいっさいについて〔貴族身分と第三身分にたいして〕拒否権をもつこと、というのである。こうしてたったひとりの修道僧も減らず、なんの改革もする必要がない。日一日と悪臭を増し、無用のものとなって、もはや新たに人員を集めることもできないあの僧院を、僧侶身分はそのままそっくり維持しようというのだ……。貴族身分は怒りくるった。最も輝かしい希望を失ったのだ。いつかはこの獲物が自分のところへもどってくるものと、あてにしていたからである。国王か人民かが、自分たちになんらかの犠牲をしいるようなことがあれば、鷹揚《おうよう》な気持で僧侶身分を犠牲にしてやろう、すくなくともそれくらいの希望はもっていたのだった。

拒否権につぐ拒否権……。それがなんの役にたつ。あらゆる結果をいっそう確実に無効にするために、配慮のかぎりがつくされた。三身分の合同討議において、ただ一つの身分の三分の二が討議に反対を宣言すれば、それだけで決定が国王にゆだねられることになる。それどころか、いったん決議されたことでも、百人の議員が抗議すれば、それだけで決議が無効になる……。つまり、議会とか、討論とか、決議とかということばは、瞞着《まんちゃく》にすぎず、茶番でしかない。だが、だれが吹きださずにこんな茶番を演じよう……。

〔2〕つぎは恩恵である。財政の公開、課税の可否の投票、諸支出の固定。三部会は固定のためのその方法を指示する。そして陛下は、「もしその方法が王室の威厳と公務の迅速な処理とに合致するならば、これを採用されるであろう」

第二の恩恵。国王は、もし僧侶と貴族がその財政的特権を放棄することを望むならば、租税の平等を認可するであろう。

第三の恩恵。土地所有権は尊重される。とくに十分の一税（教会の徴収する貢租）と封建的権利義務は尊重されるであろう。

第四の恩恵。個人の自由？　否。国王が三部会を召集するのは、家族の名誉を守るためにせよ、一揆《いっき》の暴発を鎮圧するためにせよ、それに必要な配慮と封印状の廃止とを両立させるための方策をもとめ、これを国王に建議させるためである。

第五。出版の自由？　否。三部会は、出版の自由と、宗教に当然はらうべき敬意、風儀と市民の名誉にたいしてはらうべき敬意とを、両立させるための方策をもとめるであろう。

第六。万人に職業の自由をあたえるか？　否。軍隊については、明白に拒否する。国王は、軍隊制度にはいささかの変更をも加えることなく、そのまま保持することをこのうえなく明白に声明する。つまり、平民は絶対に士官に昇進できないこと、などを意味する。

こうしておろかな立法者は、事態を武力へ、剣へとおいやる。しかもこの瞬間、国王は自分の剣を折ろうとしていたのだ……。国王よ、かってに兵隊をよぶがよい。議会を包囲させるがよい。兵隊をパリへおしだすがよい。それは同じ数の防衛者を革命にあたえることになるのだ。

偉大な日の前夜、真夜中に、貴族身分の三人の代表、エギヨン、ムヌー、モンモランシーがやってきて、議長に、その夜、ヴェルサイユでひらかれた最後の会議の結果を報告した。

「ネッケル氏は、自分に正反対の提案を支持するために出席するようなことはしないでしょう。彼は議会には出ないでしょう。きっと当地を離れるでしょう」

議会は十時にひらかれた。バイイは、その日の重大秘密を代議士たちに、また代議士たちは他の多くの人々に、それを伝えた。もし国王のそばにこの人気のある大臣の姿がみられたとしたら、世論は二つに割れ、いっぱい食わされたかもしれない。ネッケルはいない。国王は無防御で世論から見すてられた。宮廷は、ネッケルのかげにかくれて、彼の犠牲において一撃を加えようとしていた。彼が思いのままに利用され、顔に泥《どろ》を塗られなかったことについて、宮廷はあくまで彼を許そうとはしなかった。

すべてが知れわたっていた証拠には、王宮を一歩外へ出ると、国王は、群集のなかに陰《いん》鬱《うつ》な沈黙が支配していることに気づいたのである。事件の秘密はあばかれており、せっかく苦心してお膳立《ぜんだ》てした見せ場も、もはや効果がなかった。

宮廷を動かしていたけちくさい傲慢の精神は、一計を案出させた。上層の二身分は、正面の大きな扉から、第三身分は裏口から入場させ、後者を物置きのところで、なかば雨ざらしのまま待たせておこうというのである。

第三身分は、こんなふうに辱《はずか》しめられ、汚され、雨にぬれ、頭をたれて入場し、国王の訓戒を承るであろう。

案内する者はだれもおらず、扉がとざされ、近衛兵がなかにいる。

ミラボーが議長に、「議長、国王の前へ国民を案内したまえ！」

議長は扉をたたく。

なかにいる近衛兵は、「ただいま」

議長「諸君、式部長官はどこにいる」

近衛兵「自分たちは、なんにも存じません」

代表たち「それじゃ、行こう。帰ってしまおう！」

やっとのことで議長が近衛兵の隊長をつれてこさせ、隊長は式部長官のブレゼを捜しにゆく。

代表たちが一列にならんで議場にはいってみると、僧侶と貴族とは、ちゃんと席についており、彼らの入場を、あたかも裁判官のように待ちかまえている……。もちろん、傍聴席はからっぽだ。人民の排除された、このだだっぴろい議場ほど、陰気なものはなかった。国王はいつもどおりそっけない調子で、側近につくらせた演説を朗読したが、この専制的なことばも、彼の口から出ると、じつに異様に聞こえる。彼は、その文句のもつ挑発的な暴力をすこしも感じていなかった。というのは、議会の反応にびっくりしていたからである。封建的諸権利を認めた項目に、貴族たちが拍手したとき、声高にはっきりと叫ぶ人々があった。

「静かにしろ！」

沈黙と驚きのひとときがあって、国王は最後に、重大な、許しがたいことばをもらした。これは議会に手袋を投げ、宣戦を布告するものであった。

「もし諸君が、このようにすばらしい企てにおいて、朕に協力を惜しむならば、朕は独力で朕の人民の幸福をはかるであろう。朕ひとりを人民の真の代表とみなすであろう」

そして最後に、「諸君、朕は諸君が即刻解散することを命令する。そして明朝、身分ごとに定められた議場に集まり、そこで会議を再開するように命令する」

国王が退場し、貴族と僧侶とがこれにつづく。第三身分は、着席のままじっと静かに沈黙を守っていた。

式部長官がやってきて、議長にそっとささやいた。

「あなたは国王の命令をお聞きでしょうね」

こちらは答える。

「国王の親臨のあと、議会は休会になった。だが、議会の討論を経ないで、会議をとじることはできません」と言ってから、かたわらの同僚をかえりみて、「召集されて議会を構成した国民は、ほかから命令をうけるわけにはいかぬとわたしは思うね」

あとをひきとったのは、ミラボーのすばらしい発言であった。彼は式部長官に向かって言った。威圧するような大声をはりあげ、恐ろしい威厳をもって、ことばを投げつけた。

「だれかが国王の耳に吹きこんだ意向は、すでに聞いている。あなたは国民議会にたいして、国王の代理人になる資格はない。あなたは、ここでは議席も、投票権も、発言権ももっていない。国王の演説をわれわれに繰り返す権利はない……。あなたをここへ送りつけた連中のところへいって、言ってやりたまえ。われわれは人民の意志によってここにいるのだ。銃剣の力でなければ、われわれをここから追いだすことはできないのだ、と」

ブレゼは度を失い、恐れおののいた。彼はそこに新しい王権を実感したのだ。そして彼は、古い王権にたいしてはらうのと同じ儀礼をこの新しい王権に行ない、国王の御前からひきさがるかのように、あとずさりしながら、姿を消した。

宮廷は、第三身分を追っぱらう別の方法を考えていた。かつて三部会でうまくやったやり方である。なんのことはない、議場の調度をとりのぞき、階段座席や玉座をとりこわしてしまうのである。職人たちがやってきた。しかし、議長のひとことで彼らはたちどまり、

ミラボー（左）とブレゼ

道具をおろし、議場の静かな荘厳さに、うっとりみとれていた。彼らは、演説に注意ぶかくうやうやしく聞きいるだけであった。

ある代表は、国王の決定をあすあらためて審議しようと提案した。これはうけいれられなかった。カミュはつぎのように定め、これを宣言させた。

「会議の開催は、一つの行政行為にすぎない。国民議会はその決定をあくまで守るものである」

ドーフィネから来た若いバルナーヴは言う。

「諸君は、自分たちがなにものであるかを宣言した。諸君は、裁可などあおぐ必要はない」

ブルターニュのグルザンは言う。

「なんということだ。国王は主人づらをしてしゃべっている。いまこそ意見を傾聴すべきときなのに」

ペチヨン、ビュゾ、ガラー、グレゴワールもまた、同じように高い調子で発言した。そしてシエースは簡潔に言った。

「諸君、きみたちは、きょうもまたきのうと同じものである」

議会は、そこでミラボーの提案にもとづいて、議員は不可侵であること、なんぴとであれ、代表に手を出す者は、反逆者であり、破廉恥漢であり、死に値する、と決議した。

この決議は、無用ではなかった。近衛兵たちが議場の前に整列していたのである。夜のうちに六十人の代表が逮捕されるという噂《うわさ》だった。

貴族身分は、議長を先頭に、まっすぐに、彼らの救世主、アルトワ伯のところへ感謝のことばを述べにいった。ついでプロヴァンス伯のところへ行ったが、伯は慎重で、自宅の外へ一歩も出ようとしなかった。王妃のところへ行った者もたくさんいたが、王妃は勝ほこった、輝かしい様子で、王女に手をかし、王太子を抱きあげながら言った。

「わたしはこの子をあなたがた貴族にゆだねます」

国王は、こうした喜びを共にする気持はすこしもなかった。人民の沈黙ということは、彼にとってあまりにも目新しい経験なので、すっかりまいってしまっていたのである。ブレゼがやってきて、第三身分の代表が議場に残っていると報告し、国王の指令をもとめたとき、国王は数分間歩きまわったのち、いかにもうんざりした調子で、やっと言った。

「そんなら、ほうっておくがいい」

こう言ったのは賢明であった。事態はまったく予測を許さぬものがあったのだ。もう一押しすれば、パリはヴェルサイユに向かって行進したかもしれない。すでにヴェルサイユは混乱していた。五千人、六千人の人々が宮殿におしよせ、またたくまに、御苑、テラス、そして、はや御殿の部屋部屋をうずめてしまった。この異様な伺候者、これまでみたこともない伺候者たちをみて、王妃は恐怖にとらわれた。彼女は国王に懇願し、哀願した。彼女がやったことをとりけして、ネッケルをよびもどしてほしい……。ネッケルをよびもどすのは、そんなに遠方からではなかった。彼はついそこに、いつもどおり自分がいなければ、なにごとも進行はしないと確信して待っていたのだ。ルイ十六世は、例のお人よしの調子でネッケルに言った。

「朕は、あの宣言に固執しようとはすこしも思わぬ」

ネッケルには、願ったりかなったりである。条件などあろうはずはない。虚栄心は満たされ、「ネッケル!」という歓呼の声に陶酔し、もうほかのどんなことも考えられなくなった。彼は喜びに胸をふくらませ、王宮の広場へ出てゆき、群集を安心させるためにそのなかを横ぎっていった……。熱狂した人々がひざまずき、彼の手に口づけをする。彼は興奮して、

「よしよし、きみたち、わしはやめないから、安心したまえ……」

そして彼は自分の部屋にもどって、思いきり泣いた。

あわれな宮廷の手先、ネッケルは、何一つ要求することなく、宮廷にとどまったが、それは彼の虚名で、陰謀をおおいかくし、宮廷の立看板の役を果たし、人民にたいして、宮

廷を守ってやるためにとどまったのである。彼は、向こうみずな連中を元気づけ、彼らがさらに軍隊をよびよせる時間かせぎをさせたのであった。

三　パリは立ち上がる

議会は服従せず、宮廷も方針を改めない。膠着《こうちゃく》状態だ。傍聴の人民をしめだされた議会は、軍隊にとりかこまれたまま、力なくボソボソと討議をつづけていた。これに怒って介入したのが人民である。六月二十五日、その不満は三つの捌け口から噴出する。選挙人と、群集と、兵士と。
革命の場はパリに移った。パリの選挙人たちは、陳情書を完成すべく集会をつづけていたが、この日、市役所のサン゠ジャンの大広間に移って、ここに腰をすえた。貴族も混じっていたが、ブルジョワが大部分である。この集会は、国王のクーデタに対抗して、国民議会を支持して動きはじめる。

フランス衛兵は、すでに革命精神に感染しており、軍隊制度は改めない、つまり、平民は士官に昇進させない、という国王の宣言を聞いて、いきりたった。その一部は兵営を脱走して、パリの街頭に進出し、パレ゠ロワイヤルで群集と友情を交歓する。

兵士は、制服を着てはいても、人民そのものではないか。兵士と市民とふたりの兄弟がめぐりあい、同じ母親のふたりの息子が抱きあい、涙を流すのだ。

パレ＝ロワイヤルのあるじ、王位をねらうオルレアン公は、二十五日、少数の貴族をひきつれて、第三身分に合流した。この報にパリはわきたった。宮廷は激怒したが、恐怖も新たにした。二十六日の夜、三身分の合同が裁可された。翌二十七日、待望の三身分合同会議がもたれる。

だが——

議会は時間を空費していた。多数を占める弁護士たちは、ながながとしゃべりまくる。ことばの力の過信である。憲法さえできれば、万事めでたしめでたし……と彼らは考えている。しょっちゅう陰謀ばかりめぐらしている政府があるというのに、憲法がなにかの力でありうるかのように！　専制主義が暴力と剣をもっているのに、文書であろうと口頭であろうと、紙に書いた自由が何か！　ナンセンス、お笑いぐさだ！

議会は、パリの動きにかえって不安になる。七月一日、議会を訪れたパリ市民代表にも、もっと穏やかにするようにと忠告するしまつである。しかも、このときパリは、スイス人とドイツ人の傭兵隊に包囲されていたのである。宮廷も本気にクーデタを考えているらしい。そこで議会もすこし目をさます。ミラボーの提案で、外人部隊を遠ざけてほしいという上申書を決議した。

七月十一日、国王から回答があった。軍隊は議会の自由を確保するために配置されているのだという。もしそれが不安なら、ノワイヨンかソワッソンに議会を移してもよい。それは二個または三個の軍団のただなかなのである。ミラボーの反対をしりぞけて、議会の多数は、このおことばに満足の意を表明した。五百人の貴族と僧侶が加わったために、議会は目だって軟化した。当面の問題を放置して、アメリカ独立戦争の英雄、ラファイエット提出の人権宣言案に耳をかたむけるばかり。だが、ちょうど同じころ、人民が勘ちがいで支持していたネッケルに、罷免の申渡しがなされたのである。

七月十二日、日曜日の朝、ネッケル罷免の報は、パレ＝ロワイヤルにまだとどいていなかった。とどいても、デマ扱いだった。それが事実と確認されたのは、正午、パレ＝ロワイヤルの号砲がとどろくときである。どのように暗い恐怖心を、それはあたえたことか。

ひとりの青年、カミーユ・デムーランがフォア・カフェをとびだして、テーブルの上にとびあがり、剣をぬき、ピストルをふりまわす。

「武器をとれ！　シャン＝ド＝マルスのドイツ人部隊は、今晩パリにはいって、住民を刺し殺すぞ。記章をつけよう！」

彼は、木の葉をひきちぎり、自分の帽子につけた。みながこれにならい、木という木は丸坊主になってしまった。

喪章をつけられたネッケルとオルレアン公の像を先頭に、デモ行進がパリを横ぎる。ヴァンドーム広場でドイツ人竜騎兵《りゅうきへい》が襲いかかり、群集をけちらした。武器をもたずにただひとりふみとどまったフランス衛兵が殺された。散らばった人民は、徴税請負人の邸宅を襲い、放火した。火は朝まで消えなかった。

宮廷は、パリの騒ぎを知らぬはずはなかった。だが、なんの手も打たず、命令も出さず、軍隊の増派もしない。騒ぎが激化して、議会解散の口実のつかめるのを待っていたことは明白である。パリにいた国王の軍隊はどうしていたか。司令官は、その午後、シャン＝ゼリゼにスイス人一連隊と砲四門を配置した。これが、夕刻、日曜のシャン＝ゼリゼの散歩からもどる群集と小競合《こぜりあ》いをおこし、銃声がとどろく。

国王の軍隊の暴行の知らせは、たちまち全パリにひろがった。人々は市役所にかけつけ、武器の配布と警鐘の乱打を要求した。まず、パリ市衛兵に武器がくばられた。兵営をぬけだしたフランス衛兵は、隊伍《たいご》を組んでドイツ人竜騎兵を襲撃し、三人を殺した。

翌十三日、議会は国王に事態の解決を要請したが、問題にされない。ここでやっと正気にかえった。軍の包囲のただなかで、何一つ武器をもたず、法以外になんのたよるべきものもなく、その夜のうちに解散され、連行されるかもしれぬ危険のなかで、彼らは議場に籠城《ろうじょう》する決意をかためた。会議の継続を宣言し、じじつ、七十二時間もがんばりつづけた。

七月十三日、月曜日の早朝、まだ六時というのに、パリ全市の教会という教会の鐘が鳴りだした。八時には、人民が市役所に満ちあふれ、武器を要求してやまない。市長フレッセルは、当面を糊塗《こと》しようとつとめる。パリの衛兵の設置もまだ本ぎまりになっていないのに、司令官をだれにするか、議論がはじまる。ラファイエットの名が出て、大喝采をうける。

そうしているうちに時間がたつ。群集はじりじりしている。一刻も早く武器を手に入れたいのだ。彼らにつきあげられて、選挙人集会は衛兵の編制にとりかかった。はじめは一万二千人としたが、パリ防衛にはそれではたりない。午後には、四万八千人の市民を武装させることに決定した。記章の色は青と赤、やがてラファイエットの提案で白色が加えられる（これがフランスの国旗となる）。しかし、問題は、武装よりも食糧であった。

パリは、飢えて死ぬか、それとも勝つか、であった。それも、一日のうちに勝たねばならない。そんな奇蹟がどうして期待できるか。市内にまで敵がいる。バスチーユに、士官学校に、全城壁にいる。フランス衛兵も、少数をのぞいては、兵営にとどまって、まだ去就をきめていない。パリの市民だけでこの奇蹟を行なおうとは、言うだけでお笑いぐさだ。物的状況は恐るべきものであった。窮乏しており、希望はなかった。しかし、心にはかぎりがなかった。ひとりひとりの市民が胸のなかで、心がひとときひとときふくれあがるのを感じた。全市民が市役所に駆けつけ、戦闘に身を投げだした。

兵器廠《へいきしょう》で火薬が発見され、人民にくばられた。不足しているのは小銃だけだ。選挙人集会は地区《セクション》が槍《やり》を五万本製造する認可をあたえ、地区はそれを三十六時間でやりとげた。しかし、銃がなくてはならない。廃兵院は傷病兵や退役兵を収容しているだけでなく、銃もたくさん保管しているはずだ。十三日の夜、代表がでかけて引渡しを要求したが、司令官は、ヴェルサイユの許可をあおぐという。許可はなかなかやってこなかった。

ヴェルサイユは、組織された政府をもち、国王をもち、大臣をもち、将軍をもち、軍隊をもちながら、躊躇《ちゅうちょ》と疑惑と不決断以外のなにものでもなく、完全に精神的混乱におちいっていた。

パリは混乱し、あらゆる合法的権威に見すてられていたが、七月十四日、表面的な無秩序のうちに、精神的には最もふかい秩序、全市民の一致ともいいうるものに到達した。

七月十三日、パリはみずからを守ることしか考えていなかった。十四日、パリは攻撃に出た。

十三日の夜は、まだ疑惑が残っていた。翌朝には、疑惑はすっかり消えていた。夜は、混濁と無秩序な怒りに満ちていた。朝は、光り輝き、恐ろしい静けさが支配していた。

朝の光とともにパリの上に一つの考えが輝き、そして、すべての人が同じ光をみた。人々の心のうちに一つの光がさし、ひとりひとりの胸に一つの声が聞こえた。

「行け、そしてバスチーユを攻略するのだ！」

それはできっこない、とほうもない、口にするのもおかしいことであった……。にもかかわらず、すべての人がそれを信じていた。そしてそれはなされた。

バスチーユは古い要塞《ようさい》ではあったが、何日も砲弾を打ちこまなければ、とうてい陥落するようなものではなかった。人民は、この危機にあたって、正規の攻囲作戦を行なうだけの時間も手段ももっていなかった。たとえ正規の作戦がとられたにしても、バスチーユは、恐れることはなかった。ほどなくやってくるにちがいない救援隊を待つあいだ、もちこたえるに十分な糧食もあれば、莫大《ばくだい》な軍需品もあった。城壁の厚さは、塔の頂上で十尺、土台のところで三十尺から四十尺に及び、長いあいだ砲弾を打ちこまれても、せせら笑っていることができたはずだ。そうするうちに、こちら側の大砲がパリに向けて火をふけば、マレ一帯、サン゠タントワーヌ全地区を灰にしてしまえるだろう。塔には、二重、三重に柵をはめた小さな十字窓や狭間《はざま》があって、そのまったく安全なところから、守備隊は、攻撃する連中に恐るべき殺戮《さつりく》を加えることができた。

バスチーユ攻撃は、けっして分別のある行動ではなかった。それは信念にもとづく行動であった。

だれひとり信念を説く者はなかった。だが、すべての人が確信をもち、すべての人が行動した。街路で、河岸で、橋で、大通りで、群集が群集に叫んだ。

「バスチーユへ！　バスチーユへ！」

そして、ひびきわたる警鐘のうちに、すべての人が聞きとったものは、「バスチーユへ！」

くどいようだが、煽動《せんどう》した者はひとりもいなかったのだ。パレ＝ロワイヤルのおしゃべり連中は、追放のリストをつくったり、王妃や、ポリニャックや、アルトワや、フレッセル市長その他に死刑を宣告したりして、時間をつぶしていた。バスチーユの勝利者のなかのただひとりとして、こうした動議あそびに名をつらねた者はない。パレ＝ロワイヤルは、行動の出発点ではなかった。またのちに、勝利者たちが戦利品や捕虜をつれもどったところも、パレ＝ロワイヤルではなかった。

市役所に陣どっていた選挙人たちも、バスチーユ攻撃など考えてもいなかった。それどころか、バスチーユで手もなく殺戮されてしまうのを防止しようとして、その司令官に、そちらが大砲をひっこめるなら、こちらも攻撃しないと、約束さえしたのである。選挙人たちは、裏切ったのだと非難されたが、そうではない。ただ彼らには、信念がなかっただけである。

信念をもっていたのはだれか。その信念をやりとげるために、献身の精神と力とをもっていた者はだれか。人民である。すべての人々である。

数世紀をそこに圧縮したかのような、この比類のない半世紀のあいだの出来事を、目撃する幸福と不幸とをもった老人たち、彼らは言う。その後、共和政と帝政の時代にも、さまざまの偉大な、国民的な事件があったが、しかし、それらは部分的な性格で、挙国一致というわけにはいかなかった。ただ、七月十四日だけが全人民の日であった。だから、この偉大な日が、人類の永遠の祝祭の一つとしてとどまるように！　解放の最初の日であったという、だけではなく、和合においても最高の日として！

この短い夜、だれひとりとして眠る者のなかったあの一夜のあいだに、何がおこったの

か。朝になると、あらゆる不和、あらゆる不安が闇とともに消えさり、人々はみな同じ思想をいだいていた。

パレ゠ロワイヤルで、市役所でおこったことは知られている。しかし、人民の家の炉辺でおこったこと、それこそ知らねばならぬことなのである。

何がおこったか。それは、その後にひきつづいておこったことによって、十分、推測できる。炉辺で、めいめいの人民が心のなかで、過去にたいして最後の審判をくだしたのだ。過去の首を打ち落とす前に、決定的に断罪したのである……。

この夜、歴史はよみがえった。人民の復讐《ふくしゅう》本能のなかに、長い苦悩の歴史がよみがえった。幾多の世紀のあいだ、沈黙のうちに苦しみ、そして死んでいった父祖の魂が、息子たちのうちによみがえり、声を発したのである。

強い男たち、我慢づよい男たち、いままであんなにおとなしかったきみたちは、この日、神の怒りの一撃を打ちおろそうとしている。きみたち以外にたよる者もない家族の姿をみても、きみたちの心はくじけはしなかった。それどころか、眠れる子どもたちをもう一度眺《なが》めると、この日こそこの子どもたちの運命を決する日だと、きみたちの思いは高まり、

この揺籃《ゆりかご》から巣だつべき自由な世代の子どもらを抱きしめた。そして、この日のうちに未来の闘いのすべてがかかっていることを実感した！

未来も過去も、ともどもに同じ答えをした。ともどもに叫んだ。行け！

そして、時間の外にあるもの、未来と過去の外にあるもの、不動の人権もまた、同じように言うのであった。正義という不滅の感情は、男のたちさわぐ胸に青銅のささえをあたえた。そして言った。

「案ずることはない。心を静かに行くがよい。死のうと勝とうと、わたしはきみとともにいる！」

この人民にとって、バスチーユとはなんであったか。人民でそこへほうりこまれた者はほとんどない……。だが、正義が人民に語りかける。いや、もっと力づよく心に語る声がある。人類愛と慈悲の声だ。この弱々しげにみえるやさしい声は、しかし、すでに十年前から塔をくつがえし、バスチーユそのものを動揺させていたのである。

ほんとうのことを言わねばならない。バスチーユ転覆の栄光をだれかひとりに帰するとすれば、それは世界の全権力を向こうにまわして、ラチュード釈放のために長年闘ってきた、あの剛毅《ごうき》な女性[※1]の名をあげなければならない。王権が拒否した恩赦を国民がもぎとっ

※1　ルグロ夫人、一七八八年死。無実の罪でバスチーユにとらわれていた、パリの小間物商ラチュードの釈放に尽力し、一七八四年アカデミ・フランセーズから善行賞をさずけられた。

たのである。この女性、いや、この英雄は、公の祝典でたたえられた。国家の牢獄をいわば強襲した女性に栄冠をあたえるというのは、すでに牢獄を傷つけ、これを公衆の呪《のろ》いにさらし、人々の心情と願望においてこれを破壊することであった……。この女性は、バスチーユをすでに攻略していたといえる。

このとき以来、この人通りの多い場所で、バスチーユの影の下を行き来するごとに、街の人々、場末の人々は、この牢獄を呪わずにはいなかった。バスチーユは、そうした憎しみをうけるだけの理由はあった。牢獄はほかにもたくさんあったが、この牢獄は、移り気な専制の、気まぐれな独裁君主政の、宗教的・官僚的異端糾問の牢獄なのであった。宮廷は、この世紀になると、ほとんど宗教心を失っていたが、バスチーユを自由思想家のすみか、思想監獄としたのであった。

ルイ十六世時代には、収容者の数は減少していたが、その扱いはいっそう苛酷になっていた〔囚人は散歩を禁じられていた〕。苛酷さは増したが、不正が減じたわけではない。たとえば、ある囚人の罪は、わが海軍に有利なある秘密をもらしたということである。彼がほかにももらしはしまいかと恐れたのだ。こんなことを言わねばならぬとは、フランスのためになんと恥ずかしいことか！

世界じゅうがバスチーユを知り、これを憎んでいた。バスチーユと専制という二つのことばは、どこの国語でも同義語であった。バスチーユ崩壊の報を聞いて、世界じゅうの国民が解放感を味わった。

ロシアは神秘と沈黙の帝国であり、それ自体ヨーロッパとアジアにまたがる怪物のようなバスチーユであった、といえるが、この報に接するやいなや、あらゆる民族の人々が広場で叫び声をあげ、泣いた。彼らはたがいにニュースを告げあって、抱きあった。

「どうして、うれしくて泣かずにおられようか。バスチーユが攻め落とされたのだ！」

四　バスチーユ攻略

偉大な日の朝になっても、人民はまだ武器をもっていなかった。

前夜、兵器廠から奪って市役所におかれた火薬は、夜のうちに、たった三人の男の手で徐々に配給された。二時ごろ、配給が一時中止されたので、絶望した群集は、ハンマーをふるって兵器庫の扉を打ち破った。一撃、一撃、釘《くぎ》から火花がとんだ。

小銃は一つもない！　廃兵院へ行って分捕らなければならない。それはきわめてあぶない仕事だ。廃兵院は、たしかにあけっぱなしの建物だ。しかし、司令官ソンブルイーユは、勇敢な老兵で、従来の部下のほかに、砲兵の強力部隊と砲を受領していた。この大砲がすこしでも活動をはじめれば、ブザンヴァルが士官学校においていた諸連隊が、群集の側面をついて、これをやすやすとけちらすことができたはずだ。

この外人部隊は、行動を拒否したであろうか。ブザンヴァルの証言にもかかわらず、それはありそうなことである。より妥当な見方は、彼自身なんの命令もあたえられず、見すてられ、狐疑逡巡《こぎしゅんじゅん》して、精神が麻痺したようになっていたことである。

まさにその朝五時に、彼は奇妙な訪問をうけた。ひとりの男がはいってきた。顔は青ざめ、目を光らせ、ことばは早口で短い、態度は横柄だ……。旧制度の軍隊のなかで、最も軽佻《けいちょう》浮薄な将校だったこのきざな老人は、それでも勇気と冷静さをもっていたが、くだんの男をみて、なかなかりっぱだと思った。その男は言った。

「男爵、抵抗をなさらないようにご警告申しあげなければなりません。市門内は、きょうのうちに焼きはらわれるでしょう。それは確実で、わたくしにはどうにもなりません。あなたも同様です。どうかじゃまだてしないようにしていただきたい」

ブザンヴァルは恐れはしなかった。しかし、やはり衝撃をうけ、精神が動揺した。彼は言っている。

「この男には、なにかしら雄弁なところがあって、それがわたしの心を打った……。わたしは彼を逮捕させるべきだったかもしれないが、わたしはそうはしなかった」

これは旧制度と革命との対面である。そして後者が前者を茫然《ぼうぜん》たらしめたのだ。

まだ九時になっていなかったが、すでに三万の人々が廃兵院の前に集まっていた。先頭には、パリ市の助役の姿がみえた。選挙人集会は、彼の派遣をこばみきれなかったのである。フランス衛兵が数中隊いた。兵営から脱走してきたのだ。人々の中心には、古ぼけた赤い服を着た裁判所の書記たち、それからサン゠テチエンヌ゠デュ゠モンの司祭もいた。彼はその教会に集まった人々から議長に指名されたが、武装勢力を指導するという危険なつとめを回避しなかったのである。

廃兵院からの武器略奪

ソンブルイーユ老人は、ずるい男だった。彼は鉄柵のところに姿をあらわして言った。たしかに銃はここにある。しかし、これは自分にまかされた預り物だ。軍人として、また紳士としての心がまえから、これを裏切るわけにはいかない。こんな思いもかけぬ理屈に、群集は二の句がつげなかった。革命初期の段階では、人民も驚くべき無邪気さをもっていたのだ！　ソンブルイーユは、さらにヴェルサイユに使者を走らせ、その返事を待っている、とつけ加えた。これは市役所と市民一般への愛着と友情からだと、しつこく繰り返した。

大多数は待とうと言った。さいわい、そんな良心の問題にこだわらない男がひとりいあわせて、群集に、ごまかされてはいけないと警告した。ぐずぐずしているひまはない。それに、これらの武器が国民のものでないとしたら、いったいだれのものなのか。……群集は壕《ほり》をとびこえ、院内に乱入した。二万八千梃《ちよう》の小銃が地下室から発見された。二十門の大砲とともにそれらは略奪された。

これらすべてが九時から十一時までのことである。だが、急いでバスチーユにもどろう。

要塞司令官ローネーは、十三日、夜の二時以来、武装していた。あらゆる警戒を怠らなかった。塔にそなえられた砲のほかに、兵器庫から砲をもってきて、これに散弾をこめ、中庭にすえた。塔の上には、襲撃者を粉砕するために、荷車六台分の敷石、砲丸、屑鉄《くずてつ》を運ばせた。下のほうの銃眼には、要塞用の大鉄砲十二梃を配置した。この鉄砲は、一ポンド半の弾丸を撃ちだすしろものだ。地上には、最も信頼のおけるスイス人傭兵三十二人をおいた。傭兵たちは、フランス人を撃つのになんの斟酌《しんしやく》もしない。八十二人の廃兵たちは大部分、門から遠ざけ、塔の上に散開させた。要塞の足もとをつつんで突きだしている建物は撤去させておいた。

十三日、無事。通りすがりにバスチーユに投げかける悪罵《あくば》の声のみ。

十四日、真夜中、塔の哨兵《しようへい》に七発の銃弾があびせられた。警戒警報！　司令官は参謀といっしょに塔にのぼり、半時間もそこで、町のはるかなもの音に耳をすましていた。もう何も聞こえないので、下へおりた。

朝、多数の人民。それにときおり、青年たち〔パレ＝ロワイヤルから来たのか、それとも、よそからか〕。口々に武器をよこせと叫んでいる。それには耳をかさない。耳をかたむけ、内に招じいれたのは、市役所からの穏やかな使節団である。十時ごろやってきて彼らは、司令官に砲をひっこめるようにたのむ。こちらが発砲しないかぎり、攻撃しないと約束する。司令官は、発砲の命令はうけていないので、すすんでそれをうけいれる。そして大喜びで、使者に昼食を共にしようと勧める。

使節がたちさると、入れかわりに、ひとりの男がやってきた。ぜんぜん話の調子がちがう。

乱暴で大胆な、人を人とも思わぬ男。情けも、恐れも知らぬ、いかなる障害も、いかなる猶予も認めぬ、大革命の憤怒の真髄を体内にもった、この男……。彼はバスチーユに降服を勧めにきたのである。

この男といっしょに恐怖がやってきた。バスチーユはおびえる。司令官は何ゆえとも知れず狼狽《ろうばい》し、口ごもる。

男、それはチュリオである。ダントンと同類の、すさまじい癇癪《かんしゃく》もちだ。われわれは彼に、二度出あう。革命のはじまりと、終わりとに。彼のことばは、二度とも、死を告げる。彼はバスチーユを殺し、ロベスピエールを殺す。

チュリオは、橋を渡ることを禁じられる。司令官がそう命令したのである。しかし彼は渡る。最初の中庭から第二の中庭へと彼は歩いてゆく。また阻止。しかし彼は通る。彼は第二の堀を、はね橋で渡る。目の前に、巨大な鉄柵があり、第三の中庭を守っている。これは中庭というより、相互にむすびついた八つの塔がその壁面をかたちづくる巨大な竪坑《たてこう》みたいなものである。この恐るべき巨人のような塔は、中庭に面しているとはいえない。一つの窓もないからだ。塔が影を落としているその足もとに、囚人のためのたった一つの散歩道がある。囚人は、奈落《ならく》の底に投げこまれ、巨大な建物に圧倒されて、冷酷な裸の壁を見つめているしかなかった。ただ、一方にだけ、鉄鎖につながれたふたりの囚人の像にはさまれて、一つの大時計があった。時を鎖でつないで時間のゆるやかな歩みをさらに鈍重に感じさせるために、これを設けたかのようである。

そこに、弾丸をこめた大砲、守備隊、司令部があった。

なにものもチユリオを威圧することはできない。彼は司令官に言った。

「人民の名において、名誉と祖国の名において、わたしは貴下に勧告する。大砲をひっこめ、バスチーユを明け渡したまえ」

そして守備隊のほうに向きなおって、同じことばを繰り返した。

もしローネーが真の軍人であったら、軍使をこんなふうに要塞の中心にはいりこませはしなかったであろう。まして、守備隊に向かって訓示させるようなまねはさせなかったであろう。だが、バスチーユの士官たちは、たいてい警視総監の特別のはからいで士官になった連中であることに、注意しなければならない。一度も軍務についたことのない連中でさえ、サン＝ルイ勲章をもっていた。司令官から飯たきにいたるまで全員が、金で地位を買い、そこから甘い汁を吸っていたのである。

司令官は、六万リーヴルの俸給に加えて、汚職によって毎年それと同額だけ上積みしていた。彼は囚人からのかすりで一家眷族《けんぞく》を養っていた。彼は囚人の薪《たきぎ》を減らし、囚人のぶどう酒や惨めな家具をもうけのたねにしていた。不潔で残忍なことに、彼は、稜堡《りょうほ》の一つの上にひろがっているバスチーユの庭を、ある庭師に賃貸ししていた。そしてこのもうけのために、囚人たちからここの散歩も塔の散歩も、つまり、大気と光をとりあげてしまっていたのである。

この卑劣で貪欲《どんよく》な魂にも、一つだけ意気沮喪《そそう》させることがあった。彼は、自分がよく顔を知られていることを知っていたのである。ランゲの恐るべき覚え書（パンフレット作者ランゲがバスチーユの実状を暴露した一七八三年出版の『バスチーユ覚え書』をさす）のおかげで、ローネーはヨーロッパじゅうで有名になっていた。バスチーユは憎まれていたが、司令官は個人的に憎まれていたのである。人民の怒りの叫びを耳にすると、彼は、それが自分に向けられていると思った。彼は不安と恐怖でいっぱいだった。

チュリオの演説は、スイス人とフランス人とではちがった効果を生みだした。スイス人には理解できなかったのである。その隊長フリュは抵抗を決意した。ところが参謀は、それから廃兵たちは、動揺した。この老兵たちは、ふだんから町の住民と交渉があったから、発砲する気はまるでなかったのである。守備隊は、こうして、二つに分裂した。二つのグループは、どうすればいいか。どうしても意見があわないのなら、同士討ちということになるか。

司令官は浮かぬ顔で、言いわけがましく、パリ市とどういう協定に達したかを説明した。攻撃をしかけられぬかぎり、こちらからさきに発砲しないとみずから誓い、守備隊にも誓わせた。チュリオは、それだけでは満足しなかった。彼は塔にのぼり、じっさいに大砲がひっこんでいるかどうか、この目で確かめたいと言った。ローネーは、こんなにふところふかくチュリオを入れてしまったことを、悔やまぬでもなかったので、それを拒絶する。だが、将校たちがたってと勧めるので、チュリオといっしょにのぼってゆく。

大砲はひっこめられ、おおわれてはいたが、いぜんとして狙《ねら》いはつけられている。この百四十尺の高みからの眺めは、さえぎるものなく、すさまじいばかり。通りも、広場も、人民でいっぱいだ。兵器廠の庭は、武装した男たちでふくれあがっている……。だが、目を他方に転ずると、群集が黒々と前進してくる……。サン＝タントワーヌ地区の人民だ。

司令官は、さっと青ざめた。彼は、チュリオの腕をつかみ、

「きみはなんということをしてくれたんだ？　きみは、軍使という資格を悪用した。きみは、本官を裏切ったんだぞ！」

ふたりは、塔のへりに立っていた。ローネーは、塔上に部下の哨兵をもっている。バスチーユでは全員が司令官に忠誠を誓っていた。要塞のなかでは彼は王であり、法であった。復讐をしようと思えば、まだできたのに……。

ところが、逆にチュリオのほうが、司令官をおびえあがらせた。

「まだそんな御託《ごたく》をならべているのなら、きみか、ぼくか、どちらかが、壕へ墜落することになりますぞ」

ちょうどそのとき、哨兵が近づいてきた。司令官におとらず狼狽している。そして、チュリオに向かって言う。

「お願いですから、姿をみせてやってください。一刻の猶予もなりません。ほら、ああして前進してくる……。あなたの姿がみえないと、こちらへ攻撃してきます」

チュリオは銃眼から首を出した。人民は、チュリオが元気で昂然《こうぜん》として塔上にのぼっているのをみて、喜びと賞賛の雄叫《おたけ》びをどっとあげた。

チュリオは、司令官といっしょに下へおり、ふたたび中庭を通った。そしてまた守備隊に語りかけた。

「ぼくはこれから報告にゆく。人民は、きみたちといっしょにバスチーユを守る市民衛兵をこちらに送ることについて、いやとは言うまいと思うのだ」

人民は、チュリオが出てきたらバスチーユになだれこもうと考えていた。ところがチュリオは、市役所へ報告にでかけようとする。裏切りだと言って、彼をおどかしたが、待ちきれなくなった人民は激昂していたのだ。群集は三人の廃兵をとらえ、ばらばらにしてやる、と言った。また、司令官の娘とおぼしき少女に襲いかかり、もし司令官が降服しないのなら、こいつを焼き殺してしまえ、と言う者もいた。他の者が、やっと少女を救いだした。彼らは言った。

「もし日が暮れるまでにバスチーユが落ちなかったら、おれたちはどうなるんだ？……」

地区が指揮者に選んだビール問屋のふとっちょサンテールは、昨夜分捕ったナデシコ油と大ラヴェンダ油を広場にそそいで炎上させよう、燐《りん》で火事をおこすんだ、と提案した。彼は、ポンプを捜しに人をやった。

こんなむだ話には耳をかさぬ兵士あがりの車大工がひとりいて、勇敢に仕事にとりかかった。斧《おの》を片手に前進し、最初の跳《は》ね橋のそばの小さな衛兵所の屋根にのぼり、雨あられとふる銃弾のなかで、平然とたちはたらいた。鎖を切断し、たたき落とし、橋をおろした。群集は、橋を渡り、中庭へはいった。塔からも、下の狭間からも、いっせいに射撃してきた。攻撃側はばたばたと倒れ、守備隊のほうは無傷である。群集が一日じゅう撃った弾丸のうち、命中したのは、二発であった。守備隊側の死者はわずか一名。

市役所には、はや負傷者がつぎつぎと運ばれてくる。流血の惨をみて、選挙人委員会はなんとかこれをとどめようとした。そのための手段は、一つしかない。市当局の名においてバスチーユに降服勧告をすること、そしてバスチーユに市民衛兵を入れること、である。市長は、おおいに難色を示した。フォーシェが強く主張した。ほかの選挙人も懇願した。彼らは、代表の資格ででかけていった。しかし砲煙にさえぎられて、彼らはだれの目にもはいらない。バスチーユも、人民側も、撃ちあいをやめない。代表たちは、最大の危機に瀕した。

パリ市助役を先頭に、太鼓を鳴らし、旗を立てている、二番目の使節団の姿が、広場からそれと認められた。塔上の兵士たちは白旗をかかげ、武器の使用をやめた。人民は発砲をやめ、使節団のうしろについて、中庭へはいっていった。すると、猛烈な一斉射撃に見まわれた。代表のすぐそばで、数人の男が、ばたばた倒れた。どうやら、ローネーとともに下にいたスイス人傭兵たちは、廃兵たちの降服の合図には頓着《とんちゃく》しなかったようだ。

人民の怒りは言いようもないほどである。朝からもっぱらの噂では、司令官が群集を中庭にたちいらせたのは上から銃弾をあびせかけるためだということだった。二度までもあざむかれたと思い、裏切り者に復讐するか、しからずんば死、と彼らは決意した。彼らをよびもどそうとする連中にたいし、ふるいたって言った。

「おれたちの死骸《しがい》は、すくなくとも壕を埋めるのに役だつんだ！」

こうして彼らは、雨あられと弾丸をあびせかける塔に向かって、断固として、すこしも恐れずに前進しつづけた。彼らは信じていたのだ、自分らが死にさえすれば塔をくつがえすことができる、と。

しかし、このころには、それまで手をつかねていた多くの穏やかな連中までが、彼我の戦力にあまりちがいのありすぎることに、しだいに怒りを発していた。これでは、まるでだまし討ちではないか。彼らはすすんで戦闘に加わろうとした。もうこうなっては、フランス衛兵を押えることはできない。彼らはみな人民の側についた。彼らは、市当局の任命した指揮官に会いにゆき、五門の砲を渡してくれるようにとむりを言った。

二隊が編制された。一隊は労働者と市民、もう一隊はフランス衛兵。はじめの隊の隊長に選ばれたのは、英雄らしい背たけと力にめぐまれたユランという青年。ジュネーヴ生まれの時計屋だが、召使となり、コンフラン侯爵の従僕をしていた。彼のハンガリア猟人服は、おそらく軍の制服と見まちがえられたことであろう。隷属のお仕着せが、自由のための戦いへと人民を導いたわけである。他の隊の隊長はエリーといって、兵卒から身をおこし、王妃付き連隊の将校となった人物。はじめ着ていた平服をぬぎすて、まばゆいばかりの将校服を身につけた。思いきって、敵にも味方にも存在を知らせたわけである。彼の隊の兵士のなかには、勇気と若さと純粋という点で、あっぱれの若者がひとりいた。フランスの一栄光といえる。その名はマルソー。彼はただ戦うだけに満足しており、勝利の栄光のなかにあっても、何一つ自分のために要求することをしなかった。

彼らが現場に到着したとき、事態はいっこうに進展してはいなかった。わらを積んだ車を三台前線へおしだして、燃やしていた。兵営と料理場を焼いた。しかし、それ以上どうしてよいのかわからない。人民の絶望は、市役所の頭上にふりかかってきた。市長が、選挙人たちが、責めつけられた。バスチーユ攻囲の命令を出せと脅迫されたのだ。しかし、その命令はついに出なかった。

要塞を攻略するためのさまざまの奇妙きてれつな方策が、選挙人たちに提案された。ある大工の言うには、城壁に石を投げつけるローマ風の弩砲《どほう》を、大工仕事でつくってはどうだろうか。市の指揮者たちは、定石どおりに攻撃しなければいけない、塹壕《ざんごう》を掘らねばならないと言った。こうしてくだくだと無益な議論を繰り返しているところへ、たったいまこの手紙を奪ったともってきた者がいる。読むと、ブザンヴァルがローネーにあてた手紙で、最後まで抵抗せよと言っているのだ。

この最大の危機に、貴重な時間を空費し、時の遅れるのをいかに恐れていたことか。このことは、ひっきりなしにまちがった警報がはいってきたことを頭に入れないと、理解できない。正午からはじまったバスチーユ攻撃を二時に知らされた宮廷は、この機をのがさず、スイス人とドイツ人の傭兵をパリに投入するだろう、という憶測がなされた。士官学校の連中がこの日を無為にすごすであろうか。ありえないことだ。ブザンヴァルが自分の軍隊にあまり信頼できないと言っているのは、どうやら弁解じみている。スイス人傭兵は、バスチーユでは剛毅なところをみせた。彼はその虐殺の場面にたちあっているのである。ドイツ人竜騎兵は、十二日に数回発砲し、フランス衛兵を殺した。フランス衛兵も竜騎兵を殺している。この部隊間の憎悪を考えれば、ドイツ人の忠誠はあてにできる。サン＝トノレ地区の敷石がはずされた。攻撃の時は刻々に迫っていると思われた。ラ・ヴィレットも同じ恐怖状態だった。じっさい一個連隊が占拠にやってきたのだが、すでに手おくれだった。

万事はかどらないのは、裏切りの証拠だと思われた。市長の狐疑逡巡は、みなの疑惑をふかめた。選挙人たちも同様である。こんな連中を相手にしていては、時間をつぶすばかりだと、激昂した群集は思った。ひとりの老人が叫んだ。

「友よ、この裏切り者たちとここでいったい何をしているのだ？　いっそバスチーユへ行こう！」

群集は流れでた。選挙人たちだけが茫然とあとにとり残された。そのひとりが物見にでたが、顔面蒼白、幽霊みたいな顔つきで帰ってきた。

「ここにいたら、十分以内に命はないよ……。グレーヴ広場では、怒りくるっている……。ほら、やつらがやってくる……」

選挙人たちは、逃げようとはこころみなかった。それがかえって彼らの命を救ったのである。

人民の憤懣《ふんまん》は、ことごとく市長の上に集まった。各地区からひっきりなしに使者がやってきて、市長に面と向かって、裏切り者とののしっていく。一部の選挙人は、市長の軽率と偽りのために、自分たちまでが人民の前でまきぞえになるのを恐れて、市長にそむき、彼を糾弾した。

ほかの選挙人、善良な老デュソーや剛毅なフォーシェは、市長が無実にせよ有罪にせよ、ともかく彼を擁護し、死から守ろうと努力した。市長室からサン＝ジャンの大広間へむりやりに移された市長を、彼らはかばった。フォーシェが彼の横にすわる。死の恐怖が市長の顔にあらわれていた。デュソーはこう言っている。

「わたしは、彼が最後のパンをもぐもぐやっているのをみていた。パンきれが口のところでつかえたままだ。二時間のあいだ飲みこめずにいた」

書類や手紙や、こんなときに仕事の話をしにきた連中にとりまかれながら、死の叫びのなかで、彼はつとめて愛想よく受け答えしていた。

パレ＝ロワイヤルとサン＝ロック地区の連中がいちばん過激だったので、フォーシェはそちらへ走って、許しを乞うた。地区の人は、サン＝ロック教会に召集されていた。フォーシェは、二度も説教壇にのぼり、哀願し、涙を流し、熱いことばを述べた。この危急のさいに、彼の偉大な心が捜しうるかぎりの熱いことばを吐いたのである。彼の服は、バスチーユの銃弾をうけて穴だらけだったが、これがものをいった。この服は、人民のため、この偉大な日の名誉のためをはかったことになる。自由の揺籃を汚さぬために役だったこととなった。

市長と選挙人たちは、幾度となく銃口をつきつけられ、生死の境をさまよいつつ、サン＝ジャンの広間にとり残されていた。デュソーのことばによると、その場にいた連中は、みな野蛮人のようだった。彼らは、ときとしてこちらの発言に耳をかたむけ、沈黙のうちに凝視しているかと思うと、またときには、恐ろしいざわめきが遠雷のように群集のなかからわきおこった。話をし、叫んでいる者も多かったが、大部分はその場の新奇な光景にたまげてしまっていた。騒音、人々の声、情報、警鐘、差し押えた密書、嘘かまことか新しい発見、あばかれた多くの秘密、法廷へひきだされるおびただしい数の男、そうしたことが、精神をも理性をも曇らせてしまった。選挙人のひとりが言った。「これが最後の審判ではなかろうか……」。みながのぼせあがってしまい、市長のこともバスチーユのことも、すっかり忘れてしまったくらいであった。

五時半だった。グレーヴ広場で叫びがあがった。一つの大きなひびきが、はじめは遠くに聞こえ、やがて進み、近づいてくる。すみやかに、嵐《あらし》のようなすさまじさをもって……。

バスチーユは攻略された！

すでに満員のこの広間に、一度に千人もの男が乱入してきた。そのうしろに、一万人がおしかけてくる。床板はきしみ、ベンチはひっくりかえり、柵は大机のところまでおしつけられ、大机は議長席までおしつけられた。

みな奇妙な格好で武装している。裸同様の者もあれば、あらゆる色どりの衣裳を着た者もある。ひとり、肩車に乗せられ、月桂冠《げっけいかん》をいただいた男がいる。エリーだ。そのまわりに全勝利品と捕虜を従えている。雷鳴も聞こえまいと思われるこの騒ぎのなかに、落ち着いて敬虔《けいけん》な態度の若者が先頭を歩んでいた。彼の銃剣の先には、汚れきったもの、三たび呪われてよいもの、つまり、バスチーユの制札が穴をあけてぶらさげられていた。

鍵をかかげもつ者もいた。数世紀にわたって人々の苦悩ですり減らされたあの極悪非道な、不潔で下劣な鍵である。偶然か、それとも神の配慮か、これらの鍵は、それらをあまりにも知りぬいていた、ひとりの男、つまり、かつての囚人に渡された。国民議会は、その記録保存室に、この鍵を、この暴君の古びた道具を、暴政を打破した法典のかたわらに保存した。今日もなおわたしたちは、この鍵をフランス国立古文書保管所の鉄の戸棚のなかにしまっている……。ああ、この鉄の戸棚のなかに、全世界のバスチーユの鍵がとじこめられるときがくればよいのに！

バスチーユは、攻略されたのではない。はっきり言わなければならないが、バスチーユは、みずから身を投げだしたのだ。良心の呵責《かしゃく》が、悩ませ、狂乱させ、正気を失わせてしまったのだ。

ある者は降服しようとし、ある者は銃撃をつづけてきた。とくにスイス人傭兵は、五時間のあいだ、自分は危険なく、撃たれる恐れは少なく、ゆうゆうと狙いをつけ、これと思う相手を撃ち倒した。彼らの手によって殺された者八十三人、傷ついた者八十八人、死者のうち二十人が貧しい一家の父で、あとに飢え死にを待つ妻子を残した。

スイス人たちはなんとも思わなかったが、廃兵たちは、同胞フランス人の血を流すことを嫌悪《けんお》し、危険のない戦闘を恥じて、武器を手からとり落とした。四時になって、下士官たちは、ローネーに、こんな殺人をやめるようにと懇願し、哀願した。

ローネーは、自分がどんな罰をうけるかを知っていた。死には死を。彼は一瞬、自爆の欲求にかられた。恐るべき狂暴な考えだ。パリの三分の一が吹っとんだであろう。彼が百三十五樽《たる》の火薬に火をつければ、バスチーユをこっぱみじんに空中に吹きとばし、全郊外、マレ地区全体、アルスネルの全地区をおしつぶし、埋没させてしまったことだろう……。彼は大砲の火縄をつかんだ。ふたりの下士官がこの犯罪を阻止した。彼らは銃剣を組みあわせ、彼が火薬に近づくのを禁じた。すると彼は、自殺のふりをして短刀をつかんだが、すぐはらい落とされた。

彼は正気を失っていたのである。もう命令をくだすこともできなかった。フランス衛兵が砲列をしき、そして〔何人かの証言によると〕発射したとき、スイス人傭兵の隊長は、和議を申しいれなければならぬと悟った。彼は筆をとり、手紙を書いた。武人の名誉をもってここを退出したいと申しでたのだ——拒絶——ついで生命の保証——、ユランとエリーは約束した。

困難は、この約束を実行させることである。数世紀以来、積もりに積もった復讐欲。それはたったいまバスチーユが行なった大量殺人で、いっそうかきたてられている。これをいったいだれが押えうるか。一時間前にできた、グレーヴからやってきたばかりの権力、それはわずか二小隊の前衛にしか知られていない。これが、あとに従う十万の人間を押えうるはずがない。

群集は怒りにかられ、無分別になり、危険そのものに酔いしれていた。しかし、広場では、たったひとりしか殺さなかった。仇敵《きゆうてき》であるスイス人を見のがしてしまったのだ。着ていた上っぱりのために、群集は彼らを使用人か囚人ととりちがえたのだった。彼らは味方であるべき廃兵を傷つけ、虐待した。できることなら、バスチーユそのものを根絶したかった。日時計の飾りをなしている石の奴隷を石でたたきつぶした。塔へのぼって、大砲につばをかけた。多くの者が塔の石に恨みをかけ、これをはずそうとして手を血だらけにした。

急いで牢にかけつけ、囚人を釈放した。ふたり、気がふれた者がいた。ひとりは、ものにおびえ、防御のかまえをした。扉を破ってとびこんだ連中が、涙を流しながら彼の腕にとびこむと、彼はただキョトンとするだけであった。帯のところまで髭《ひげ》をのばしたもうひとりの男は、ルイ十五世はお達者か、とたずねた。まだルイ十五世が治めていると思っていたのだ。名前を聞くと、「広大無辺な神の副官」というのだと答えた。

勝利者の仕事は終わっていなかった。サン゠タントワーヌ通りでは、別の戦闘がつづいていた。彼らがグレーヴ広場へ行進する途中、つぎつぎと多くの男の集団に出あった。彼らは戦闘には加わらなかったが、しかも何かのはたらきがしてみたい、せめて捕虜でも虐殺したいと思っていた。トゥルナル通りでさっそくひとりが殺され、河岸でもうひとり。髪をふり乱した女たちがついてくる。彼女らは、死者のあいだに自分の亭主をみつけたのだ。死骸はそこへおいたまま、殺人者のあとを追うた。ひとりの女は、口から泡《あわ》をふきながら、ナイフをおくれ、とみなに叫んでいた。

ローネーは、こうしたたいへんな危険のなかを、勇気があり、なみなみならぬ腕力をもったふたりの男に導かれ、ささえられていた。それはユランともうひとりである。この男は、プチ゠タントワーヌまでは行ったが、そこで群集の渦巻にまきこまれ、離されてしまった。ユランは、ローネーを放さなかった。この男をついそこのグレーヴ広場までつれてゆくのは、ヘラクレスの十二の難行よりもつらいことであった。

どうしたものか、もうわからない。人々がローネーを見わけるただ一つの特徴は、彼だけが無帽だということだ。それに気がつくと、ユランは、その頭に自分の帽子をかぶせるという英雄的な考えをいだいた。その瞬間、狙いうちの数発がとんできた。やっとサン゠ジャンの拱廊《アーケード》を通った。もし、うまく石段をあがらせ、階段のなかへおしこめたとしたら、それでよし。

群集は、ローネーをちゃんと見わけた。そこで、群集のほうも恐ろしい力をふるった。ユランの発揮した巨人の力も、もう役にたたなかった。大衆の渦巻が、大蛇のように彼をひしひしと締めあげる。彼は足をとられ、あちらへおされ、こちらへおされ、敷石の上に投げだされた。彼は二度まで立ち上がった。二度目に立ったとき、彼は空中にみた、槍《やり》の先に突き刺された、ローネーの首を。

サン＝ジャンの広間では、また別の騒ぎがもちあがっていた。そこにいた捕虜たちが、いまにも殺される危険に見まわれていた。とりわけバスチーユの砲手と思われていた三人の廃兵にたいして、風あたりが強い。ひとりは負傷していた。司令官ラ・サールは、司令官という自分の肩書を口にして、人間わざとも思えぬ努力によって、やっとこの男を救出した。彼がこれを外へつれだしているあいだに、ほかのふたりはひきたてられ、ラ・ヴァヌリ通りの町角、市役所の正面にある街燈にぶらさげられた。

こうした大波瀾《だいはらん》のおかげで、フレッセルのことは忘れられたかのようであったが、やはりこれが彼の命とりになった。パレ＝ロワイヤルの仮借のない彼の糾弾者は、少数ではあったが、群集がほかのことに気をとられているのに腹をたて、大机のそばにつめかけ、脅迫し、あとについてこいと勧告した……。彼はとうとう言いなりになった。死をこんなに長いあいだ待たされるのは、死そのものよりつらいと感じたからかもしれない。それとも、みながこの日の大事件に夢中になっているそのすきに、逃げだせると思ったのかもしれない。彼は言った。

「諸君、パレ＝ロワイヤルへ行こう」

彼がまだ河岸まで行きつかぬうちに、一青年が彼の頭にピストルをぶちこんだ。広間につめかけていた人民大衆は、血をもとめていたのではない。人民は血をみて茫然とした、とある目撃者は言っている。彼らは、このすさまじい、異様な、気が変になるほど風がわりな光景を、口をあんぐりあけてみていた。中世のあらゆる時代の武器が混じりあっていた。過去の幾世紀かがいま目の前にあった。エリーは、机の上につったち、兜《かぶと》をいただき、手には、三箇所もねじ曲げられた剣をもち、さながらローマの戦士のようであった。彼は、まわりを捕虜にとりかこまれていたが、エリーは、この連中のために命乞いをしてやった。フランス衛兵たちも、褒美《ほうび》として捕虜の釈放を要求していた。

ちょうどこのとき、ひとりの男が細君とともにつれてこられた。むしろ運ばれてきたといったほうがいい。これは前大臣モンバレイで、柵のところで逮捕されたのだ。妻は気を失う。男は机の上に投げだされ、十二人の男の腕で押えつけられ、えび折りにされていた……。このあわれな男は、こんな変な格好をさせられながら、大臣をやったのはずっとむかしのことである、せがれは自分の領地で革命におおいに参加した、などと釈明した……。しかし、よラ・サール司令官は、彼のために弁じ、そのため自分もあぶない目にあった。しかし、ようやく人々は穏やかになり、彼を押えていた手をゆるめた。ラ・サールはとても力もちで、このあわれな男を高々ともちあげてみせた……。この力わざが人民の気に入り、喝采をうけた……。

ローネーの首をかかげて行進する人民

ちょうどこのとき、勇敢で優秀なエリーは、一挙に、あらゆる裁断、あらゆる判決に終止符を打つ妙案をみつけた。彼は、バスチーユで使われていた子どもたちの姿をみかけて、叫びだした。

「お許しを！　子どもたちにお許しを！」

すると、浅黒い顔、火薬でまっ黒になった手が、みるみる大粒の涙で洗われはじめた。それは嵐のあとに大粒の雨滴が落ちるかのようであった……。裁判だの、復讐だの、もはや問題ではなかった。法廷は破壊された。エリーは、バスチーユの勝利者たちに勝利したのであった。彼らは捕虜たちに国民への忠誠を誓わせ、いっしょにつれさった。廃兵たちは、無事に廃兵院にたちかえった。フランス衛兵は、スイス人傭兵をとらえ、彼らを安全に自分たちの隊伍のあいだにとりこみ、彼ら自身の兵営へつれてゆき、そこで住居と食事をあたえた。

寡婦たちもまた、なんとすばらしいことよ！　高潔な態度を示した。貧乏で子だくさんでありながら、彼女らは、彼女らに分けあたえられた少額の金をすら、自分たちだけでうけとろうとはしなかった。バスチーユの爆破を阻止し、しかも、誤って殺されてしまったひとりのあわれな廃兵の寡婦にも、彼女らは分け前にあずからせた。攻囲された側の女性は、こうして攻撃した側の女性たちによって、いわば養女に迎えられたのである。

第二巻　新生フランス

一　武装せるフランス

　宮廷も攻撃を全然考慮しなかったわけではなかった。真夜中にパリを七つの方向から攻撃する計画もたてたが、情勢をみていちおう延期。そこへリアンクール公が馳《は》せつけて、王の眠りを破る。心から王を愛しているこの貴族は、へたに動くとあぶないと直言する。抗すべくもない歴史の進行の前に屈し、議会と和解しなければならない。

目がすっかり覚めていない〔そしてけっきょく死ぬまで覚めないであろう〕ルイ十六世は言う。

「なんだって、それじゃ反乱なのか」

「陛下、革命でございます」

事態の重大さにやっと気がついた国王は、七月十五日議会にのぞみ、外人傭兵部隊をパリおよびヴェルサイユから遠ざけると宣言した。人民の蜂起《ほうき》が失敗すれば自由もともに滅びると心配していた議会は熱狂し、事態収拾に動く。なお警戒態勢を解かずにバスチーユの死者の喪に服しているパリに、議員団を派遣しようではないか。

初代議長たるバイイに加えて、シエース、ラファイエットが選ばれて、パリにおもむく。市役所につくと、バイイは冠をさずけられてパリ市長に推され、ラファイエットは市民軍の司令官に任命された。この二つの重要な職務の人事が、のちに議会の承認をうけたとはいえ、王の意志を無視してきめられたという事実こそ、革命の革命たるゆえんを端的に示していた。

新司令官ラファイエットは、市民軍に「国民衛兵」なる名称をあたえたが、この一般的な名こそパリの動きが全国に拡大する前兆ともいえた。これと同様、パリ市の色である青と赤に、フランス古来の色たる白を加えた三色の記章が、フランスの記章となる。

さらに十六日の夜にはネッケルがよびもどされた。まさに勝利、しかしその喜びのうちにも、パリの市民は警戒をゆるめなかった。真実屈服したのなら、王はパリに来るはずだ。人民を信用するのなら、人民の腕に身を投げかけるはずだ。だが王はやってこない。

あいも変わらぬためらいのち、一日のばして国王は十七日、決死の覚悟でパリにでかけた。なんとか人民を油断させて、時間をかせがねばならないのだ。衛兵もつれず、三、四百の議員にとりかこまれて、九時ヴェルサイユ発、三時にはパリの市門に到着。新市長バイイは、市の鍵をささげて言う。

「アンリ四世陛下にささげましたのも、この同じ鍵でございます。彼はその人民をとりもどされたのですが、こんどは人民がその王をとりもどしたのでございます」

武装して迎える二十万の市民のなかを、馬上のラファイエットの先導で市役所へ。ときおり「国民万歳！」の声があがるが、「国王万歳！」は全然なく、ただ沈黙。

恐るべし、武装せる国民の出現！　……国王には見あやまりようもない。これは一党一派ではない。かくも多数の武器、かくも多様な服装、しかも同一の魂、同一の沈黙！

市役所着。バイイから渡されて、王は三色の帽章をつける。なかにはいると、バイイは歓迎の辞だと言って王と人民との「同盟」をたたえる。王は気おくれしたのか、それとも慎重なのか、一言も答えない。

バルコニーへ。十五分間人民の前に立っていながら、いぜんとして王は口をひらかない。この数日の成果を承認したくはないのだろう。再三請われてただひとこと、「諸君は朕の愛情を信頼してよろしい」。選挙人たちは満足し、人民は不満だ。それでも数日間のはりつめた気持を発散させたかったのか、喝采《かっさい》と「国王万歳！」がおこる。国王を肩に乗せ、馬車まで運ぶ。国王はちょっとほほえんだだけ、口はつぐんだまま。この瞬間を利用してほんのひとこと、ふたこと言いさえすれば、口から口へ、賛美の的となり、巨大な効果を生んだろうに。

同じ十七日の金曜日、人民を恐れ、王のパリ行幸に抗議して、亡命がはじまった。王弟のアルトワ伯、王族のコンチとコンデ、そしてポリニャックらの大貴族が、パリの動きが波及しつつある祖国を捨てた。

王権はただひとりとり残された。特権者どもは亡命するか屈服した。彼らは、以後国民議会に参加し多数決に従う、と宣言した。孤立無援、王権は、ずっと前からじつはそうであったところのもの、すなわち無の姿をあらわした。

人民の愛情を裏切り、人民の信頼にそむいた報いである。しかも、これにとって代わるべき権力、人民の信頼に値する権力はまだ生まれていない。立法権——議会は旧敵たる五、六百の貴族・僧侶《そうりよ》をとりこみ、権力者の多難な道をふみだしたばかり。選挙人の権力——彼らブルジョワはバスチーユ攻略前後のみずからの権力の重みに耐えきれない。理論では大胆、実行には臆病《おくびよう》なのだ。司法権——高等法院は自由を口にしてきながら、自由の前進に刃向かって、人民の信頼を失った。

たしかに新しい権力が芽ばえつつはあった。ブルトン・クラブ——デュポールが、高等法院での旧同僚や弁護士出身の議員のうち最も進歩的な連中を集めたのがはじまりだ。ブルターニュ人（ブルトン）が多かったのでこの名があり、のちにパリに移ってジャコバン・クラブとなる。このクラブでは下っぱだが、パレ＝ロワイヤルでは勢力のあるカミーユ・デムーランとダントンは、のちにパリでもっと急進的なコルドリエ・クラブをつくるだろう。だがまだ芽を出したばかりだ。既成の裁判組織はだれも信用しなかった。信用されたのは人民の正義のみ。そのあらわれがグレーヴ広場での人民裁判だ。たしかにパレ＝ロワイヤルの連中がそそのかし、デムーランやダントンも煽動《せんどう》したが、その原動力は飢餓であった。ことに女たちが、子をかかえた母たちが、裁判に熱心であった。

ルイ十五世時代には飢饉《ききん》がおこった。ルイ十六世時代になると飢饉がつくられた。飢饉は行政と商業の科学、手のこんだ技術となった。飢饉の父は国庫、母は買占めであった。

天災ではもはやなく人災。――要するに旧制度の政治と経済との生んだ私生児であった。飢餓創出の中心人物が大臣志望の参議フーロンだった。彼のものとして伝えられていることば――

「飢えたら草を食え……。辛抱しろ！　おれが大臣になったら、干し草を食べさせてやる。おれの馬だって食ってるんだ……」

フーロンの婿のベルチエはパリの知事だったが、武力による人民弾圧の主唱者であった。バスチーユが落ちると、ふたりは震えあがった。ベルチエは北方に逃亡し、フーロンは卒中で頓死《とんし》と言いふらして身をかくした。

フーロンはすぐみつかって市役所に連行される。選挙人たちは正規の裁判にかけるという。それでは悪者は仲間の手で裁《さば》かれることになる。グレーヴ広場に集まった群集はおさまらない。「絞首刑！　絞首刑にしろ！」。フーロンはひきずりだされ、市役所前の街燈にぶらさげられ、国民に許しを乞わせられる。二度綱が切れ、三度目にやっとうまくいく。首を切って口に干し草をくわえさせて、パリじゅうをひきまわす。

そのさいちゅうに、コンピエーニュでつかまったベルチエがつく。馬車の前につけられたプラカードは言う、「金持の奴隷、貧民の暴君」「祖国の裏切り者」。亡き義父の首との御対面ののち、人民の怒りのいけにえとなる。七月二十二日のことであった。

バスチーユのとりこわしが進められていたが、国民議会は、旧王権と街頭の新王権とにはさまれて、進退きわまっていた。どちらに荷担するのも、どちらの力をのばすのも恐ろしい。ラリ゠トランダル、ムーニエ、マルーエは王に権力をかえし秩序を回復すべきだと主張する。まず「騒擾《そうじょう》」をしずめるのだ。ビュゾとロベスピエールは答える。騒擾とは何か、と。そんじょそこらの犯罪も騒擾なら、飢えに苦しむ人々の略奪も、買占人どもを殺すのも、人民の敵を裁判にかけるのも騒擾だ。王が権力をとりもどせば、まっさきにバスチーユ攻略も騒擾だと言うにちがいない。

けっきょく議会がきめたのは、王を信じて和解せよ、と人民に説くことだった。だが人民は王を信じない。数世紀来の権力が一夜にして倒れるものか。その精神は死んだにしても、肉体は傷を負っただけで死んではいない。

飢餓はなおつづいていた。地方では、青い麦を刈りとる強盗団が横行しだす。強盗は貴族の手先だという噂《うわさ》が流れ、ほんとうとされた。恐怖がひろがる。もう自分しかたよるものはない。銃をもたぬ農民は、鎌《かま》、鍬《くわ》、熊手《くまで》で武装し、自警団を組織する。

フランスは八日間で武装を完了した。国民議会はこの革命の驚異的な前進をつぎつぎと知らされた。一瞬にして、十字軍以来最大の軍の先頭に立つ自己を見いだした。伝令がつくたびに、議会は驚き、震えあがらんばかりであった。「全フランスがひとりの兵士だ」と言われた。この日から兵士となったのだ。この日、新しい人種が大地から生まれた。その新生の子らは、歯で薬包を食いきり、疲れを知らぬ巨歩でカイロからクレムリンへと進撃し、食もなく進み戦い、精神を糧《かて》とするすばらしい天賦の才をもつ。

精神、陽気さ、希望を糧として。希望する権利をもつのは、全世界の解放を自己のうちにもつものだ

骨董品まがいの武器で武装した市民軍。窓から大きなヘアスタイルの女たちが眺めている。

けだ。

フランスはこの日以前に存在していたか。これには異論があろう。フランスは一挙に剣と原理になったのだ。このように武装することは存在することだ。思想も力ももたない者は、ただお目こぼしによって存在するだけだ。

旧軍隊は消えさった。新生の軍隊は、何をなすべきかを立憲議会にたずねるが、議会はどう答えていいかわからない。農民は数百年来の復讐《ふくしゅう》にとりかかる。地方のバスチーユを攻略せよ。貴族の城館におしよせ、領主権の証書を奪い、焼きはらい、塔を倒す。

おお、美しき日よ、解放の第一日よ。

この危機にあたって、イギリスがアメリカ独立を援助したフランスに復讐しようとしたら、たいへんなことになっていただろう。パリ駐在のイギリス大使ドーセットがアルトワ伯に出した手紙によると、ブレスト軍港をめぐってじっさい陰謀があったのだ。イギリスはけっきょく実行しなかったのだが、それには理由があった。

革命の初期にイギリスは、フランスへの憎しみにもかかわらず、わが革命に好意的であった。それがどんなに大きな影響をもつか、まったく気がつかなかったのだ。永遠の人権の生誕にほかならぬこのフランス的・全ヨーロッパ的な大事件を、イギリスは、十七世紀の自分らの島国的・利己的な小革命の模倣だと思いこんで、喝采を送った。あたかも母親が、あとからよちよちついてくる子を励ますかのようだった。この奇妙な母親の望みは、子どもが歩けるようになることなのか、それともころんで首を折ることなのか、けっきょく自分でもわかっていなかったのである。

二　八月四日の夜

こうした大騒ぎから超越した、静かな天上界では、国民議会がかしましい叫びに心を奪われることなく、考えていた。沈思にふけっていた。

議会を分裂させたはげしい党派の争いも、議会の仕事はじめの大議論にのみこまれ、押えつけられたかのようだ。こうなってみると、もともと革命とは利害を異にする貴族階級においてさえ、思想の核心がいかに侵されていたかがわかった。けっきょく、みなフランス人だったのである。みな十八世紀の子ども、哲学の子どもだったのだ。

議会の両翼は、たがいに反対の立場をとりつつも『人権宣言』をおごそかに検討するさいには、やはりともに宗教的感情に動かされずにはいなかった。

イギリスにおけるような権利請願はここでは問題にならない。成文法や、疑義のある憲法や、中世以来の真偽不明の諸自由にうったえたりする、そうした動きはここフランスではみられない。

アメリカにおけるように、各州の認める原則を州から州へともとめ歩き、それを要約し、一般化し、そこから連邦が認めるような全般的法則を帰納的に構築すること、それもここでは問題にならない。

皇帝や法王にみられるような至高の権威をもって、上から新時代の信仰箇条をあたえること、それがフランスでの問題なのであった。なんの権威？「理性」だ。一世紀にもにわたって哲学者たち、深遠な思想家たちに議論され、すべての人々にうけいれられ、風習にまでしみこんだ「理性」。それは立憲議会の論理家たちにより、ついに決議され、法式化される……。理性が自由検討の果てに発見したところのものを、権威をもって理性におしつけること、それが問題なのであった。

額に光の輪をおび、両手に十戒の石板をもちながら山をおりてゆく者、それは時代の哲学、時代の立法者、時代のモーゼなのであった……。

『人権宣言』是か非かが、おおいに論議された。しかし、議論はむだである。

というのは、まず第一に、われわれはベンサムとかデュモンとか、功利派や経験派とはまるで無縁だからである。この人々は、成文法しか法として認めない。権利《ドロワ》が正当《ドロワ》なのはそれが法律《ドロワ》、つまり絶対理性に適合しているかぎりにおいてである、ということを彼らは知らないのである。哲学者の衣はまとっているが、じつは代訟人以外のなにものでもない。彼らはどういう権利があって代書人を軽蔑《けいべつ》するのか？　代書人と同じく、彼らは紙や羊皮紙の上に法を書いている。われわれは、永遠の権利という石の上、世界をささえる岩石の上に彫りつけんとしたのだ。不変の正義、不壊《ふえ》の公正を。

反動の敵どもに答えようと思えば、彼らが現にやっていること、彼らの矛盾をつくだけで十分なのである。彼らは『人権宣言』を愚弄《ぐろう》しながら、しかし、それに服従している。三十年間、戦争をするには、この宣言が確立した諸自由を人民に約束せねばならなかった。一八一四年の勝利者どもは、フランスに話しかける最初のことばを、宣言の大原則から借用する……。勝利者？　いや、むしろ敗北者だ。その精神において敗北した連中だ。彼らのいちばん個性的な行為、神聖同盟条約ですら、彼らが糞みそにやっつけていた権利をなぞったものなのである。

権利の宣言は、人間倫理の保証者たる「最高存在」をよりどころとしている。この宣言には義務の感情が息づいている。義務は、文字にこそなっていないが、いたるところに生きている。いたるところ、義務の厳粛な重々しさが感じられる。コンディヤックの用語の借り物といったこともないではないが、しかし全体としてはやはり、大革命の真髄、ローマ風の謹厳、ストイックな精神がよくあらわれている。

かかるときにこそ言わねばならぬのは権利のことである。人民のために明らかにし要求しなければならぬもの、それは権利である。それまで、人々は自分には義務しかないと思っていた。

こうした法令は永続を考えてつくられたものだ。高邁《こうまい》かつ普遍的なものである。しかし、それにしても、その誕生期の動乱の嵐《あらし》をいささかも反映していないということがありうるだろうか。

最初のことばは、七月十四日のバスチーユ攻略の三日前に言われた。最後のことばは、一つ人民が王をパリにつれもどす〔十月六日〕数日前である……。権利の崇高な誕生は、一つの嵐ともう一つの嵐のあいだのできごとだったわけだ。

感情面において、これほど険悪な情勢はかつてなく、これほど議論が重くるしく深刻に行なわれたことはなかった。二つの党派は危機を口実に、もっともらしい議論を展開した。

ある者は言う。

「ご用心あれ。きみたちは、権利ということを十分よく知っている人間にさらに権利を教えている。きみたちは連中を高い山につれてゆき、見わたすかぎり領土だと教えてやっている……。連中が山からおりてきて、一歩ごとに制約に出あい、じゃまされていると知ればいったいどうなるのか。だって、きみたちはこれから個別法をつくって彼らを規制しようとしているのではないか」〔マルーエの演説〕

いろいろ反駁《はんばく》はあった。しかしいちばん強い反駁は、たしかに情勢論であった。いまは一大危機である。戦いの形勢はなおあやしい。旗をかかげるには、山は高ければ高いほうがいい。できるなら、地球上どこからでもみえるように、そして三色旗が諸国民を結集できるように、この旗を高いところへかかげねばならない。人類共通の旗だと認められれば、この旗は無敵となる。

『人権宣言』を記念する当時の銅版画

さらにこんなことを言う人もいた。この大議論は人民を煽動し、武装させた。おかげで人民は手に手に松明《たいまつ》をもち、戦《いくさ》をおこし、火災をおこした。こういった議論の難点は、暴力が議論に先行するということだ。農民たちは行動に移るのに、こうした形而上学《けいじじょうがく》を必要としなかったのだ。議論がはじまったあとでも、ごく小さな影響しかあたえなかった。農村を武装させたのは、さきに述べたように、略奪を撃退する必要であり、武器をとった町からの感染であった。しかし何にもまして、バスチーユ攻略の陶酔と昂揚とが農民を武装させたのである。

この光景の偉大さ、恐るべき事件の多様性——そのために歴史の見方がまどわされた。つまり、同時におこった三つの事実、おたがいに区別され、正反対でさえある三つの事実を混同してしまっているのだ。

〔1〕浮浪民や飢えた連中の横行。彼らは夜のあいだに麦を刈りとり、イナゴのように大地をまるはだかにした。この集団は強力なときには、離れ家、農場、城館さえも荒らしまわった。

〔2〕農民は、この強盗団を撃退するために武器を必要とした。城館に武器を要求し、強要した。武装して力をもつと、農民は証文を破棄した。この証文のおかげでいままで抑圧されていたのだ。憎まれ者の領主の惨《みじ》めなこと！　証文のみか、その身まで攻撃にさらされたのだ。

〔3〕町が武装したため、村もそれにひきずられた。こんどは町が村を鎮圧せねばならなくなった。国民衛兵はこのときまだ全人民からなりたっていたし、貴族主義的なところは何もなかったが、秩序を回復するため行進したのである。衛兵は蛇蝎《だかつ》のように憎んでいた当の城館を救いにでかけたわけだ。彼らは農民を捕虜とし、町へ連行した。もっともすぐに釈放はしたが。

以上農民といったのは、まともな定住農民のことである。いわゆるならず者の群れ、略奪者、山賊といったたぐいの連中にたいしては、裁判所のみならず市町村の役場でさえも、しばしばきびしい裁きを加えた。大多数は死刑に処せられた。時のたつにつれ治安は回復し、そして耕作できるようになった。もし混乱がつづき、耕作がとまっていれば、フランスは翌年死んでいたであろう。

世間がこういうように炎につつまれているさいちゅうに、議会は議論にふけり、勘定し、文章を練っているのだから、なんとも奇妙な状況だ。右からと左からと、二つの危険が迫っている。混乱をしずめるためには、方策はただ一つしかないようだ。すなわち、最悪の無秩序にほかならぬ旧秩序をやっつけることだ。

議会は当時権力を握りたくてあくせくしていたというように、ふつう思われている。ある種の議員についてはそれはほんとうだ。しかし、大多数の議員については嘘《うそ》、大嘘である。この議会の全体としての性格、その独自性は、時代そのものの独自性と同じく観念の力にたいする異様な信仰であった。真理はひとたび発見され、法として定着されると、なにものも打ち破りえぬ力をもつとかたく信じられていたのだ。憲法をつくるには二ヵ月あれば十分である〔これは大まじめな男たちの計算だった〕。それは全能のはたらきをもち、したがって権力と人民とをともに服従させるであろう。かくして大革命は達成されたのであり、世界はふたたび花ひらくであろう。

もっともそこにいたるまで、情勢はじつに奇妙なものであった。権力はここでは打ちくだかれているかと思うと、かしこでは強大で高度に組織されている。あちらでは完全に崩《くず》れている。全般的、規則的行動の面では弱いが、腐敗だとか陰謀だとか、いやひょっとすると暴力だとか、そういう面ではまだまだ手ごわい権力であった。のちに発見されたこの数年間についての報告をみると、宮廷がどれほどの資力をもっていたか、それをどういうふうに使ったか、どういうふうに出版、新聞、いや議会にさえ工作していたかがよくわかるのである。亡命ははじまっていた。それとともに、外国への、敵へのよびかけもはじまっていた。フランスにたいする裏切りと中傷との執拗《しつよう》な計画もはじまっていた。

議会は火薬の樽《たる》の上にすわっているような感じだった。国を救うためには、法をつくっていた高みからいまやくだらねばならない。地上では何かおこりつつあるのか、間近に観察しなければならない。なんという転落！　ソロン、リクルゴス、モーゼが目付けという惨めな役割にひきもどされ、スパイどもをスパイし、みずから警察化せねばならぬとは！

最初の警報は、アルトワ伯へのドーセットの手紙によってあたえられた。ドーセットの弁明を聞くと、内容はさらに恐るべきものである。宮廷が長いあいだ秘めていたブレストの陰謀を知らされたのだ。七月二十七日、デュポールは四人の構成員からなる調査委員会の設置を提案した。彼はつぎのような不気味なことばを吐いた。

「議論するのはわたしは御免こうむりたい。現に陰謀がたくらまれているのです……。裁判にかけることは問題になりません。恐ろしい、しかし不可欠の情報をわれわれは手に入れねばなりません」

四人という数は、三人の宗教裁判所判事といういまわしい思い出にむすびつきすぎる。そこで議会は十二人に数をふやした。

いかに余儀ない事情に迫られたにせよ、国民議会の精神は警察や宗教裁判所の精神でありえなかった。私信の秘密を侵していいかどうか、そういう重大な議論がもちあがった。あたふたと逃亡し、それでもって敵であることを自白した王族にあてられた手紙がここにある。おおいに疑わしい通信だが、これを開封してよいか。グーイ・ダルシとロベスピエールは開封せよと迫った。ル・シャプリエ、ミラボーはこれに反対だ。つい最近、異端裁判所のごときものの設置をもとめたデュポールさえも反対した。議会は、これらの意見にもとづき、寛大にも信書の秘密の不可侵であることを宣言した。そして開封を拒否し、手紙を返還させたのだった。

この決定は宮廷の味方たちを勇気づけた。彼らは思いきったことを三つやってのけた。シエースが議長に選ばれたが、このシエースにたいして、議会で高く評価され、また受けのいい人物、ルーアンのすぐれた法律家トゥーレを彼らは対立候補におしたてたのである。六月十七日、国民議会という呼称――シエースの考えついたこのかんたんなことばには大革命が含蓄されていたのだ――にトゥーレが反対した点が評価されていた。議長の席をめぐってこのふたりの男、正確には二つの思想を争わせること、それは大革命を裁判にかけること、大革命を六月十六日の地点まで後退させうるかどうかをためしてみることであった。

第二のこころみはブザンヴァルの裁判を妨害することであった。パリに抗して王妃の味方をしたこの将軍は、逃亡の途中逮捕されたのだった。彼を裁判にかけて処罰すること、それは彼の行動を命令した者を罰することにほかならない。ネッケルは帰還のさい道すがら彼に出あい、彼に希望をあたえておいた。ネッケルが誠意をもってあたれば、パリ市と正式に取引きをすることもむずかしくはなかった。ネッケルの帰還を喜ぶどさくさまぎれに大赦をとりつけ、革命にけりをつけ、晴天をよびもどし、大洪水《だいこうずい》のあと雲間にかかる虹《にじ》のようにあざやかな姿をあらわすこと、これ以上にネッケルの虚栄心をくすぐるものがあるだろうか。

彼は市役所へやってきた。そこにいたすべての人の心を獲得した。——選挙人、地区の代表、ただの市民、法的性質をもたぬ雑多な群集。屋内でも広場でも陶酔は絶頂に達した。彼は右に妻を左に娘をつれ、窓のところへ姿をあらわした。妻と娘とは涙を流し、彼の手に接吻《せっぷん》している……。娘、つまりスタール夫人は、しあわせのあまり気を失った。

とはいうものの、それだけではなんにもならない。パリ各地区が裁判要求の声をあげたのはもっともであった。ネッケルは、感激しきっている集会に不意打ちをかけ、なんの権限もない群集から、パリの名における〔ブザンヴァルの〕赦免をもぎとったのだ。一個の都市が、いやその住民の何人かが、全国民的な問題に一挙にかたをつけていいものだろうか。しかも、国民議会が調査委員会をつくり、裁判を準備しているというその時期に……。それは異様なことであり、大胆不敵なことであった。ラリとムーニエは赦免を主張したが、ミラボーとバルナーヴとロベスピエールはがんばって裁判開始をとりつけた。またしても宮廷の負けだ。とはいえ、おおいに溜飲《りゅういん》をさげた点もある。いつもながら宮廷の思慮分別はたいしたものだ。ネッケルをまきぞえにして、その人気をたたきつぶしてしまったからだ。ところが、このネッケルこそ宮廷を救いうる望みのある唯一の男だったのだ。

議長の問題でもやはり宮廷は失敗した。人民の動揺とパリのおどかしに驚いて、トゥーレが立候補をとりやめたのである。

王党派の第三のこころみ、はるかに重大なこころみはマルーエによってなされた。大革命は危険な道を行くようなもので、敵どもは毎日そこに障害をしかけ、落とし穴を掘っておく。しかしこのマルーエのしかけたものほどきびしく、また危険な試練は少なかった。

僧侶、貴族と第三身分がまだ合同していなかったとき、僧侶身分は、第三身分のところへやってきて人民の食べている黒パンをみせるという偽善的な芸当をやったものだ。この貧民のしあわせのためにはたらこう。無益な争いは人類愛の名においてやめようではないか。僧侶身分はそう言ったものだが、いままさに、その日のことをふたたび思いださせるようなことがおこった。こんどは、ひとりの男〔りっぱな男だが、不可能な王政を無分別に信じている〕がそれをやる。マルーエという男がそれをやる。

ひろく救貧税を設け、救済と労働の役所をつくろうと彼は提案した。その基金はまず慈善団体からつのり、残りは全国民への税金、さらに借金でまかなう。時宜にかなったすばらしい提案だ。緊急にやる必要がある。しかしこれは王党派に恐るべき政治的イニシアチブをあたえることとなる。三種の基金は王の手中におかれ、とりわけ第三の借金は無制限である。王はこのおかげで貧者の首領、いやひょっとすると議会に反抗する乞食《こじき》の将軍となるかもしれない……。王座を奪われた王を、ふたたび王座の上に、もっと堅固でもっと絶対的な王座の上にすえる。飢えによって彼は王となる。最も強力な武器――パンと食事によって彼は支配するのだ……。だが自由はどうなるのか。

あまり人をおびえさせてはいけない、事態を小さくみせないといけない。というわけで、マルーエは貧民の数を四十万までにしぼった。明らかに嘘の数字だ。

たとえ事が失敗に終わっても、やはり成果は大きい。つまり、人民の目からみて彼ら王党派は人類愛という美しい色どりで飾られることになるのだ。大部分の議員は、拒否すると身があやういのでやむなく膝《ひざ》を屈し、王の手にこの巨大な大衆機関をゆだねようとする。

最後にマルーエは、労働者を助ける、つまり「仕事と給料とをふやす」ために、商業会議所や市町村の工業担当係に相談をもちかけようと提議した。

競売あるいはせりあいのようなものが二つの党派のあいだに成立せん勢いである。人民を獲得する、あるいは心服させることが問題なのだ。貧民にあたえるという提議にたいしては、ただ一つ、労働者にもはや税は払わなくていいと言ってやる、そういう提議しか対抗しえまい。すくなくとも農村労働者に最もいまわしい税、封建的貢租を支払わなくてよいようにしてやるのである。

こうした貢租は危機に瀕《ひん》していた。それを廃止するために、証文をなくすために、城館さえ焼きはらわれたのだ。議会に陣どっていた大地主たちは不安でしかたがない。こんなに人にきらわれている所有権は危険である。ほかの財産をもあやうくしかねない。ようやく彼らの目にも貢租が重荷と映ってきた。これらの税を救うためには、一部分を犠牲として捨てるか、さもなければ武力でこれを守りぬくか、二つに一つだ。全人民を相手に、友人、かかりうど、召使のすべてを糾合して恐ろしい戦いをはじめるか。

七年戦争をやった少数の老人たちをのぞいては、あるいはアメリカ独立戦争に参加した若者たちをのぞいては、わが貴族たちには要塞《ようさい》以外の野戦の経験がなかった。しかしながら私闘では、個人としての彼らは勇敢であった。それまで無名であったヴァンデやブルターニュの小貴族が突如として舞台におどりでて、勇敢な姿をみせた。ナポレオンのかずかずの戦争では、多くの貴族、多くの亡命者が名をあらわした。もしこの連中が相互に意志を疎通させ団結をかためれば、しばらくにせよ大革命をおしとどめたにちがいない。しかし、革命期の彼らは分散し、孤立していた。孤立のゆえに弱体であった。彼らの弱さのもう一つの原因は、彼らにとって名誉なことだが、彼らの多くの者が心情において彼ら自身にたいし、つまり老いぼれた封建的専制にたいし反対であったからである。彼らが専制の嫡子であると同時にその敵であったからである。時代の哲学に浸透された貴族たちは、人類のこうした目ざましい復活に拍手を送り、たとえわが身の破滅をきたそうとも、これに忠節を誓ったのである。

封建的土地所有者として国王についで豊かな領主はエギヨン公爵であった。彼は南仏二州において王の特権をもっていた。彼の大伯父のリシュリューがかってに自分のものにしたという醜悪な因縁つきのしろものである。ルイ十五世のとき国庫を破産させたテレイと同僚の大臣であった彼の父は、憎まれるというより軽蔑されていた。若きエギヨン公はそれだけに人気を得たいと思っていた。彼はデュポールやル・シャプリエとともにブルトン・クラブ幹部のひとりであった。この大火災ではどこまでを火に譲るか明らかにし、残りを救うために建物の一部分をとりこわさねばならぬ、といった寛大で政治的な提案を彼はクラブで行なったのであった。封建的貢租をただでやめるのではなく「このほかには財産をいっさいもたぬ貴族がたくさんいた」、適当な値段でそれを譲ってやろう、と農民に言う、これが彼の意志だった。

ノワイユ子爵はこのクラブに属していなかったが、この提案をかぎつけた。そして光輝ある着想を奪ってしまったのだ。若い部屋住みで、封建的権利は何一つもっていないので、エギヨン公よりなおいっそう気前がよかった。彼の提案は、貢租の買いもどしを認めるだ

8月4日夜の国民議会

けでなく、領主的賦役だのその他の人身拘束だのは買いもどしなしで廃止するというものであった。
　この案は、攻撃、おどかし、それ以上のなにものでもないとうけとられた。二百人の代議士が拍手喝采した。ついさきほど、議会の出す法令案が朗読されたところである。所有権を尊重する義務、賦課租を支払う義務などなどがそこではうたわれている……。
　エギヨン公は、もう一つまるで別の波紋もひきおこした。
　城館を攻撃した連中をきびしく罰する案に前夜投票しながら、ふと良心に呵責《かしゃく》をおぼえた、と公は言うのであった。彼は心に問うた。この連中はほんとうに有罪なのか……。そう言って、彼は力と熱とをこめてさらに封建専制を攻撃した。つまり自分自身を攻撃したのである。

時は八月四日、夜の八時。荘重な瞬間。封建体制が千年の支配の果てに権利を捨て、信仰を捨て、みずからを呪《のろ》うときだ。

封建制がものを言った。人民がことばを発した。ひとりの低ブルターニュ人、低ブルターニュの服を着た無名の代議士、これまでもこれ以後も一度も口をひらかないル・グェン・ド・ケランガルが登壇した。そして二十行あまりの告発と脅迫の文句を朗読したのである。議会にたいする彼の叱責《しっせき》には迫力があり、奇妙な権威があった。彼は言う、お館には、人間を動物なみにひきさげ、人も動物も車につなぎ、羞恥心をふみにじる残酷な武器があった。不正の証文があった。これを廃棄することによって、お館の火災を未然にふせぐことが、議会にできなかったのか。「公平に考えよう。先祖の蛮行の遺物のあの証書をわれわれのもとに集めよう」

「罪滅ぼしにこの恥知らずの証文に火をかけない男がわれわれのうちにいるだろうか……。いまは一刻もためらってはならない。一日遅らせば、また新しい擾乱のたねとなる。もっとちっぽけな騒ぎでも、帝国の没落のきざしとなったのだ。諸君はフランスが荒廃に帰してから、はじめて法をあたえようというのか」

印象は強烈だった。もうひとり、別のブルターニュ人がもっと猛烈な話をして、この印象を弱めてしまった。奇妙な残酷で信じがたい封建的権利の話だ。領主は狩猟の帰り、ふたりの臣下の腹を割《さ》き、その血みどろの体に自分の足をおく権利をもっていたというのだ！

こうしてこんなやっかいな議論に火をつけた大領主たちにたいし、田舎《いなか》貴族のフーコーはつぎのような攻撃を加えた。何よりもまず大貴族たちは国王からもらう極悪非道の贈り物、年金や俸給を捨てねばならない。人民から金を強奪し、また田舎を荒廃にまかすという二重の病苦を、それは人民にあたえているのだ。金持連中はみなこの大貴族の例にならい、耕すべき土地を見すて、宮廷にむすびついている。

ギーシュとモルトマールとは個人攻撃をうけたと思い、指名されればすべてを捨てるであろうと勢いこんで答えた。

みなが熱に浮かされた。今後仕事の苦労は万人同じ、貴族も平民も同じにしよう、だれでもどんな職業にも従事できるようにしよう、とボーアルネは提案した。だれかが裁判は無料にせよと要求した。また他のひとりは領主裁判の廃止を要求した。その下っぱ役人どもが農村の災のたねだったのだ。

キュスチーヌの言うには、エギヨン公の提案した買いもどしの条件はきびしすぎる。もっと条件をやわらげ、農民を助けてやらねばいけない。

ラ・ロシュフーコーは、フランスの好意を全人類にひろげ、黒人奴隷をもうすこし待遇改善するよう要求した。

ものに感じやすく活気がある、しかもこだわりのない魅力。そういうフランス的性格がかくも感動的に発揮されたことは、かつてためしがなかった。『人権宣言』について議論し、文章を練るときにはあれほど慎重に時間をかけたこの人々が、ひとたび彼らの公正心にうったえられると、なんのためらいもなく応じたのである。彼らは金を足下に投げすて、金よりも愛する栄典、栄爵さえも投げすてたのである……。死にのぞんだ貴族階級が後世のブルジョワ貴族に残した偉大なお手本である！

熱狂と感動のさなかにも、黄金を投げすてることを喜びとする高貴な賭博者の快活さ、毅然《きぜん》たる平常心もまたみられた。金持も貧乏人も、ともにひとしく快活にこうした犠牲的放棄を行なったのである。いやときには悪意をこめて〔フーコーの動議のように〕、ときには機知をこめて……。

「それではこのわたしは、何を差しだしたものかな」とヴィリウ伯は言ったものだ。「せめてカツルス※2の雀なりと……」。田畑を荒らす鳩《はと》、封建的特権である鳩舎《きゅうしゃ》（貴族にだけ鳩を飼うことが許されていた）の破壊を彼は提案したのであった。

こうした願いがすべて即刻、法に変えられるよう、若いモンモランシーは要求した。ルペルチエ・ド・サン゠ファルジョーは、人民がただちにこうした恩恵に浴しうるようにと言った。彼自身、とほうもない大金持だったが、金持も貴族も税金免除者もこの目的のため協力して醵金《きょきん》してほしいというのだった。

議長のル・シャプリエは議会に早く投票させようとしていたが、僧侶階級のかたがたはまだだれも意見を発表していないので、このまま彼らに登壇の機会をあたえないとあとでまずかろう、そんな抜け目のない観察をくだした。

そこでナンシーの司教が教会貴族を代表してつぎのように希望した。封建的貢租の買いもどしの金はその権利の現所有者に帰するのではなく、聖職禄《せいしょくろく》のための有利な投資にあててほしい。

これは雅量というよりも倹約とやりくりのための発言だった。ついでしゃべったシャルトルの司祭は機知の人で、貴族階級の犠牲において人民に寛大になりうる方策を考えついた。貴族には重大だが僧侶にはちっぽけな狩猟権を犠牲にしようというのだ。

貴族たちも負けてはいなかった。こうした特権放棄は徹底させねばいけないと言った。それをつらいと思う人も何人かいた。シャトレ公爵は近くの議員に笑いながら言った。

「司祭はわれわれから狩猟権を奪ったが、わたしは彼らから十分の一税をとりあげてやろう」

そこで彼は提案した、現物の十分の一税は金銭の貢租に変えられ、それを買いもどすことは自由である、と。

※2　カツルスはローマの恋愛詩人で、愛人の愛玩する雀をたたえたその詩は、十八世紀におおいにもてはやされた。このことばは、自分のたいせつなものを犠牲にすることをたとえたものであろう。

僧侶たちはこの危険なことばを黙殺した。そして貴族を矢おもてに立てるという戦術を続行した。エクスの大司教は力説して封建的貢租に反対したけれども、将来にわたって封建的慣習は守ってほしいと要求したのであった。

「土地が一つほしい」とユゼースの司教は言ったものだ。「それを作男たちの手に渡してやればどんなにうれしいことだろう。だが、じっさいはわれわれは預り人にしかすぎないのだし……」

ニームとモンペリエの司教たちは何一つ身銭をきらず、ただ職人や人夫には公課や租税を免除してやれと主張した。

貧しい聖職者たちだけが気前がよかった。司祭たちは一つ以上の聖職禄をもらうことは良心が許さないと言明した。他の司祭は言う、「われわれのお布施を提供しよう」。そうなるとその埋めあわせをせねばなるまい、と言って反対したのはデュポールである。議会は感動し、この貧者の一燈をいただくことは謝絶した。

感動と興奮とはしだいに異常なまでに高まっていった。議会をおおうのはただ拍手、賞賛の声、好意をしめしあう表現あるのみ。議場に来ていた外国人たちは驚いてものも言えない。ここにはじめて、彼らはフランス人をみたのだ。その心の豊かさをみたのだ……。彼らの国で数世紀の努力が実現しえなかったことを、フランスは無私と自己犠牲の精神によって数時間で実現したのだ……。金銭、ふみにじられた自尊心、先祖代々の古風な傲慢《ごうまん》のかずかず、昔風、いや伝統そのもの……。この極悪非道の封建の柏《かしわ》の木は、一撃のもとに打倒された。呪われた木。その枝々は冷たい影で地上をおおい、一方、無限にふかくおりた根は地下に生命をもとめ、吸いあげ、そうして生命が上昇して陽光をあびるのをさまたげていたのだ。

すべてこれで終わったかに思えた。しかしこれにおとらず偉大な一幕が、いまはじまろうとしていた。

階級の特権のあとにつづき、地方の特権が問題になったのだ。

固有の特権をもつ州とよばれていた地方、税制や権限上さまざまの優遇をうけていた地方。これらがおのれのエゴイズムに赤面し、フランスたらんと欲したのである。たとえ、そのために固有の利害を犠牲にし、また古くなつかしき思い出をそこねることがあろうとも。

一七八八年来、ドーフィネ州は自分一州については高潔にもそれを申しいれ、他の地方に勧めてきた。いま、ドーフィネはあらためてその申込みをやる。頑固な連中、たとえばブルターニュ人たちも、州民の委任状によってしばられ、この地方とフランスがむかしむすんだ条約によってしばられているが、それでもなおフランスと一体となりたいという希望を披瀝《ひれき》した。プロヴァンス州も同じことを言った。ついでブルゴーニュ、ブレス、ノルマンディ、ポワトウ、オーヴェルニュ、アルトワ。ついでロレーヌ州は感動的なことばでつぎのように語った。この州は、人民の父とあがめられている君主たちの政治もべつに名ごり惜しいとは思わない。兄弟たちと手をつなぎ、フランスという母なる家、この巨大にして光栄ある家にはいる喜びがあるならば！

ついで町々の順番だ。その代表たちは群れをなして彼らの特権を祖国の祭壇にささげにきた。

法務官たちは、その貢物をさしだそうとやってきて演壇をとりまいている群集にさえぎられ、ついに人波を分けることもできない。パリ高等裁判所のある裁判官は、群集といっしょになって、職務の世襲権、栄爵の譲渡権を放棄した。

パリの大司教は、この偉大な日には神を思いおこして『テ・デウム』を歌うようにもとめた。

「だが諸君、国王は」とラリは言った。「二世紀の長きにわたる中絶のあとで、いまわれらを召集したもうた国王は、なんの報いも得られずしていいのだろうか……。フランスの自由の再興者と国王をたたえようではないか！」

夜はふけていった。二時である。この夜は中世千年の膨大な、つらい夢をおしながした。やがて白みはじめるあかつきは、自由のあかつきであった。

このすばらしい夜が明ければ、以後、もはや階級はない。フランス人がいる。もはや諸地方はない。一つのフランスがある！

フランス万歳！

三　ヴェルサイユ行進

封建制がかつてみずから封印した墓石をわが手でとりはらって、ついに人民がその墓から復活する。一夜のうちに数世紀の事業。これこそ新しい福音の最初の奇蹟《きせき》、正真の神の奇蹟だ。

議会の散会は深夜の二時。かくて旧制度のかなえの足のうちの一本、封建制は倒れた。残りの二つ、王権と教会はぐらつきながらも、なお最後の抵抗をつづける。

まず教会——僧侶たちは、その務めを果たさず、人民を完全にほったらかしてきた。そんな有害無益のしろものに特権をあたえておくことはない。財政がますます苦しいおりからだ。八月四日の仕返しか、貴族が音頭をとり、シエースを先頭とする僧侶の頑強な抵抗を排して、八月十一日、十分の一税が廃止される。九月二日には教会財産の没収が決定されることになろう。そしてその相続人たる祖国フランスの胎内から、新しい教会が生まれることになろう。

そして、『人権宣言』に信仰の自由が書きこまれる。支配的宗教を、支配的宗派を定めよ、という僧侶の最後の抵抗線に向かって、ヴォルテールさながら、ミラボーは叫ぶ。

「そんなことを『人権宣言』中に入れたら、支配的な哲学、支配的な思想体系も入れねばならない。……人権と正義以外、なにものも支配すべきではないのだ」

　興奮がさめてくると、敗北をあきらめきれない僧侶たち、そして八月四日の夜のことを悔いはじめた貴族たちが、革命の前進を阻止しようと同盟をむすぶ。特権をなくすくらいなら、死んだほうがましだ。彼らは革命を容認できない。『人権宣言』に盛られた革命の原則も、八月四日夜における原則の適用も容認できない。そして宗教心のあつい王はこの同盟に同情的だったが、あい変わらず不決断だ。王妃は、彼女に献身的な将軍ブイエの指揮のもと、メッツ周辺に駐屯《ちゅうとん》している三万の軍に身を投じて、内戦をはじめるべく、脱出を王に勧める。王は、議会の失敗を期待してなお動こうとしない。

　王の作戦はパリの状態からみて正しそうにみえた。八十万の人口が、七月から九月の三ヵ月間、なんら権力の庇護《ひご》もなしに生きていた。六十の区会《セクション》では議論ばかりで実行はまったくない。市役所に集まる区の代表たちも同じこと、仕事といえば、不慣れな学者市長バイイの足をひっぱるだけ。警察も検察も動かない。ギルドの権威は地におち、経済は混乱状態。飢餓と失業。パリはその日暮らしをつづけていた。

　しかし驚くべきことに、七月十四日の直後をのぞいて、暴力沙汰《ざた》はほんのかぞえるほどしかおこっていない。六、七月の革命の事業が人民に勇気をよみがえらせるとともに、人間の尊厳という新しい思想を吹きこんだのだ。そのなによりの証拠は、議会に群集がおしよせて、われもわれもと「愛国寄金」を申しでたことだ。なお飢餓がつづいているのに、子どもが、女たちが、とりわけ貧乏人たちが、国の財政の窮迫を救おうというのだ。

> あらゆる政治的事件よりもさらに偉大な現象がいまや世界にあらわれた。人間の力、自己犠牲の力が増大したのだ。この力によってこそ人間は神なのだ。

　議会の審議は遅々として進まない。八月四日夜の決議にたいする国王の裁可もまだ得られていなかった。議会の決議にたいする国王の拒否権を認めるか否かの問題そのものが、解決されていなかったのだ。

　議会が可決した法案に国王が裁可をあたえないばあい、どうするか。法案をお蔵入りにしてしまう絶対的拒否権か、それとも法案の発効を一定期間〔二年か四年か六年〕延期するだけの停止的拒否権か。いや拒否権はいっさい認めず、議会を通過すれば国王の裁可なしで、法律としての効力をもたせるのか。シエースも言ったように、ルソーのいわゆる一般意志、つまり国民全体の意志にたいする、一個人の反抗を認めるかどうか、これが問題の核心であった。そしてこの審議の去就は革命の前途のバロメーターでもあった。

　拒否権問題から派生して、一院制か二院制かも問題になった。二院制にして両院がおたがいに拒否権をもつことにすれば、国王の拒否権は不要になるというわけだ。この派生問題のほうから票決にかけられたが、一院制への賛成が五百票、二院制賛成はわずか百にも満たなかった。上院にはいれそうもない下級貴族が反対にまわったのであった。

拒否権のほうはしかし、かんたんには決着がつかない。この議会は「国民」の名を冠してはいたものの、内実はなお「封建」的だった。ほぼ旧来の方式を踏襲して選出され、国民の九割九分の選んだ代表の数と、残りの一握りの特権者の代表の数とが同じだ。獅子身中の虫が革命の前進をじゃましている。五月から七月、そして八月の歴史的事件の洗礼をうけたからは、議会はもう解散してしかるべきだったのだ。

国民議会のこの矛盾を一身に体現していたのがミラボーにほかならなかった。彼は王政と革命とのあいだに引き裂かれていた。彼は宮廷から金をもらうことをためらわなかったが、彼を腐敗させたものは、金よりはむしろ恐怖であった。わが身の内にある新旧二原理の争いにさいなまれる彼は、死による以外、救われえないことになろう。

九月十四日、議会は特殊問題によって一般問題解決の突破口をつくろうとでもいうのか、八月四日の決議への国王の裁可をもとめることを可決した。国王から色よい返事をもらおうと、翌十五日、王位の神聖不可侵性、世襲制をきめた。王はしかし、いぜんとして曖昧《あいまい》な態度しか示さない。それでも議会は動こうともしない。パリの人民の憤激に油をそそぐのがこわかったのだ。

人民は、拒否権が議会に上程された八月三十日以来、動きはじめていた。絶対的拒否権とは人民主権の死以外のなにものでもないではないか。事態を解決し革命を前進させうるのはバスチーユ攻略の再現しかない。五月以来日に日に数を増しつつあった新聞が、ここで一役買った。

全人民が突如目を覚まし、一挙にみずからの権利を自覚し、みずからの運命を自決するようよびかけられたいま、時代の全活動はジャーナリズムに吸収された。最も思索的な精神すら実践の場にひきずりこまれた。学問という学問、文学という文学は停止し、政治生活がすべてとなった。

ミラボーの『プロヴァンス通信』、ブリッソーの『フランスの愛国者』、ルスタロの『パリの革命』、マラーの『人民の友』、デムーランの『ブラバン通信』——ミラボーの新聞の一万部、ルスタロのそれの二万部をはじめとして、それぞれに読者にうったえかける。

共和政支持にふみきっている新聞はブリッソーとデムーランのものだけで、他は王政を支持していた。それでも絶対的拒否権に賛成のものは少なかった。九月中旬、宮廷が軍隊を集めて反革命内乱を準備中との噂《うわさ》が流れ、二十二日『パリの革命』がこの陰謀を全国に告げ知らせた。ラファイエットの立場はデリケートだった。同僚議員の大多数と同じく、王と人民とのあいだで進退きわまり、また心の底では共和政を夢みつつも、それへの橋渡しとして民主的王政ないし王的民主政が必要と信じていた彼は、部下のブルジョワ的国民衛兵に命じて、こうした危険な言論の弾圧にふみきらざるをえない。新聞はますます激昂する。「革命の第二の激発」がおこるだろう。だが、いかにして、どんな目的で——それは新聞にもわからぬことだった。

第二の激発、それはヴェルサイユ行進であった。この激発をもたらしたものは、宮廷の挑発にほかならなかった。

王の不決断に業をにやした王妃は、貴族たちから、マリア＝テレサの娘なのに、などとおだてられて強行策にふみきった。国民衛兵と人民とのあいだがまずくなった。パリは無力だ。おりもよし、交代で新しい近衛兵が地方から到着する。十月二日と三日、二日つづきの歓迎の宴に両陛下が王子、王女をつれて御臨席になる。乱痴気騒ぎのうちに、三色章がうっちゃられ、白か黒（王妃の実家のオーストリアの色）の帽章がつけられる。

パリは怒りに震えた。三色章が引き裂かれて足でふみにじられたそうだ。三日夜、コルドリエ・クラブからダントンの怒号がひびきわたる。四日、パリじゅうで人民の集まりがみられる。内戦と飢饉をふせぎとめるには、王の一家をパリにつれてくる以外にない。

人民のうちで最も人民的なもの、すなわち最も本能的なもの、それは疑いもなく女性だ。彼女たちの考えはこうだった。

「パンがない。王をつれてこよう。王がわたしたちといっしょになったら、パンの欠乏などおこらないように手配してくれるだろう。パン屋さんをつれてこよう……」

王たるもの、人民とともにあるべきだ。宮廷にむらがる金ピカ乞食にかこまれて、飢えている人民を忘れるなど、もってのほかだ。ジャンヌ・ダルク以来の英雄的女性の伝統をついで、いま女たちは革命の前衛となる。

ヴェルサイユへ，ヴェルサイユへ，パリのおかみさんたちは飢えと怒りに満ちて行進する。

思うだにいたましいが、女性は相対的な存在だ。ふたりでないと生きられないのに、男以上にひとりぼっちになりがちだ。男は外でいくらでも仲間をみつけ、友だちをつくることができる。女は家庭なしでは無だ。そして家庭が女の上にのしかかる、千鈞《せんきん》の重みで。女は家具もなにもない寒々とした部屋に、子どもととり残される。子どもは泣き、病気になり、死に瀕し、もう泣くこともできない。

五日、月曜の朝七時、中央市場、ひとりの若い女が非常呼集の太鼓を打ち、全地区の女たちを動員した。

「パン屋さんとパン屋のおかみさんをつれてこよう……」

サン＝タントワーヌ地区の女たちがこ

れに合流、市役所におしよせる。国民衛兵が銃剣をかまえたが、彼女たちはひるまない。投石で応じるが、さすがに国民衛兵も発砲できない。やがて女たちは市役所に乱入、「パンと武器を！」の叫び。いくじのない男どもに、勇気がどんなものか教えてやるのだ。

バイイもラファイエットも姿をみせない。女たちをなだめて指揮をとったのは、バスチーユの勝利者のひとり、執達吏のマイヤールだった。彼を先頭に、市役所の兵器庫から奪った大砲をひき、七、八千の女性軍がヴェルサイユへ向けて出発する。男は百人ばかり、それとしんがりを守るバスチーユ義勇隊だけであった。途中のセーヴルでパンを手に入れたが、わずか八斤、これを八千人に分けたのが昼食だった。飢えと疲労に足をひきずって、行進はヴェルサイユにつき、議会前にすわりこんだ。時に午後の三時。

この日、立憲議会は荒れていた。国王が、全行政権の返還を認めるという条件でなら、『人権宣言』と八月四日の法令を裁可する、と言ってきたのだ。討論沸騰のさいちゅうに、パリの女性軍到着の報。やがてマイヤールにひきいられて、代表の女十五人が入場してくる。パンと三色章を侮辱した近衛兵の処罰を要求する。なだめすかしたり、おどしつけたりする議員が多かったうちで、この要求を支持したのは、ロベスピエールただひとり。

マイヤールと女たちがてこでも動かぬので、とうとうパリの惨状を王に申しあげることが決議され、議長のムーニエはじめ代表が選ばれて出てゆく。そのあとについて宮殿にはいろうとした女たちを近衛兵が攻撃し、二名の負傷者が出たが、女性軍は辛抱づよく待っていた、三時から夜の八時まで。

ムドンの森に狩りにでかけていてみつからなかった王がやっと帰ってきた。ムーニエにつきそわれて、十二人の女たちが王の御前にまかりでる。王はこころよく女たちの訴えに耳をかしたが、曖昧な善処の口約束だけ。

雨が降りはじめる。女たちは雨やどり――ある者は、味方につけたフランドル連隊の営舎にもぐりこみ、四千人ほどは議会の広間に陣どった。八時、王の手紙がとどく。穀物の輸送を自由にするという曖昧な約束だけである。

夜はふけてゆく。王妃はじめ、脱出して内戦にふみきることを王に勧める者も多かったが、王は動かない。逃亡は王の威厳をそこなうし、あいた王位をオルレアン公に奪われるかもしれない。

国民衛兵にひきずられて、ラファイエットもパリを出発した、との知らせがはいる。この第二隊に身をやつしてまぎれこんでいたある貴族が先まわりして注進してくる。人民は、身の毛もよだつような恐ろしいことばを吐いている。この知らせに、王もとうとう決断する。放置すれば、王妃の身があぶない。十時、『人権宣言』に裁可の署名をする。

署名をもらった議長ムーニエは大急ぎでとってかえす。第二隊到着前に事態をしずめねばならない。だが議場にはいってみるとひとりの議員もいない。召集をかけて、待っているあいだ、この朗報を人民に知らせてやる。喜ぶ者もいるが、それで貧乏人のためのパンはどうなるんだ、とムーニエに聞く者もいる。おりよく、捜しに捜したパンがどっとつく。議会の広間はたちまち大食堂と化した。そしてやがて、この騒然たる傍聴者にかこまれて審議が再開される。

深夜も過ぎ、ラファイエットがつく。国民衛兵にサン＝タントワーヌ、サン＝マルソー両地区の民衆が合体してのヴェルサイユ行きの要求に、説得の甲斐《かい》もなくおしきられたのだ。

パリの国民衛兵の半数の一万五千に、一般民衆の数千人が行進に加わった。沿道の喝采をあびはしたが、冷たい秋雨のなかでの行進に脱落する者も少なくなかった。そして四里（一里は約四キロで日本の一里にほぼひとしい）の道を六、七時間もかかって、やっとたどりついたのだ。

　ラファイエットは、町の入口で指揮下の人々に、法と王への忠誠を誓わせたのち、ヴェルサイユにはいってきた。そして国民衛兵をはじめ万人の驚きを尻目に、単身、宮殿に乗りこんでいった。「クロムウェルだ」の声に、ラファイエットは切りかえす、「クロムウェルならひとりではなかったろうよ」と。じじつ、この危機に、彼は王党派として行動せざるをえない立場に追いこまれて、国民衛兵を宮殿の周囲の警備につけた。

　三時に議会は会議をとじ、群集は教会などにねぐらをもとめて散っていった。朝の五時、群集が宮殿の鉄柵のまわりにひしめいた。槍、焼き串《ぐし》、鎌で武装している。鉄柵のなかをかためている近衛兵とにらみあったのち、六時、鉄柵を突破、中庭に乱入した。一隊は左へ王妃の部屋へ向かい、一隊は王の部屋に近い礼拝堂の階段へ向かった。

　近衛兵は抵抗をこころみたが、二、三の死者を出して後退、大廊下を通って、王、王妃の部屋のあいだの控えの間に逃げこんだ。控えの間の扉に家具を積み、死守するうちに、王妃は王と合流する。一触即発、この危急を救ったのは、国民衛兵のオシュ伍長であった。七年戦争に共に従軍し、フォントノワの戦いで肩をならべて戦った戦友愛を梃子《てこ》に、両隊の仲をとりもったからだ。

　危機は去り群集は散った。まぎれこんでいたコソ泥が宮殿を略奪しようとしたが、みつかっておっぽりだされる。そこへ、やっと目が覚めたラファイエットがつく。彼につきそわれて、王はバルコニーに出る。

「国王万歳！　国王万歳！」、そして、ついで「国王をパリへ！」の叫び、すべての人が、すべての兵がこの叫びを繰り返す。

王妃は子どもをつれて窓の近くに立っていたが、発見されてバルコニーによびだされる。ラファイエットは、自分の人気も、いやもしかしたら生命も犠牲にして、バルコニーまでつれていってやり、王妃の手にキスをする。

群集はこれを感じとった。憐《あわ》れみの情がすべての人をとらえた。そこにいるのは、女そして母、それ以外のなにものでもない……。「ああ！　なんておきれいなんだ！」、「なんだって！　あれが王妃さまだって」、「あんなにお子さまをかわいがってるよ！」。……偉大な人民！　なんと寛大で、なんと忘れっぽいことか。この人民の上に、神の恵みのあらんことを！

王はヴェルサイユを去るのがいやだった。王宮を捨てるのは王国を捨てるのにひとしい。なんとかパリに行かずにすむようにと、議会に工作する。だが、議会も事態の予想外の展開にとまどっていたのだ。ミラボーも、シエースも、こんなことは予想もしていなかった。いや理解もできなかった。だが、人民のかたい決意の前には屈服するしかない。王はパリ行きに同意し、議会は国王と不可分だというので、同じくパリに移ることに決議する。もう午後の一時に近い。

出発し、ヴェルサイユを去らねばならない。……さらば、旧王政よ！　百人の議員が、全軍隊が、全人民が王をとりかこむ。王はルイ十四世の宮殿を去って、もう二度と帰ってくることはあるまい。

徒歩で、馬に乗って、馬車に乗って、荷車に乗って、大砲の砲架にまたがって、行進がパリへ向かう。待ちこがれたパン粉の車もある。女たちはあい変わらずかしましい。「わたしたちは、パン屋さんとおかみさんとぼっちゃんをつれもどすんだ」。ゆっくりと、泥にまみれて。ときどき祝砲のように銃声がひびく。

ラファイエットにつきそわれている王の一家の馬車は、霊柩車《れいきゅうしゃ》のようだった。

十月六日の革命、必要で自然で正当な革命〔そうしたものがあるとしてのことだが〕、まったく自発的で予想外で、真に人民的なこの革命は、とりわけ女性の行なった革命であった。七月十四日の革命が男性の革命であったように。男はバスチーユを奪い、女は王を奪った。

そしてまた――

この大運動は、七月十四日以後革命が経験した最も一般的な運動であった。十月のそれは、七月のそれとほとんど同じくらい、全国民一致の運動であった。参加しなかった人々も、すくなくともその成功を願い、みながみな王がパリにもどったことを喜んだ、という意味において。

四　抵抗を排して

十月六日の夜、国王一家がパリの市役所にたどりついたとき、グレーヴ広場は王にたいする愛情と感謝との叫びにこだました。翌朝早くから、われらが王を一目みんものと群集がチュイルリー宮殿の前庭をうずめ、王はバルコニーに、さらには前庭にまでおりていって、人民の歓呼にこたえた。人民のなかにあってこそ、王は自由であり、真の王なのだ。それが人民の確信だった。これが王政の最後のチャンスだ。しかも、当時第一級の人物、ラファイエットとミラボーが王に味方する決心をかためていた。王を追って議会がパリに移ったとき、ムーニエやラリをはじめ百五十人ほどの議員が亡命の道を選んだが、さきのふたりは王政の擁護者たらんとしてふみとどまったのだ。だが、ふたりの仲はうまくいかず、宮廷はふたりとも忌みきらっていた。最後のチャンスはむなしく過ぎていくのか。

冬がくる。前の年ほど寒さはきびしくはないが、飢餓はなお勢いをゆるめず、金融は逼迫《ひっぱく》し、失業者は増加し、流民と乞食が都市にあふれた〔パリでは二十万〕。人民を救う道はただ一つ、教会の財産を活用することだ。それはもともと、こうした務めを果たすため寄付をうけ保管されてきたものなのだ。しかも全王国の土地の五分の一、評価額は四十億フランにものぼるではないか。

財政のたてなおしには、教会財産を国有にし、そのかわり僧侶には国から俸給を払うことにしてはどうか。この案が議会でとりあげられるや、僧侶、ことに上層僧侶たちの抵抗ははげしくかつ執拗をきわめた。所有権の侵害だというのだ。これが聖職者の吐くことばなのか。

論争のさなかの十月二十二日、選挙権の範囲が決定された。三日分の労賃〔せいぜい三フラン〕相当の直接税を払う者だけに選挙権を限定する案が可決されたのだが、グレゴワールやロベスピエールなどの理想主義者は反対だった。だがこのばあいは、現実主義者のほうが革命的だったのだ。普通選挙制下の有権者は六百万、制限選挙なら四百四十万、排除される百六十万あまりは、僧侶の煽動で反革命に動きやすい貧民、ことに貧農だったからである。

そして十一月から十二月にかけて、新しい制度がつぎつぎと生まれる。教会財産は「国民の自由な処分」のもとにおかれた。同じくフランスの新生に抵抗する高等法院と州三部会は廃止され、州にかわって県を単位とする地方行政組織が決定された。特権を認めた特許状を盾に反対論が出たが、議会の反論はこうだった。

策略と力とが手を組んで人民を抑圧する手だてと化している古い特許状のうちに、国民の権利をもとめるべきではない。理性のうちにもとめるべきだ。その権利は、歴史そのものと同じく古く、自然と同じく神聖なのだ。

さて宮廷は、甲斐《かい》のない抵抗をまだあきらめきれなかった。マリ＝アントワネットは兄のオーストリア皇帝にたよるべく国外脱出の企てを捨てず、これに荷担する廷臣の陰謀がつぎつぎと摘発された〔そのひとりファヴラ侯は翌一七九〇年の二月絞首刑となるが、これは貴族が絞首刑という辱しめをうけた最初だった〕。人民の不信は増し、国王一家の動きへの警戒はきびしくなる。十月にはそうでもなかったのに、十二月には彼らはまさに囚人の身の上だった。

なおつづく社会不安に、議会は有効な対策をうちだせず、もてる人々はおびえ、もう革命は十分だと考える者が多くなってきた。宮廷が人民の信頼をとりもどす好機だ。ネッケルやマルーエの勧めをうけいれて、国王は一七九〇年二月四日、議会にのぞみ、自由の友、憲法の熱烈な擁護者であると宣言する。あたかも議会にたいして、どうしていいのかわからないのなら、このわたしに権力をもどせばよいのだ、とでも言っているようだったが、議会は狂喜した。この感激は傍聴席に、議会外にひろがる。二月五日から十五日まで、パリでも地方でも、まだできてもいない憲法への忠誠を誓う祭典の連続であった。革命は終わったのか。

自由の友の多くは、こうした動きが国王に有利に作用しはしないかと考えて、恐怖した。まちがいだ。革命は強力なのだ。こうした上昇運動においては、すべての新しい動きが、賛成、反対を問わず、けっきょくはいつも革命に有利なものとなり、なおいっそう迅速に革命を推進することになる。この宣誓事件でも、あらゆるはげしい熱情がいつもひきおこすことがおこった。ひとりひとりが、誓いのことばを口にするとき、自分が心のなかにもっている意味だけをあたえていたのだ。王のための誓いも、王は耳をふさいでいるのだから、祖国のための誓いとなってしまうのだ。

革命は七月十四日に終わった、十月六日に終わった、二月四日に終わった、などと希望する者はあわてすぎであった。いま三月に、革命はなお終わっていないようだった。

かまうものか！　揺籃《ゆりかご》のなかですでにたくましかった自由はいまや成人し、抵抗をあまり恐れなくてよかった。自由はたちまち、最も恐ろしい反抗というべき社会不安と無政府状態に打ち勝つだろう。つぎつぎにひろがって全国的な大騒擾になりそうだった、村での略奪、城館への闘いが、ぱったりと終熄《しゆうそく》した。一月、二月の騒ぎは三月にはもうしずまった。王が公共の安寧の唯一の保証人として名乗りでているあいだに、議会が公共の安寧を回復する手段をもとめて見いだせないでいるあいだに、フランスが自分でこれを成しとげた。友愛の情熱が法に先行したのである。

旧《ふる》き原理の抵抗を打ちくだいたものは、なんだったたか。

それは無限の多様さのうちにも驚嘆すべき単純さを失わなかった一つの事実、フ、ラ、ン、ス、の自発的な組織化である。

そこに歴史があり、現実があり、実証があり、持続がある。そして残余は無。

七月〔一七八九年〕から七月〔一七九〇年〕までの一ヵ年に、この国民的運動は遂行された。新たな秩序、新たな原理、新たな法に先だって行動があった。国民が先導し、指導していると自分では信じていた議会は追随していたにすぎなかった。

無限の利害をはらむ重大な一瞬。そのとき自然は滅びないよう時期を失せずにみずからをとりもどし、そのとき生は最善の導き手たる本能に従い、本能のうちに救いを見いだす。

バスチーユの砲音とともにフランスの再生した日から一年、全フランスのコミューンは、町といわず村といわず、みずからの組織化に着手した。選挙人たち〔一七八九年には全住民がそうだった〕は役場に集合し、パリにならって委員会をつくり、武装する。貴族をはじめとする旧制度の寄生者どもから、また盗賊団からの自衛が、この組織化の原動力だった。そして、これまでともすればにらみあっていた町や村が、食糧を分かちあい、相互支援を誓い、連盟の集《つど》いをもった。

老若男女、宗派の別をこえ、貧富貴賤のへだてをこえて、連盟の集いに参加する。

地方連盟祭で「自由の木」を植える人々

だれひとり連盟祭に行かずにはすませられなかった。だれひとりたんなる目撃者にとどまる者はなかった。万人が参加者、百歳の翁《おきな》から一歳の赤ん坊まで参加者だった。

八九年の十月からはじまったこの集いは、翌年の春には、社会不安を鎮静させる作用をもつのだが、その一方で、革命のもう一つの敵、反革命をも打倒する。純粋に「団結し、たがいに愛しあう」ための集いに発展した連盟祭は、町から村から、一地方、数地方に拡大し、ついに全フランスに波及した。「州はもう結構！　祖国だ！」の怒濤《どとう》のような叫びは、議会のきめた新地方自治制への反対を打ちくだく作用をもった。

この本能的な国民運動に、法の権威をあたえたのが、新地方自治制にほかならなかった。新制度にのっとって、四百四十万の選挙人〔不動産の所有者または賃借人〕のなかから百二十万の地方自治体の構成員、十万の地方判事が選出された。なんらかの公職につき政治訓練をうけたのは、選挙人の約三分の一にあたることになるが、これではすぐ需要が供給に追いつかないようになる。

所有者の新階級が必要だ。教会の、貴族の土地を獲得した農民がこの必要に応ずるはずで、彼らは革命の最も強固な支柱となろう。

全人民を招きよせるもの、外部に招くのではなく、人民を結合し、自己のうちに集中させるものは、ユダヤのエルサレム以上のもの、心のエルサレム、友愛の聖なる団結だ。……人間によって築かれる生きた大都市だ。……一年もたたぬうちにそれはできあがる。……そして以後、祖国となる。

一七九〇年七月十四日、新たな信仰の最初の祭典、全国連盟祭は地方の連盟祭を集約するものとなり、パリ全市民の行動であったバスチーユ攻略の満一周年は、全フランス国民の祭典で飾られることとなろう。冬の夜のもやをとおして、春の曙光《しょこう》、フランスの星がまたたきはじめたのだ。

一方、王妃はパリ駐在のオーストリア大使に勧められて、ミラボーを味方にひきいれようとしていた。前年の秋、こちらから手をさしのべて袖《そで》にされていたミラボーは、なかなか信用しようとしない。

革命の代弁者としてミラボーは、決定的瞬間に革命に背を向けることはない。金で買うことはできても、彼を鈍感にし無気力にすることはできない、中立化することはできない。

情勢が彼に語りかけると、その瞬間、邪悪、腐敗のミラボーは消えうせ、神が彼に乗りうつり、祖国が彼をとおして行動する。そして雷鳴がとどろく……。

四月にはまさにそうした情勢が訪れた。多くの議員の権限には一年という期限がつけられていたが、これに乗じて、モーリ、カザレスといった右派が国民議会の解散と総選挙を提案したのだ。ミラボーは立ち、憲法完成まで国民議会は解散せず、と誓った球戯場の集いを想起させる大雄弁をふるった。これに応じて全議員は起立し、「憲法が完成するまで選挙を行なわない」と決議した。

ミラボーには、だが味方が少なかった。全フランスを支配している連盟祭の動きのなかで、パリを支配していたのはクラブだったが、彼はクラブに勢力をもたない。シエース、バイイ、ラファイエット、ル・シャプリエ、タレイランが三月に設立した八九年クラブにも顔を出しているが、このクラブは優雅、荘重だが活力がない。より強力なジャコバン・クラブは、デュポール、バルナーヴ、ラメット兄弟のいわゆる三頭派に牛耳られていて、ミラボーの出る幕ではない。

そして五月十日、ついにミラボーと宮廷とのあいだの取引きが成立した。同じ月の下旬、王の外交上の権限が日程にのぼる。宣戦講和の大権を王にあたえるべきだ、とミラボーは主張した。バルナーヴたちは、いろいろ反対論をくりひろげつつも、要注意人物たる王に剣を残しておくのは危険だ、というほんとうの反対理由をあかすのをためらっていた。

パリはわきたった。王が剣を手にすることになれば、革命は殺される。二十一日、五万の群集がチュイルリーの庭に、ヴァンドーム広場に、サン＝トノレ街に集まって、審議の経過に一喜一憂し、議会に出入りするミラボーを威嚇した。だが彼は冷静そのもの、翌二十二日の畢生《ひっせい》の大雄弁で反対派を圧倒した。戦争といった大事については、心と腕、議会と国王とのあいだにおのずと協調が成立するはずだ。ミラボーの提案で、王は意のままに戦争準備をし、軍隊を指揮し、議会に宣戦を提案する権限をあたえられることとなった。

ご褒美《ほうび》にとでもいうのか、王妃は五月末ミラボーに秘密の謁見を許した。ふたりのあいだにかわされた会話は曖昧なものだったが、王妃の手にキスして退出するミラボーは誇らしげに、「陛下、王政は救われました！」と叫んだ。だが同じころ、王妃はミラボーを利用しているだけだと手紙に書き、王は議会の全決定をくつがえす論拠を、高等法院の古文書のなかに捜させていたのだ。

神のおかげで、フランスの安全は、この信じやすい大人物によっても、だまし屋の宮廷によっても左右されることはなかった。法令は王に剣をあたえたが、この剣は折れていたのだ。

兵士は人民にかえり、人民と混じり、人民と友愛の集いをもっていたのだ。

ブイエ将軍をはじめ貴族出身の将校たちは、革命と立憲議会を中傷し、兵士にブルジョワを憎み軽蔑するようはたらきかけたが、むだだった。全フランスを席巻《せっけん》する連盟祭の動きに、兵士も無関心ではいられなかったのだ。

兵士が長いあいだ目をとじ、全フランスの友愛のうっとりするような光景を無感動に見すごすだろうなどと、だれが信じえようか。祖国が再発見された瞬間に、兵士だけがあくまでも祖国外にとどまり、兵営や野営地が残りの世界から切りはなされた孤島となるだろうなどと、だれが信じえようか。

中立を保て、というのならまあいい。将校は彼らに、革命に、フランスに、人民に、手をさしのべている親兄弟に銃を向けろ、と命令しているのだ。そんなことはできるはずもなかった。

兵士を人民にたいして武装させえないのは、明々白々であった。人民を、人民自身にたいして、人民のためにのみ行なわれている革命にたいして、武装させる手段をみつけることが必要だった。

連盟の団結の精神、新たな革命的信仰にたいしては、旧《ふる》い信仰をもって対決する以外にない、もしそれがなお存在するならば、の話だが。

一つのやり方は、国王を殉教者にしたてあげて、なお残っている人民の国王への愛着を利用することだった。もう一つ、教会財産の国有化も、僧侶みずからを革命のいけにえにでっちあげて、無知な民衆を反革命に立ち上がらせるのに利用された〔フランス語の通じないブルターニュ地方ではことに効果があった」。これは、すでに信仰を失っている僧侶が、なお信仰を保っている民衆を、道具にするにひとしい。

僧侶たちは、イタリアのトリノにいる王弟アルトワ伯などの亡命貴族にも同盟の手をさしのべたが、体《てい》よくあしらわれた。封建制の廃止に多数の賛成者を出した僧侶にたいして、教会財産の国有化への賛成で一矢《いっし》をむくいた貴族たちは、まだ旧怨《きゅうえん》を捨てきれなかった。それに、人民を立ち上がらせるより外国軍によびかけるほうがましだ。王妃マリ＝アントワネットは、オーストリア皇帝と兄妹である点で、貴族の典型だったのだ。

貴族は全ヨーロッパにわたって、家族関係をもっていた。カースト関係でむすばれ、教養をひとしくするという関係でむすばれていた。そのために、国民性などという下賤な偏見にたいしては、きわめて哲学的な態度をとることになる。……オーストリアの将軍、あの魅力的なリーニュ大公以上にフランス的なフランス人があるだろうか。……（ヴォルテールをはじめ）フランス哲学はベルリンで君臨しているではないか。イギリスといえば、最も進んだ貴族たちにとって、まさに理想の国、典型的な自由の地だった。彼らにとって、ヨーロッパには二つの国民しかない。紳士と賤民とだけだ。賤民を道理に従わせるために、紳士をフランスによびいれて、なぜいけないか。

貴族に袖にされて僧侶はあせった。おりしも復活祭が近づく。『ルイ十六世陛下の御受難』などというパンフレットが人民をあおる。そして議会は反撃に出た。懸案を一挙に解決、四億リーヴルの教会財産を売りに出した。財政難打開と反革命打倒と一石二鳥だ。

はじめ直接購入に加わった農民は少なかった。教会の財産にすぐには手をつけかねたのだ。そこで全国の市町村が購入して、急場を救った。パリだけで半分の二億リーヴルをうけもった。

僧侶は追いつめられた。農民が、市町村からの再売却に応じて教会財産を手に入れようという気になってからでは遅い。この餌を食ったら彼らは革命の味方になってしまう。彼らを立ち上がらせるよう急がねばならない。

四月十三日、僧侶はまず議会にカトリックは国教であると宣言せよと迫った。賛成して反動に力をかすこともできず、といって正面きっての反対にもふみきれない多数派は悩んだ。「太陽が輝くなどと法律できめる必要があるだろうか」〔ミラボー〕

そしてプロテスタントにカトリックが襲いかかったサン゠バルテルミの大虐殺の思い出にまで助けをかりて、やっとのことで国教宣言だけは回避した。だが、反カトリックの議会にたいして立ち上がれ、とのスローガンのもとに僧侶は武装蜂起の組織にとりかかった。

地方連盟祭と対抗するかのように、四月二十二日、ニームで三千人の選挙人が署名した『カトリック宣言』が発せられた。王に権力をもどしカトリックの国教化を要求するこの文書は、全国の市町村に送付され、南フランスではこれにならう動きを生んだ。モントバンではプロテスタントが犠牲になり、多数の死傷者まで出し、これに力づけられて、ニームではカトリックの志願兵が、白色の帽章をつけ「国民打倒！」とまで叫ぶしまつ。

パリの議会は、白色章の禁止、ニームの宣言署名者の断罪にとどめて、強力な対策にふみきれない。宗教問題をどうすべきか、まだ腰がすわっていなかったのだ。

革命の前進に力のあった下級僧侶が言うように、革命は福音の約束を実現するものであり、キリスト教にとって代わるのではなく、これを改革、更新するものだ、と信じてきたのである。

そうしたところへ寝耳に水の僧侶の抵抗。議会がなすところを知らなかったのもむりはない。やっとひねりだしたのが、「僧侶にかんする民事基本法」であった。これは、僧侶を公務員化するという中途半端なもので、事態を解決するどころか、かえって紛糾させるだろう。「民事基本法」をうけいれ、新国家への忠誠の宣言をする「立憲派」と、「基本法」をしりぞけ、忠誠の宣誓を拒否する「宣誓拒否派」との二派に、僧侶を分裂させ、相互の対立を激化させることになるからである。

司教たちは「民事基本法」に必死の抵抗をこころみ、五月末には最後通告をつきつけた。そして六月十三日、ニームでもプロテスタントの血が流れる。だが僧侶の組織した十八隊のうち、武器をとったのはわずか三隊、たちまちプロテスタントの反撃にさらされた。市街戦は三日つづき、三百人の死者を出して終わった。

周辺の町から来るものとカトリックが期待していた援軍は、まったくあらわれなかった。それどころか、革命はローマ法王領のアヴィニョンにも波及して、ローマから離れてフランス領になることが要求されたのである。

僧侶のたくらんだ武装抵抗が失敗したのはなぜか。王が、貴族が、僧侶に手をかさなかったのはなぜか。

彼らのすべての行動を単純かつ強力にするのに必要でありながら、彼らに欠けていたもの、相手には豊かに存在したもの、それは信仰だ！　相手方、それはフランスだ。フランスは、新たな法に、正統の権威、国民の真の声たる議会に、信仰をもっていた。

あちら側は、すべては光明、こちら側はすべて曖昧、不安定、暗黒である。なんのためらうことがあろうか。みないっしょに、兵士も市民も、手をとりあい、これからはしっかりした歩調で、同じ旗のもとを行進するであろう。一つのフランス！　一つの信仰！　一つの誓約！　……ここには、疑わしい人間はひとりもいない。これでも決心がつかないのなら、忠誠の地を去れ、ラインをこせ、アルプスをこえよ。

ついに闇は去り霧は消え、フランスはわが愛するものをはっきりと見さだめ、まだ手に入れてはいないが、それを追いもとめた――祖国の統一。

その統一の前には、せまい地方的な郷土愛はやぶれさっていく。ラングドックも、ツールーズも、そしてブルターニュも――全フランスが祖国の腕のなかに身を投げる。すべてフランスの子だ。

十一月の連盟祭は州の三部会を打ちくだき、一月のそれは高等法院の抵抗にとどめをさし、二月のそれは混乱と略奪とをしずめた。三月、四月にみずから組織化した大衆は、五月、六月に宗教戦争の最初の火花をもみけし、五月の兵士の連盟祭で、兵士はふたたび市民となり、反革命の最後の剣が折られた。……残るは何か。友愛はすべての障害を除去し、すべての連盟祭がたがいに連合し、団結は統一へと向かった。あまたの連盟祭はもういらない、無用だ。必要なのは一つの連盟祭のみ、フランスのみだ。——いまやそれは、七月の光のうちに変容したものとしてたちあらわれた。

五　連盟祭

一世紀ものあいだつづいた論争の果てに、この信仰、この無邪気さ、この和合への大飛躍。これは、あらゆる国民にとって大きな驚きであった。まるでふしぎな夢をみているかのようだ。みな啞然《あぜん》としていた。感動していた。

これまですでに、地方の連盟祭は団結をあらわす感動的なシンボルを考えだしていた。祖国の祭壇の上で幾組かの結婚式を挙行するというのだ。こんどの全国連盟祭は、いわばフランスとフランスとの結婚であり、これ自体、諸国民の未来の結婚、地球全体の睦《むつ》みを予言するシンボルであるかに思われた。

もう一つ徴《しるし》がある。これらの祭典にみられたものだが、前のにおとらず意味ぶかい。すなわち、祭壇に小さな子どもをおく。万人がこの子を養子とする。みなから贈り物、願い、涙をめぐまれ、この子はみなの子どもとなるのであった。

フランスは、祭壇におかれたこの子どもである。そしてすべての国々が、この子のまわりをとりかこむ。諸国民すべてにとっての子ども。この子あってこそ、すべての国民はおたがいにむすびあわされるのを感じる。この子の未来に心からむすびつく。この子を不安な思いで、恐れと希望とでとりかこむ……。この子を涙なしに眺められる国民など、どこにもいはしないのだ。

どれだけイタリアは泣いたことか！　そしてポーランドは！　そしてアイルランドは！〔ああ、親愛なる諸国民よ！　この日を思いだしたまえ！〕……抑圧されているすべての国民は、この生まれたばかりの自由を目撃して、みずから奴隷であることを忘れて、こう言ったものだ。

「わたしは、きみのうちに自由なのだ！」

ドイツは、この奇蹟を前にして無我夢中となり、夢と恍惚《こうこつ》とのあいだをさまよった。クロプシュトックはずっと祈りをささげていたのである。

『ファウスト』の著者はもはや、皮肉な懐疑論者の役割を演じていることはできなくなった。あやうく革命信者になりそうな自分に、彼は驚いた。

北の海の果てには、奇異にして強力な被創造者がひとりいた。ひとりの人間？　いや一つの体系だ。骨っぽい、厳格な生けるスコラ学。一つの岩石。バルチック海の花崗岩《かこうがん》をダイヤの鑿《のみ》で削りとった岩礁。あらゆる宗教、あらゆる哲学がこれに接触し、難破してしまった。そして岩礁のほうはびくともしていない。人よんでこれをイマヌエル・カントと言う。彼は、自分のことを「批判」とよんでいた。六十年ものあいだ、いっさいの人間的接触をもたないこのまったく抽象的な存在は、いつも正確に同じ時間に外出した。そして、だれに話しかけるわけでもなく、一定時間かっきり、まったく同じ道筋を散歩するのだった。町の古びた大時計の、鉄の人形がひょっこり首を出し、時を打ち、そして内へひっこむようなあんばいである。ところが奇妙なことにケーニヒスベルクの住民たちは、ある日、気づいたのである〔これは大事件のしるしだ〕、この惑星が軌道からはずれていることに。世紀にわたる道筋からとびだしていることに……。彼のあとをついてゆくと、彼は西のほうへ歩いてゆく。フランスからの飛脚のやってくる道のほうへ歩いてゆくのだった……。

カントが感動し、気づかい、まるで女のようにニュース知りたさに街道へ出むくとは、おお人類よ！　これこそ、驚くべき、ふしぎな変化ではなかったか。……いや、ところがそうではないのだ。ここには変化なぞまるでみられなかった。この偉大な精神はやはりわが道を行っていたのだ。彼がそれまでむなしく学問のうちに追求していたもの、すなわち精神的統一がいまや、心情と本能とによっておのずから形成されてゆくのを、カントはその目で確かめていたのである。

世界は、べつに導かれずとも、この統一に向かって近づいているようであった。統一こそ、世界の真の目標であり、つねにそれにあこがれてはきたのだが……。世界は言う。「ああ！　もしもわたしが一体だったら！　もしばらばらになっている手足を統一できたら！　もしも諸国民を近づけえたなら！」。人間は言う。「ああ！　もしもわたしが一体だったら！　もしもいまのように多岐な人間であることをやめられたなら！　分断されたわたしの力をむすびあわせ、わたしのうちに和合を樹立しえたなら！」。世界と人間の魂にとって共通の、だがつねに失望で終わったこの祈念。それを一国民がわずかの時の流れのうちに実現したかに思われた。かつてはたんなる夢物語にすぎなかった団結と和合の聖なる劇を、この国民は演じているかに思われた。

すべての国民の思想、心情、視線、注意が、みなフランスにそそがれているありさまを思い描きたまえ。それにフランス国内においても、街道という街道が全国津々浦々から中央に向かって歩む人々、旅人たちで黒々と塗りつぶされたのを諸君は目撃しなかったか。

……団結は統一のほうへひきよせられてゆく。

さまざまの団結が形成された。集団がたがいに近づく。そうして集まったものがまた共通の中心をもとめていった。小フランスのそれぞれが自分のパリを目ざしていた。とりあえず身近なところにパリを捜していたのである。あるときには〔五月三十日〕、リヨンがそのパリだとフランスの大部分が思ったこともあった。それは驚くべき数の人々の集会だった。すくなくともローヌ河流域の大平原が必要と思われるくらいの大集会だった。全東部、全南部が人を派遣していた。国民衛兵の代表だけで五百人にのぼった。ある人々はそこへ来るのに百里、二百里の道を歩いてきていた。サルルイの代表がここでマルセイユ代表と握手した。コルシカの代表たちは急ぎに急いだがむだだった。祭りの翌日、やっと彼らは到着したのである。

とはいえ、フランスを結婚させえた都市、それはリヨンではなかった。そのためにはパリが必要だ。

政治家たちは、こちらの党派もあちらの党派も大恐慌。

こうした規律のない大衆、彼らをパリへ、動乱の中心へつれてゆくこと、それは恐るべき乱闘を、略奪と虐殺をひきおこすことになりはしないか。……「それにしても国王の運命はどうなるのか……」。これこそ王党派の連中が恐怖とともにつぶやいたことばだ。「国王だって?」とジャコバン派は言った。「地方からやってくるお人よしの人民はみな、国王に征服されるだろう。この危険な集会は公共精神をにぶらせ、不信の念を眠らせ、むしろがらの偶像崇拝をよびさますだろう……。この集会はフランスを王党化するだろう」

とはいえ、王党派もジャコバン派も、これをどうすることもできなかった。

パリの市長、市役所は、他の町々の先例と懇請にうながされ、議会に全国連盟祭の開催を願いでざるをえなかった。議会は、好むと好まざるとにかかわらず、許可をあたえざるをえなかった。せめて参加希望者の数をへらすよう、全力をつくした。開催のとりきめはひどく遅れた。だから、僻地《へきち》から歩いてやってくるような人々は、とうてい指定日に到着することができなかった。費用は地方の負担であった。極貧の地方にとっては、どうしようもない障害かもしれない。

しかし、こうした偉大な運動において、障害などというものがあったろうか。財布の底をはたいて、人々は醵金《きょきん》した。できるかぎりのことをして、旅する人の服装をととのえてやった。制服なしでやってきた者も何人かはいたのである。どの街道でも、心あたたまる、すばらしい歓待だ。大祭典へと急ぐ旅人は、方々で奪いあいだ。むりやりに彼らは休まされ、泊まらせられ、飯を食わされる。せめて立飲みでもいっぱいやってくれというわけだ。他処者《よそもの》、未知の人はひとりもいない。みな同胞だ。国民衛兵も兵士も水兵も、みな手をつないで歩いた。

村々を通っていくこれらの集団をみると、人は感動せずにいられなかった。パリに招かれたのは陸軍でも海軍でも最古参の連中だ。七年戦争に従軍したすっかり背の曲がったあわれな兵隊。白髪の下士官たち。頭で岩をぶちぬいたほどの勇敢な兵隊あがりの将校。海で青春をすりへらした老水夫。これら旧制度の生き残りたちは、それでもなんとかして参加しようとしたのである。これは彼らの記念日なのだ。彼らの祭典なのだ。

七月十四日には、十二時間ぶっつづけに歩いた八十歳の水兵たちがいた。彼らはもう一度力をとりもどしていたのだ。死の床で彼らは、フランスの青春と、祖国の悠久性に参与する自分を感じていた。

そして、村々町々を彼らが通るとき、彼らは明るく勇壮に、力をこめて歌をうたった。住民たちは、戸口に立ってその歌に唱和した。とりわけ国民的なこの歌は、いつも同じ韻を重く、強くふんでおり〔神と教会の掟《おきて》のように〕、旅ゆく人の軽やかな足どり、仕事にいそしむ人のあざやかな手さばきにすばらしく調子が合ったのだ。おかげで旅人は道のりがちぢまったかのように、仕事をする人はおおいにはかどったかのように思ったものだ。

この歌は、革命そのものの歩調に忠実に従った。つまり、この恐るべき旅人が歩みを速めたときは、自分も拍子を速めた。憤怒と眩暈《めまい》の輪舞のさなかにあっては、歌は短く濃縮され、一七九三年の血なまぐさい「いいじゃないか！」に変わった。この歌も九〇年には、それとはちがった性格だったのだ。

　この日人民はたえず繰り返す、
　ああ、いいじゃないか！　いいじゃないか！　いいじゃないか！

聖書のことばさながらに、
〔ああ、いいじゃないか！　いいじゃないか！　いいじゃないか！〕
万事は立法者によって成しとげられ、
頭を高くするやつは押えつけられ、
頭を低くするやつはもちあげられ、等々。

ピレネの山奥から、ブルターニュの果てから、七月の太陽に照らされながらゆっくりパリへ向かっていた旅人にとって、この歌は路銀だった。心のささえだった。あたかも中世、シャルトルやストラスブールの伽藍《がらん》を周期的に建造した巡礼たちの歌った読誦《どくじゅ》のごときものであった。この歌《レヴオリユシヨン》をパリっ子は、連盟祭の広場のしつらえをし、シャン＝ド＝マルスを掘りかえしながら、急テンポで生き生きと歌った。シャン＝ド＝マルスは当時はまったく平べったいものだったが、人々はこれに今日みられるような美しく壮大な外観をあたえようとしたのである。パリ市はこの仕事を数万の怠け労働者にやらせた。この連中にまかせておいては数年たっても完成すまい。こうしたよこしまな考えはすぐ看破された。パリじゅうの人々がこの仕事にとりかかった。それは驚くべき光景だった。昼となく夜となく、あらゆる階層、あらゆる年齢層、子どもまでも、みなが、市民、兵士、神父、修道士、俳優、慈善院の修道女、貴婦人、中央市場のおかみさん、みながつるはしをふるった。手押車をおし、じゃり車をひっぱった。子どもたちが明りを手にもって先頭に立ち、楽団は歩きまわりながら作業の人々を鼓舞した。働く人たちも、地面を水平にならしながら、この水平主義の歌をうたった。

連盟祭会場の準備をするパリ市民

「ああ、いいじゃないか！　いいじゃないか！　いいじゃないか！　頭を高くするやつは押えつけられ！」

歌、工事、仕事する人々。これらは要するに一つのものにすぎない。つまり、水平主義が歌ったり、働いたりしているのだ。とびきりの金持とどん底の貧乏人とが、労働のうちにみな手を握った。もっとも、貧乏人のほうがたくさん奉仕したことは言っておかねばならない。水運び、大工、当時建設中だったルイ十六世橋の石工。彼らがシャン＝ド＝マルスへつるはしをふるいにでかけたのは、一日の仕事、七月のつらい一日の仕事を終えたあとのことなのだ。農夫は、収穫のときなのに、やはりここに来ないではいられなかった。へとへとに疲れきっているのに、この人々は、明りの下で働きにやってきた。それが楽しみだったのだ。

原っぱにすぎなかったものを二つの丘にはさまれた谷間

に変貌《へんぼう》させた、この真に巨大な事業が、驚くべし、一週間のうちに完成したのである！ちょうど七月七日にはじめられ、十四日までに終わったのだ。

聖なる戦いと同様、事は真心をもって運ばれた。当局は計画的に工事を遅らせて、団結の祭典のじゃまをし、その実現をさまたげようとしたのである。この祭典は不可能となるはずだった。ところが、フランスがその実現を欲した。そして事は成しとげられたのである。

みなが待ち望んでいた客人たちがやってきた。この人々でパリはふくれあがった。宿屋や安ホテルの主人たちは自分から値下げをした。大勢の旅人からうけとる値段を安くきめた。たいていの人は、それでも宿屋へ行くのをひきとめられた。パリっ子たちは周知のとおり手ぜまに暮らしているのだが、なお身をちぢめ、連盟兵のうけいれ策を考えだしたのだ。かの自由の先輩、ブルターニュの人々が到着したとき、バスチーユの勝利者たちは彼らを出迎えにヴェルサイユやサン゠シールまで出むいていった。祝いのことばや抱擁がひととおりすむと、この二つの部隊は合流し、混じりあい、手をとりあってパリへはいってきた。

かつて聞いたことのないような親しみと和合の感情が人々の心にしみとおった。それがどんなものだったか、つぎの事実をみてほしい。これはわたしの考えでは最強力の事実である。ジャーナリストたちが休戦したのだ。仮借することを知らぬ敵手、自由の忠実な番人。彼らはしょっちゅう争いをおこし、人々の気持をささくれだたせたものだ。その連中が、いまや自己を超えたのである。憎しみも嫉妬も知らぬ古代風の競争心が、一瞬、争論を事とする陰気な人々の心をとらえ、彼らを解放した。『パリの革命』紙の誠実で疲れを知らぬルスタロ。才気煥発《かんぱつ》、はげしい気性、軽妙な筆のカミーユ。このふたりが同時に、実行不可能ではあるが、真心から出た感動的な案を発想した。つまり、著述家の〔連盟〕盟約をむすぼうというのだ。もはや競争はない、嫉妬はない、対抗はない。あるのはただ、公共の福祉の競争のみ。

議会自身も、この一般の熱狂にまきこまれたかにみえた。六月のある暑い夜、議会はいっとき、八九年の霊感、八月四日の若々しい魂の飛躍をとりもどした。フランシュ＝コンテの一代議士は言った。

「連盟兵が来るというのに、ヴィクトワール広場のルイ十四世の足下に地方が鎖でつながれている、あんな姿をみせるのは失敬ではないか。あの像は撤去させるべきである」

この提案は議会に清らかな感動をあたえた。その機をのがさず、南仏出身の一議員は、平等を汚すあの仰々しい肩書き、つまり伯爵だの侯爵だのの称号や紋章やお仕着せを廃止するよう要求した。この提案は、モンモランシーによって、ラファイエットによって支持され、モーリ〔靴屋の息子ということは周知のとおり〕以外はほとんどだれもこれにあらがわなかったのである。即座に議会は世襲貴族制を廃止した〔九〇年六月十九日〕。賛成投票をした連中の大部分は、翌日にはもう後悔した。領地の名を捨て、ほとんど忘れられていた家族名にもどることは、みなをとほうにくれさせた。ラファイエットは惨めにもモチエ氏ということになった。ミラボーはもはや一介のリケッチでしかなくなって立腹した。

この変化は、しかし、偶然でもなければ一時の気まぐれでもなかった。これは大革命の原則そのものを適用してゆけば当然そうなるべき筋合いのものであった。大革命の原則とは、善にせよ悪にせよ、各人は自分のしたことにだけ責任があるという正義の原則なのである。きみの祖先のやったであろうことは、その祖先の肩にだけかかる。きみになんの関係もないことだ。きみにかんするのは、きみ自身として行動することなのだ！　こうした考え方でゆくと、先祖の功績を譲り渡すということ、つまり貴族制度ということはありえないのである。また同様に、先祖の過誤の譲渡ということもありえない。法律は無情にもふたりの青年を紙幣贋造《がんぞう》の件で絞首台にのぼらせたが、これを機会に議会は、二月以降、死刑囚の家族は罰をうけることは断じてあってはならないと宣言した。死刑囚の若さと不幸とに心動かされた公衆は、くさぐさの好意のしるしを寄せてりっぱな両親をなぐさめた。れっきとした何人かの市民は、死刑囚の妹に求婚したのであった。

もはや功績の譲渡はない。したがって貴族制度の廃絶。もはや罪過の譲渡はない。したがって死刑罪は罪人の家族を、その子どもらを傷つけない。

ユダヤ教とキリスト教の原則は、これと正反対の考えの上に立っている。罪は譲渡されるのだ。功績もまたそうだ。キリストの、聖者の功績は、人間の屑《くず》のような連中にまで利益をもたらすのである。

国民議会が貴族制度の廃止を可決したその同じ日に、人類の代議士と称する外国の代表団がやってきた。ラインのドイツ人、アナカルシス・クローツ〔あと（第九巻参照）でふれる奇妙な人物〕にひきいられた二十人あまりのいろんな国の男どもが、思い思いのお国の服装で議場にあらわれたのである。ヨーロッパ人もいればアジア人もいる。クローツは彼らを代表して、シャン＝ド＝マルスの連盟祭に彼らが参加しうるよう要請した。「諸国民の名において、すなわち、諸国王によっていたるところ抑圧されている正統な主権者の名において」要請したのである。

ある者は感動し、ある者は笑いだした。とはいうものの、この代表団には笑えぬ側面があったのだ。彼らのなかには、アヴィニョンの、リエージュの、サヴォワの、ベルギーの人間がいて、この人々は当時ほんとうにフランス人になりたがっていたのだ。さらにこのなかには、イギリス、プロシア、オランダ、オーストリアからの亡命者も含まれていた。彼らが反抗している当の政府は、いまこの瞬間もフランス人にたいし陰謀をたくらんでいる。これら亡命者たちは、ヨーロッパに刃向かうヨーロッパ委員会ともいいえた。のちにカルノーが勧告した外人部隊の最初の中核だった。

諸国民の連盟を前にして、国王たちの連盟ができあがった。フランス王妃が明るい希望をもったのもむりからぬことであった。彼女の兄レオポルトが、いともやすやすと全ヨーロッパをオーストリアを中心に結集させてしまったからだ。ふだんはのろまのドイツ外交も、翼を得てとんでいた。というのは、このことは外交官のあずかり知らぬことだったからだ。国王個人の手で事は運ばれていたのだ。レオポルトは直接プロシア王に話しかけ、共通の危険を指摘した。イギリスやオランダと談合のうえ、プロシアに出むいていって、ライヘンバッハで会議をひらいたのであった。

どちらをみても情勢は明るくない。フランスは諸国民の祈願の対象とされていたが、それは無力であり、いまにも国王たちの憎悪と軍隊とに包囲されようとしていた。

フランスは国内でもはなはだあやうい。宮廷は毎日、議会で勝利を博していた。もはや右派を通じてはたらきかける必要はない。左派そのものを通じて、八九年クラブを通じて、ミラボーを通じて、シエースを通じて、さまざまの腐敗、裏切り、恐怖を通じてはたらきかけるのだ。こうして宮廷は、一挙に二千五百万リーヴルの王室費、王妃には四百万リーヴルの寡婦資産を獲得した。また、新聞を抑圧する手段を手に入れた。大胆にも十月五、六日の事件（ヴェルサイユ行進をいう）を起訴しようとしたほどだ。

連盟兵たちがパリに到着したとき、当面した情勢はざっと右のごときものであった。議会と国王とにたいし熱狂的崇拝を彼らはささげていたが、それがいつまでつづくか、むずかしい問題であった。大多数の連盟兵はかの善良なる市民王に赤子の愛情をもっていた。

過去と未来と、つまり王政と自由とが、彼らの感情においてはないまぜられ、ごっちゃにされていたのだ。拝謁を仰せつかった何人かは、ひれ伏し、彼らの剣をさしだし、彼らの心をさしだし……。もともと気の小さい国王は、その立場がうしろめたい、曖昧なものでもあったし、熱烈な真情を吐露したこうした若々しい感激には答えるすべを知らなかった。王妃にいたっては、なおさらである。彼女の実家の、もとからの臣下である忠誠なロレーヌ州氏はべつとして、彼女は連盟兵にはおおむね冷淡であった。

ついに七月十四日がやってきた。あれほど待ちこがれていた日。この日のために、善良な人々はつらい旅を重ねてきたのだ。準備はととのった。まだ夜のうちから、祭典に遅れてはたいへんと、シャン゠ド゠マルスで露営する一般人や国民衛兵など大勢の人がみうけられた。

いよいよ当日となった。だが、なんということだ！　雨が降っている！　一日じゅう、小やみなくどしゃぶりの、吹きなぐりの雨と風。「お天気は貴族主義だな」。そんな声が聞かれたが、しかし席を離れる者はいなかった。とほうもない冗談ばかり言って、片意地者の向こう意気の強くにぎやかなこと。不吉な兆候も顔まけしてしまうかと思われるほどだ。

十六万人がシャン゠ド゠マルスの練兵場にすわりこみ、十五万人が立っていた。この練兵場で、約五万の人々が行進するはずだ。そのうち、一万四千は地方の国民衛兵、パリの国民衛兵、陸軍と海軍の代表、等々。シャイヨとパッシーの広い階段桟敷《さじき》は見物人でいっぱいだ。すばらしい場所だ。広大な場所である。しかも、さらにこれを環形に大きくモンマルトル、サン゠クルー、ムドン、セーワルがとりかこんでいる。こうした場が全世界の三部会の開幕をいまや遅しと待っている。

準備万端ととのったのに、雨だ。待つや久し。五時間前より大通りに集結した連盟兵、パリ国民衛兵はぬれねずみにはなる、腹はへる、しかし陽気だ。サン゠マルタン通りの、サン゠トノレ通りの窓々から綱でパンが、ハムが、酒びんがおりてくる。

シャイヨ宮の前につくられた木の橋を渡り、凱旋門《がいせんもん》を通って彼らは入場してくる。シャン゠ド゠マルスの中央には、祖国の祭壇がそびえたつ。士官学校の前には階段桟敷がある。ここに国王と議会とがすわるはずだ。

あれやこれやでずいぶん手間どった。早く到着した連中は、雨にへこたれず、悪天候を吹きとばすために、勇敢にも踊りはじめた。その陽気なファランドール踊り（プロヴァンス地方の踊り）は、泥んこのなかでくりひろげられ、のびてゆき、たえず新しい環とむすびつく。その環は一つの州、一つの県、あるいは数ヵ国連合だ。ブルターニュがブルゴーニュと踊り、フランドルがピレネといっしょに踊る……。すでに八九年の冬から、われわれはこうした集団、こうした波打つ舞踊のはじまるのをみていた。すこしずつフランス全土にひろがり、ついに全フランスで踊るこの巨大なファランドール踊りは、シャン゠ド゠マルスで完成し、息絶える……。これが統一というものだ。

1790 年 7 月 14 日のパリにおける全国連盟祭

期待とあこがれと希望の時期よ、さらば。みなが夢み、もとめていたこの日！……その日がきている！　われらは何をもとめているのか。この不安はなぜであろう？　ああ、悲しいかな！　世間の経験は、いやな、奇妙な、しかし真実にはちがいないつぎのことをわれらに教えてくれる。いったん統一してしまうと団結は弱まる、と。統一しようという意志、これがすでに心情の統一であった。それがおそらく最良の統一なのだ。

だが静かに！　国王のおつきだ。彼はすわる。あたりを見おろす桟敷に、議会が、王妃が席をとる。

ラファイエットを乗せた白馬が王座の足もとに近づく。司令官は地面にとびおり、王の命令をうける。三色の帯をした二百人の司祭に混じって、足を引きずって祭壇へあやしげな格好でのぼるのはオタンの司教のタレイランである。宣誓ということになるからには、彼以上にうまくだれが式をとり行ないうるだろうか。

千二百人の楽人が演奏しているが、あたりが騒がしくてほとんど聞きとれない。しかし不意に沈黙がくる。四十発の礼砲が大地を震わせた。この炸裂《さくれつ》を合図に、みな立ち上がった。みな手を空へあげた。……おお、国王よ！　おお、人民よ！　待ちたまえ……。天は願いを聞きとどけてくれた。雲間を破っておあつらえむきに太陽が輝きでる……。きみたちの誓いには注意したまえ！

ああ、どういう気持で誓ったのだ、この人民たちは！　ああ、なんと人を信じやすいお人よし！　……どうして国王は、祭壇の前で誓ってみせてやらないのか。どうして彼はかげでこっそり、頭をかくして誓うのか。陛下、お願いです、みんなにみえるよう、手を高くあげてください！

そして王妃よ、つい先刻、無邪気に踊っていた人民、惨めな過去と恐るべき未来のあいだで踊っていたお人よしの無分別な人民、彼らをあなたはかわいそうとは思わないのか……。あなたの美しい青い目に、どうしてそんなあやしげな光が宿っているのか。ある王党派が彼女の袖をひいた、「魔女がみえますか」。こう言ったのはヴィリウ伯だ……。では、あなたの目には遠くニースへ送った使者の姿がみえているのか。その使者は、南フランスの大虐殺の組織者に会い、おめでとうを言っている……。それとも、入りみだれた群集のなか、はるか遠くにレオポルトの軍隊をあなたはみつけたのか。

聞きたまえ！　……なるほど、これは平和だ。しかしすっかり戦争づいた平和である。ここに代表を送った三百万の武装せる人民は、ヨーロッパ諸王のすべてよりも多くの兵をもっているのだ。フランス人民は、友愛の手をさしのべている。しかしやはり、戦闘準備はととのえているのだ。すでにいくつかの県――セーヌ、シャラント、ジロンドその他は、それぞれ六千の男たちに武装させ、彼らの費用をもち、そうして彼らを（北部）国境に送ろうとしている。まもなく、マルセイユの人々が出発を要求するだろう。彼らは祖先フォセアエの人々の誓いを新たにする。石を海に投げ、もし勝利者とならないならば、この石が浮きあがる日にしかもどってくるまいと彼らは誓うだろう（マルセイユの起源はイオニアの古代都市でフォセアエの植民地。フォセアエ人は、ペルシアに攻められ、この誓いをたて本国を捨てた）。

第三巻　一進一退

一　クラブの抬頭

　連盟祭での人民の団結にもかかわらず、いやそれを目のあたりにみただけに、王妃と亡命貴族はいよいよ陰謀に熱中した。また七月末、イギリス・プロシア・オランダのあいだに、ベルギーの革命にたいするオーストリアの弾圧を黙認する予備条約が調印され、フランス国王はオーストリア軍のフランス領通過を認めようとして議会にはばまれた。この国際的反革命の中心には、エドモンド・バークのフランス革命攻撃の本を公然と賞賛したイギリス首相ピットが立っていた。

　つらい悲しい発見！　友だちだと信じていた人々が最も残酷な敵だとは！

　いまや、四海同胞の幻想から、人を信じやすい共感から脱けだすべきときだ。革命は、自滅したくなければ、無垢《むく》の幼年期にとどまってはならない。

　真実は、苦かろうと甘かろうと、直視せねばならない。国の内外を問わず、真実をしっかと見すえねばならない。

もしフランスが分裂していなければ、危険はすこしも恐ろしくなかったろう。たしかに、団結は、いまわたしが描写したばかりのあの崇高な瞬間には心からのものだった。団結に嘘偽《うそ》りはなかったが、つかの間のものだった。たちまち階級的分裂、意見の分裂があらわれた。

人民はおおむね教養のある人々を信頼し、その指導に従っていた。農民は一七九〇年の夏には貴族から離れブルジョワに味方しようとしていたし、都市のプロレタリアはまだ数が少なかった。ブルジョワジーがその指導性を維持できるかどうかは、彼らしだいだった。だが彼らは、あの悲しむべき旧制度のもとで生いたったせいか、弱かった。

二つの弱さ――憎悪と恐怖。

この恐ろしい状況のもとではまれな、困難な、おそらく不可能なことかもしれないが、善でありつづけるためには強くなければならなかったのだ。

恐怖――ブルジョワの一部は、自分たちのおこした革命の前に尻《しり》ごみし利己の殻《から》のなかにとじこもる。そして憎悪――ブルジョワの他の部分、諸議会で活躍しジャコバン・クラブに結集した部分は、革命に挺身《ていしん》したものの、反革命派への憎悪から暴力に、恐怖政治にうったえるようになる。

憎悪と恐怖、フランスの新生をさまたげたこの二つの障害は、国内よりもまず国外から生まれた。またそれはフランスをして剣をとらしめ、戦いに前進せしめたものにほかならなかった。反革命の動きがいちおう成功したのは、新聞という自由のための道具が自由の抑制のために使用されたからである。この虚偽の言論は、一方ではカトリックと専制主義、他方ではイギリスのいわゆる立憲主義、という新旧二勢力の協力によって、その成功をささえられた。

近代世界を奥ふかく分裂させ、そのあらゆる進歩を遅らせたのは、近代が二つの偽善をもつことである。中世は一つしかもたなかった。われわれは二つもつ。権威の偽善と自由の偽善、一言でいえば僧侶《そうりょ》とイギリス人、つまりタルチュフがもっている二つの形態である。

僧侶はおもに女性と農民とにはたらきかけ、イギリス人はブルジョワ諸階級にはたらきかけた。

僧侶の宣伝はパリでは無力だったが、農村で、南部や西部では猖獗《しょうけつ》をきわめた。それはやがてヴァンデの反革命内乱を生み、さらに恐怖政治という恐るべき反作用を生むだろう。

そしてイギリスの宣伝に力をかしたのは革命の脱落者、かつては革命を支持し、ついで裏切った人々であった。典型はラリ＝トランダル。彼は、ヴェルサイユ行進をきっかけに議席を捨て、以後、国王は議会のとりこ、議会は人民のとりこであり、革命は自由の妨害物になりさがったとの宣伝に熱中した。彼の口まねをする者も少なくなく、バークによる増幅をとおして反仏大同盟（一七九三年イギリスを中心に結成された全ヨーロッパ諸国の同盟）の結成に大義名分をあたえることになる。そして反仏大同盟のもたらした革命と祖国の危機もまた、恐怖政治を生む条件となるのである。

イギリスの反革命宣伝はまた国内の分裂をも生みだす。ことに、不安に悩むブルジョワに効果をもった。

ブルジョワはイギリスの阿片《あへん》をのみこんだ。その成分はエゴイズム、安楽な暮らし、犠牲なしの自由だった。精神のはたらきなどなくとも機械的な均衡がもたらす自由、モンテスキューの説いたような徳なき君主政。改善することなしに保証すること、とりわけエゴイズムを保証することだった。ここに誘惑があった。

ブルジョワは、革命で得たものは何か、と問いはじめ、なによりも平和を、安静をもとめはじめる。そして、ブルジョワジーの王、ラファイエットはこの動きにおしながされはじめる。王妃に気に入られたいと願い、信心ぶかい妻にひかれ、いとこの将軍ブイエはじめ反革命的なとりまきにかこまれていたことも、彼に作用せずにはいなかった。こうした彼になんでもやれる、という過信をあたえたのは、連盟祭での彼の人気であった。群集は文字どおり彼を崇拝し、その手に、長靴に接吻《せっぷん》したのだった。

ラファイエットのもとめたもの、それは民主的王政ないしは王的民主政であった。彼はそれによって革命をおしとどめられると思ったのだが、じつは革命を推進することになる。

そこへ軍隊内の紛争が爆発した。すでに九〇年二月、議会は兵士の俸給の増加を決定していたが、五月になっても兵士の手に渡っていなかった。増額のほとんど全部が、パンの給与のわずかばかりの増量にあてられたからだ。兵士は将校〔彼らはたしかに会計にはだらしなかった〕にくすねられたと信じこみ、双方の対立が激化し、ナンシーでは兵士がかなりおおっぴらに将校にたてついた。

ナンシーで衝突する将校と兵士

まず注目すべきことは、通常の軍規がまったく適用できないことだった。軍は軍でなかった。そこでは二つの人民が対峙《たいじ》していた、たがいに敵の二人民、貴族と非貴族が。非貴族、つまり兵士は革命によって勝利した。革命は彼らのため行なわれたのだ。勝者が敗者に、それもいぜんとして彼らへの侮辱をやめない敗者に服従しつづけるだろう、などと思うのはばかげたことであった。

ラファイエットは力で対処することにした。議会を動かして、将校からなる検察団のナンシー派遣を決定する一方、ブイエに手紙を出して一撃を加えさせることにした。この一撃は秩序回復のためのやむをえない手段で、そのあとにあのうるわしい王的民主政が訪れると信じていたのである。

八月三十一日、ブイエは三千の歩兵、千四百のドイツ人騎兵、七百のラファイエット派国民衛兵をひきいて、ナンシーのスイス人二連隊に襲いかかり、半数を殺し半数をとらえた。このいわゆる「ナンシーの虐殺」にたいして、議会は謝意を表し、ルイ十六世は満足の意を表明するとともに、ブイエにもっとつづけるよう勧めさえした。

ナンシーの小事件の影響は大きかった。地方の反革命を勇気づけ、王は、革命の基盤の動揺を確信して、これまでためらっていた国外逃亡をまじめに考えはじめる。かくて陰謀の網の目はひろがり、王の特使の瀬ぶみに、スペイン、オーストリアが色よい返答をあたえてくれた。

右をみても左をみても、巨大な恐るべき網が四方八方、国の内外にわたって張りめぐらされている。もし革命がエネルギーを集中する組織の力を見いだせないなら、もし全知全能をふりしぼって団結しないなら、国は滅んだことだろう。無邪気な連盟、友愛の感情の無分別な躍動のうちに、敵も味方もごちゃまぜにしたような連盟ではだめだ。そんなものが、この窮地からわれわれを救いだしてくれるだろうなどと思ってはならない。まったく別の力に満ちた組織が必要だ。ジャコバン・クラブが必要だった。ジャコバン派は革命そのものではないが、革命の目だ。監視する目、告発する口、打撃を加える腕だ。

ジャコバン・クラブはかくて、反革命の陰謀から革命を救い、公安を維持するという最緊急の必要の産物であった。ヴェルサイユでのブルトン・クラブが八九年十月、パリに移って、議会近くのサン゠トノレ街のジャコバン派修道院の建物を集会所にきめたのがクラブの名の由来である。この当時、メンバーは四百、リーダーは三人、デュポールが考え、バルナーヴが言い、ラメットが行なう、と言いはやされた。一般のよび名は三頭派、ミラボーはこれを三人やくざとよんだ。

彼らの公式の名称は「憲法の友」というのだった。じっさい、憲法をつくったのは彼らである。憲法案はまずクラブで練りあげられた。他の議員にたいして団結と規律と几帳《きちよう》面《めん》さにおいてまさったこの四百人は、議会の主人だった。

かくてジャコバンは議会の人事と審議とを牛耳ったが、それではすまず、たちまち革命のための治安維持機関に変わった。いくら憲法を完全にしても、反革命が勝ちを占めたら何もならない。すでにラファイエットの配下の警察があり、また宮廷の動かす警察があったが、人民の支持をうけたのは、いうまでもなくジャコバンの「警察」であった。そしてブイエとラファイエットへの反撃をはじめたのは、この組織であった。

九月二日、ナンシーの知らせがパリにつくと、即日、時を移さず、四万人がチュイルリーの庭園をうずめ、議会を包囲して叫んだ。

「大臣どもを免職にせよ！　大臣どもの首だ！　大臣どもを街燈にかけろ！」

ジャコバンがひとたび号令を出すとこのありさま。ラファイエットはなすところを知らない。攻撃をうけた大臣のなかで最も責任のない大蔵大臣ネッケルがいけにえとなる。ラファイエットの勧めでネッケルは退職し、ジャコバンはこれに乗じて王権に一撃を加える。議会みずから国庫を管理することを決定させたのである。

七月の連盟祭から数世紀がたったのか。……こんなことになろうとだれが予想したか。たった二ヵ月。あの平和のうるわしい光は、どこへ去ったのか。七月の輝かしい太陽が突如暗くなった。陰謀と暴力の暗い季節にはいったのだ。

九〇年末のパリは、雨後のたけのこのようにふえるクラブで喧騒をきわめていた。革命の第一幕の舞台だったパレ＝ロワイヤルには「八九年クラブ」がある。革命の前進をくいとめようと懸命なラファイエット、ミラボー、シエースといった人々のクラブだ。サン＝トノレ街のもやのなかに、情報と告発の全国的コミュニケーション網の中心、ジャコバン・クラブがある。リーダーは三頭派、そしてロベスピエールが抬頭《たいとう》しつつあった。彼は議会内では急進的にすぎて、嘲笑《ちょうしょう》とともに無視されている。ただひとりミラボーは言った、「この男は遠くまで行くぞ、なにしろ自分の言うことをみな信じているからな」と。

ジャコバン・クラブ(演壇上は左ラメット，右ミラボー)

議会では鼻もひっかけられないが、彼はジャコバンでは一頭地をぬきんでており、これからいっそうそうなるだろう。彼はジャコバン・クラブそのもの、それ以上でも以下でもない。クラブをそっくりそのまま表現し、クラブとともに進み、一歩も先んずることがない。

ロベスピエールと三頭派とのあいだに裂け目が生じ、時とともに大きくなる。そして彼は、ついに三頭派とたもとを分かつ。

術策の人々から自由になって、ロベスピエールは原則の人となる。

以後彼の役割は単純にして強力なものとなり、彼と手を切った連中の前に立ちはだかるものとなった。実務家、党派人たちが原則と利害、権利と状況とを妥協させようとところみるたびごとに、ロベスピエールのもちだす壁に、抽象的、絶対的な権利にぶつかった。彼らの英仏折衷の、自称立憲的な解決に、彼は、とくにフランス製ではないが一般的、普遍的な理論を、『社会契約論』どおりの、ルソー、マブリの立法の理想を提示した。

彼らは陰謀し動きまわり、彼は不動。……彼らは代言人のようにみえ、彼は哲学者、権利の聖職者だった。究極において参ってしまうのは彼らのほうなのだ。

不動のロベスピエールに比して、議会はぐらついていた。三部会の選挙では普通選挙制がとられ、『人権宣言』は平等の市民権を認めていたのに、議会では制限選挙論者が優位を占めていた。すでに市民を能動市民と受動市民〔非市民である市民〕に分けていたが、それではたりず、被選挙権をすくなくとも五十四リーヴルの税を支払う者に制限しようとした。また司法・行政の官職につけるのは能動市民だけに制限した。人民にたいする不信、所有のうちにのみ秩序の保証を認めるブルジョワ的唯物論が議会を支配していたのだ。

宣戦・講和の権限の問題でミラボーと対決して議会の指導権を握った三頭派も、この動きに同調していた。彼らはふかいところではミラボーとちがいはなかった。王党派だったのだ。ナンシー事件のとき宮廷に接近したが冷たくあしらわれたので、オルレアン派にかたむいたこともあったが、要するに王政は絶対維持せねばならぬと信じていた。

この動きを、民衆は本能的に感じとっていた。こうして人民の支持は不動のロベスピエールに集中してゆく。彼は、議員からは無視されても、傍聴席の拍手喝采《かっさい》をうける。

まして、ジャコバン・クラブでは日の出の勢いであった。第一に、ロベスピエールは驚くべく精励恪勤《かっきん》であった。いつも戦場のまんなかにおり、すべてについてつねにしゃべっている。女性にたいしてもそうだが、組織にあっても勤勉さはつねに最大の長所なのだ。疲れ、たいくつし、クラブを捨てる者は多い。ロベスピエールはときとして人をたいくつさせるが、自分はけっしてたいくつしない。旧人は去りロベスピエールは残る。新人が数多く来たり、ロベスピエールはそこにいる。新人は、まだ議員ではないが、熱狂的で、公職につきたくて辛抱できず、すでに未来の議会を形成していたといえる。

さらに、第一歩から、原則の化身、抽象の化身と考えられていたこの男は、状況についての真の理解力をもっていた。どこに力があるか、力をどこにもとむべきか、彼は完全に知っていた（これはシエースもミラボーもできなかったことだ）。

強者はみずから力を生み、力を創《つく》ろうとする。政治家は力のあるところに力をもとめにゆく。

ロベスピエールがたよろうとした力――それはジャコバン・クラブにほかならなかった。

ロベスピエールはコルドリエ派のデムーランについて言った（まして、もっと血の気の多い他のコルドリエ派にはいっそうあてはまる）、「早く進みすぎるな。首を折るぞ。パリは一日にしてならなかった。壊《こわ》すには一日以上が必要なのだ」と。

ジャコバンの冷たい計算された熱狂にたいして、本能的な神がかりの熱狂がコルドリエ・クラブにはあった。医学校の向かいの乞食僧団の家は、たしかにサン＝キュロット（おえらがたのはく半ズボン《キュロット》をはかないで、長ズボンをはいていた下層民）を入れるにふさわしかった。革命のコルドリエは、中世の乞食僧と同じく、人民の本能に絶対の信頼をおいていたが、これを当世風に人民の理性とよんでいた。この人民への信頼こそ、人民にたいするコルドリエの全能を生む。

だが人民への信頼は個々人への信頼にまでおしすすめられ、民主主義は無政府主義に変ずる。この組織の弱さは、マラーがひそかに恐れていたように、やがてコルドリエの弱点となろう。

ジャコバンが全フランスに網を張りめぐらしているのにたいし、コルドリエはパリだけのクラブだったが、パリを動かし、パリをとおしてフランスをひっぱってゆく。全フランス的ではないが、多くの外国人の参加〔ドイツのアナカルシス・クローツ、スペインのグズマンなど〕が国際色をあたえている。

その口はダントン、その筆はマラー、デムーラン、いわば革命の三つの雷鳴がコルドリエのリーダーだった、ことに怪物ダントンが。

いちばん恐ろしいこと、それはダントンが目をもたないことだ。すくなくともほとんど目だたない。なんということか！　この恐ろしい輩が諸国民の指導者となるのか。……暗闇、眩暈《めまい》、宿命、未来への絶対の無知、それがここに読みとれる。

しかもこの怪物は崇高である。――ほとんど目のないこの顔は火口のない火山。――泥か火の火山――そのとじた鍛冶場のなかでは自然の闘《たたか》いが行なわれている。――どんな噴火がおこるのか。

この姿をみて、人は機械的に、相対立する原理の闘争に協力する。彼の心のなかの闘い、対立する情熱の闘いというだけでなく、理念の闘いに参加し、二つの理念を和解させることも、一方で他を殺すこともできぬ闘いに参加する。これは献身的なエディプス、みずからの謎《なぞ》にとりつかれ、みずからのうちに恐ろしいスフィンクスを飼い、ついにはそれに食い殺されるエディプスだ。


　十一月二十一日、議会は、国民衛兵となる資格を能動市民のみに制限することを可決し、ブルジョワ派議員が多数を制していることを天下に知らせた。ロベスピエールは反対して、「諸君は、市民がまれな存在であることを欲するのか」と叫んで、手をたたき足をふみならす傍聴席の喝采をうけたが、おしきられた。

　ロベスピエールの力は議会外にある。夜、ジャコバン・クラブで彼が議会での演説を繰り返したとき、議長をつとめていたミラボーは、すでに可決された法律に反対して発言するのはけしからんと言って、演説を中止させようとした。満場騒然たるうちに、ミラボーは叫ぶ。

「わたしを支持してくれ、同僚議員諸君！　……諸君、わたしの周囲に集まってくれ！」

　集まったのは三十人の議員だけ、あとは全部ロベスピエール側にとどまった。

　そこに来たラメットはミラボーに味方し、けっきょくのところ三頭派がミラボーと同じ立場にあることを暴露した。いまやジャコバンは、創立者の議員たちの手綱からみずからを解放しつつあることは明らかだった。ロベスピエールにひきいられる未来の議会の出現である。

　三頭派は議会でもつまずくことになる。僧侶に革命にたいする忠誠の宣誓をもとめていたのに、遅々として進まなかった。宣誓の可否についてローマ法王庁は立場を明らかにするのを遅らせ、これが宣誓ひきのばしの理由ないし口実となっていた。しびれをきらした三頭派は強行策を決心した。一週間以内に宣誓をせよ、そうしない者は僧職を剝奪《はくだつ》すると議会に可決させたのである。失われてゆく人民の支持をつなぎとめるのが目的だったが、明らかに性急な愚策だった。ローマか、それとも祖国フランスか、を選ばせる大問題だけに、漸進策こそ適当なのだ。司教から司祭まで、宣誓拒否の僧侶は続出し、彼らは亡命し、あるいは地下にひそむ。そして革命は棄教を強制するもの、信仰の自由を侵すものだ、という宣伝がはじまる。この宣伝は、無知な農民には効果が大きく、また国外での反革命に油をそそぐこととなる。

かくて一七九一年は明けた。歴史の不吉な転回がはじまり、革命の原則は裏切られるのだろうか。焦燥感から実力行使によって革命を前進させようとする動きが生まれる。口火を切ったのはマラーであった。彼の『人民の友』は毎号毎号、革命の裏切り者〔そのリストは玉石混淆《こんこう》だった〕にたいする人民の復讐《ふくしゅう》を叫びつづけた。

こうした猛烈さ、こうした犯罪ともいうべき軽率さにもかかわらず、悪弊にたいするマラーの真率そのものの怒りは、わたしの関心をひく、と言わねばならない。人民の友というこの偉大な名は、歴史家に誠実な検討を命ずる。

マラーはサルジニア系、スイスのヌシャテルの近くに生まれた。そして同郷のルソーの栄光と悲惨に感激した。牧師の父と教育熱心な母によって第二のルソーたれと励まされ、猛烈な勉強に日を送った。

こうした集中的な努力は、当然この若者の頭をとほうもなく過熱させる結果となった。

ルソーの病である傲慢《ごうまん》は、マラーのばあい虚栄心となり、しかも十乗されて昂揚しきっていた。猿《さる》まねルソーだった。

彼みずから言うところを聞こう〔『人民の友』九三号〕。「五歳にしてわたしは学校の先生になろうと志した。十五のときには大学教授に、十八のときには文筆家に、はたちになると創造的天才になろうと思った」。——すこしあとを読むと、自然科学での業績〔彼によれば、二十巻に及ぶ物理学上の発見〕について語ったあとで、冷静につけ加えている。「道徳、哲学、政治についての人間精神のあらゆる組合せを、きわめつくした、とわたしは信ずる」

革命前のマラーの文筆活動は、要するにヴォルテールからニュートンまであらゆる権威にかみつくだけのこと。折衷的で独創性のないものだった。首尾一貫性もないし、現実に適用できる主張もない。学者、文人が政治に野心をもつばあい、貴紳の庇護《ひご》なしですまされないのが旧制度の悲しい一面だが、マラーもアルトワ伯の侍医となる。十二年後バスチーユ攻撃のさいも彼はいぜんこの職にいた。

マラーはたちまち革命への熱狂にとりつかれ、猛烈な筆をふるったが、他のジャーナリストに無視された不満から、彼自身の言うところでは、自分の寝ているベッドのシーツまで売った金で、自分の新聞『人民の友』を発刊した。

彼のジャーナリズム活動をささえる政治理論はべつに独創的なものではない。たしかにマラーは平等を説いた。だがしかし——

けっきょく、社会主義者〔この名を彼にあたえるとしてだが〕としては、浮動的な折衷主義者で、首尾一貫性はなかった。彼を評価するには、ここでは詳述できぬが、マラーが無限に接近しながらも、ついに到達しえなかったあの古い逆説について語らねばなるまい。それは、わたしと同時代のひとり（プルードンのこと）が、「財産、それは盗品である」という三語に定式化した理論である。この否定的な理論は、多くの、しかも相対立する党派に共通なのだ。

この理論は、出発点として、最も困難なもの、至高の目標たるべきものを前提とする。すなわち意志の一致だ。……これなくしては、共産社会は永遠の闘争に引き裂かれるだろう。法によって、恐怖政治によって強制しようとする〔それも長続きしないだろうが〕にしても、すべての人間活動を麻痺《まひ》させるだろう。しかしマラーは、問題のこうした広範さに気づきさえしていなかった。

他の新聞のように、民衆にわからない抽象論におちいることはけっしてない。具体的事実ばかり、情報とスキャンダルと人身攻撃で、『人民の友』は最高の人気を博した。「破廉恥、悪党、鬼畜」——いつも同じ悪口雑言のあと、いつも同じリフレインは「死刑にせよ」。この単調きわまるたいくつな繰り返しがプロパガンダとしては効力甚大だった。容疑の真偽は不確かなのだが、マラー当人に私心がなかっただけに恐ろしい。彼に告発された者には死の危険が待っていた。当然、マラーは警官に追いまわされることになった。革命下で警察力は低下しており、じっさいはそれほど危険ではなかったのだが、これもマラーに利した。地下にひそんで、ほかにすることがないので書きまくる。そして、人民のために迫害される「人民の友」マラーの人気は高まる一方。とじこもって人づきあいをしないから、現実からますます離れそうなものだが、過度の猜《さい》疑心《ぎしん》が洞察力《どうさつりょく》の代役をつとめ、彼の告発は長い目でみると真実をつくこととなる。彼のことばは託宣となり、彼は予言者の名をほしいままにする。

マラーの革命的ジャーナリズムの性格は、大なり小なり他のジャーナリストによって共有されていた。いつも先頭を切っているマラーは革命的ジャーナリズムの典型であったが、彼らのあいだの過当競争は、とめどのない急進化を生むこととなる。その帰結の一つが恐怖政治にほかならなかった。

新聞とクラブとは盾の両面だ。してみると、あの連盟祭が終わったばかりなのに、暴力の季節にはいったと言わねばなるまい。この状況でジャコバン・クラブのなすべきことは何か。

ただ一つ、みずからの情熱そのものに抗してふみとどまり、世論を啓蒙し、革命への無数の敵をつくりださずにはすまぬ恐怖政治の野獣性を避けること、しかも同時に、反革命派をきびしく監視し、好機が訪れればただちに反革命に一撃を加えることであった。

ところが、どうしたことか、ジャコバンは不手ぎわにも反革命派に強力な援助をあたえてしまった。彼らを迫害することによって、かえって彼らに同情を集め、反革命派を強化増大させた。最も精力的、最も活潑《かっぱつ》な宣伝のたねをあたえた。パリで彼らをふみつぶして、全フランスに反革命派を充満させ、百人をおし殺して、百万の反革命派を生みだした。

ジャコバンは、僧侶の直系の後継者としてふるまうかにみえた。あのように多くの異端を生みだすことになったあの僧侶たちのいらだたしい不寛容を模倣したジャコバンは、「われわれの外に救いなし」というあの古いドグマを大胆に踏襲したのであった。

革命はかつて宗教であった。いま革命は警察となる。

ジャコバンの迫害はまず他のクラブ、ことに「王政憲法の友のクラブ」に向けられた。中傷し、果ては民衆を煽動《せんどう》し、実力を行使させてその集会を妨害した。最初の恐怖政治ともいうべきこの迫害を指導したのは三頭派である。ロベスピエールに人気を奪われてゆくのをとりかえそうとのあがきからだった。

ここで一つの事件が突発した。「奥方さま」とよばれていた国王の叔母たちが、ローマに移りたいという望みをもったのだ。それは、いろいろ噂《うわさ》されている国王の逃亡とむすびつけられて、政治問題化した。彼女たちの望みをかなえるべきか否か。

この事件は、それ自体として重大だが、別の意味でも重大であった。二つの原則、二つの精神が遭遇し闘争する荘重な戦場となったという意味でである。第一の原則は、革命を行なった独自の自然の原則、正義、公平な人間性の原則である。第二は、方便と利害との原則、公安とよばれ、フランスを破滅に追いやった原則である。

フランスの破滅——おしとどめえない殺戮《さつりく》の漸次強音《クレッセンド》のうちにフランスを投げこみ、フランスを、ヨーロッパの呪《のろ》いの的、不滅の憎悪の的としたことにおいて。

フランスの破滅——恐怖政治ののち、嫌悪《けんお》と後悔に打ちくだかれた魂をして、むやみに軍人専制に身を投ぜしめたことにおいて。

フランスの破滅——軍人専制の究極の結果として、その敵をパリに迎え、その首領をセント・ヘレナに送りこんだことにおいて。

共和主義の手による十年の公安、皇帝の剣による十五年の公安……。

敗北を喫しなかったもの、それは革命の原則、無私の正義の原則、千万人といえどもわれ往かんの公平の原則である。そこにこそいつもたちもどるべきなのだ。

さてこの事件をきっかけに亡命権についての法案が議会に上程されたが、ここで公平の原則を代表したのはミラボーだった。多くの欠点にもかかわらず、この点でミラボーは不滅である。公安の原則を主張したのは、王党派クラブ迫害のばあいと同じ動機にかられた、にせジャコバンの三頭派だった。ロベスピエールは態度を明らかにせず、両派の争いから漁夫の利を得ることをねらっているかのようだった。

満場一致でミラボーの勝利。だが議会外では、マラーたちの猛烈な煽動で公安の原則が圧倒的人気を占め、民衆はたぎりたっていた。ミラボーはその夜のジャコバンの集会で、ラメットの攻撃にさらされた。

「わたしは自分で自分に死刑の宣告をくだした。もうおしまいだ、やつらはわたしを片づけるだろう」

そうミラボーがもらしたのも、むりからぬことだった。

〜

この極悪人、この不幸な偉人が、どんなことをしたにもせよ、その汚れから浄められんことを！　正義のため、わが革命の人間性の原則のため苦しんだこと、それこそ彼ミラボーの贖罪《しょくざい》、未来へ向けての罪ほろぼしであろう。

二　ミラボーの死

ラメットにたいするミラボーの反論が伝わっていないのはほんとうに残念である。結果から推すに、それは機知と雄弁の勝利であったらしい。要約が残っているが、おそらく歪《ゆが》められたものであろう。とはいえ、それを垣間《かいま》見てわかることは、お世辞を言ったりほのめかしたり、それに混じって、皮肉たっぷりのことばも吐かれていたにちがいないということだ。たとえば、こうである――

「それにジャコバンが徒党を組んでいるなどと、そんなばかげたことをどうしてこのわたしが言うはずがあろう。徒党的だという中傷にたいして、彼らは毎日、答弁によって、公開会議によって反駁《はんばく》しているではないか」。こう言ってこの大雄弁家はまんまとジャコバンになりすました。ジャコバンの意見を尊重するそぶりをみせた。ちょっとこんなことをするだけで、みなの心を手玉にとるのに手間はかからなかった。彼はジャコバンに不満なことをかくしはしなかった。しかしそれでもジャコバンの長所はかぞえあげたうえでのこと。拍手がわきおこった。最後にむすびのことばとして「わたしは追放されるまで諸君とともにとどまるであろう」と言ったとき、すべての心をふたたびつかんでしまっていた。

ミラボーは席をたった。ふたたびもどることはない。彼の才はジャコバンの才とは正反対だった。彼は中間精神のくびきにしばられることをいさぎよしとしなかったのである。選良は才能を前提とし、人民は素朴《そぼく》で根づよい本能の力をもつ。中間精神にはそのどちらもが欠けている。この精神は、人が高くもなく低くもなく、ちょうど同じ高さ、つまり中間的、平均的でいることを強要する。この精神は疑いぶかいくせに、けっきょく凡庸な策略に牛耳られてしまうのだ。大革命の上げ潮はこうした活動的な凡庸を権力の座に導いていったのである。

中間階級、ブルジョワ階級の最も気ぜわしい部分がジャコバンで騒いでいたのだが、いまやこの階級の春がきたのだ。あらゆる意味でほんとうに中間の階級。財産において、精神において、才能において中間の階級。偉大な才能はめずらしい。政治的創意にいたってはもっとめずらしい。ことばはひどく平板、いつもルソーの口写しばかり。十六世紀とはなんと大きな相違。その世紀ではみなめいめいが強力な、自分がつくった自分のことばをもっていた。その力づよい欠点はかえって人の興味をひき、おもしろがらせたものだ。いまや、三人の雄弁家と一人の文人、この第一級の四人（おそらくミラボー、ヴェルニョ、ダントン、デムーランをさす）をのぞいては、残りすべてが二流である。過去の偶像ラファイエット、これから偶像たらんとするジロンド派とモンターニュ派、みなおしなべて凡庸である。ミラボーは文字どおりこの凡庸の波におぼれてしまったのだ。

波は高くなる。潮は沖合いからおしよせてくる。ミラボー、この頑健な闘士は、かしこ岸辺に立っている。大洋と闘わんという笑うべき姿勢をとって。それでも波はやはり高まるばかりだ。きのうは足首までの水がきょうは膝《ひざ》まで、あすは腹のへんまでくるだろう……。この海の波、一つ一つには顔も形もありはしない。彼が波をとらえ、強い手で握りしめても、波はかよわく、味も色も失い、流れさるのである。

むだな闘い。これは主義主張の闘いではけっしてない。ミラボーは自分が何にたいして闘っているのか、見さだめかねた。敵はけっして人民ではない、けっして人民政府ではない。共和国でならおそらくミラボーは勝っただろう。問題なく彼は第一の市民となっただろう。ところが、いま彼が相手どっているのは巨大な、しかしじつに弱い党派である。さまざまの装いをしているが、その望むのはじつはただ一つの装い、なにかしら言いようもないもの、みつかりそうもない中間、王政でもなく共和政でもない混血の党、両性の党、というよりむしろ性のない党なのである。性的不能ではあるが、しかし宦官《かんがん》のように、不能は不能なりにやかましく騒ぎたてるのである。

ばかばかしくも不愉快な情勢、それはこの無がまだみつかっていない新体制という名のもとに恐怖政治を組織したことである。

悲しみが、ついで嫌悪がミラボーをとらえた。自分が宮廷にだまされていたこと、あやつられていたこと、ごまかされていたことがおぼろげにわかってきた。彼は大革命と君主政との仲裁者たらんと夢みてきたのだ。彼は男として王妃を支配し、政治家として彼女を救おうと思っていた。ところで王妃のほうは、救ってもらうより復讐してほしいというわけで、まともな考えのわかる人ではなかった。彼のもちだした提案は彼女のいちばんきらうものだった。つまり、穏健公正、つねに理性をもつこと。ゆっくり、そして強く世論にはたらきかけること、とくに地方の世論にはたらきかけること。議会にはもはや期待すべきものはないから、その終結を急ぐこと。新しい議会をつくり、そこで憲法を改正させること〔ミラボー『覚え書』第八巻をみよ〕。

彼は二つのものを救おうとしたのだ。王権と自由と。王権の存在そのものが自由の保障であると考えていたのだ。この二重のこころみにおいて、彼は重大な障害にぶつかった。彼が守ろうとする宮廷のどうしようもない無能ぶりである。たとえば右派が国旗の色にたいし無礼かつ不謹慎きわまる攻撃をあえてしたとき、ミラボーは雷のような叱責《しっせき》の文句を投げかけた。もしフランスが口をきけるならそう言っただろうと思われる文句だ。ところがその夜、度を失ったラマルクがやってきて、彼の暴言を恨むという、王妃のお叱りのことばを伝えた。ミラボーはくるりと背を向け、憤慨と軽蔑《けいべつ》をもってこたえた。摂政問題について演説したとき、彼は女性を摂政からのぞくよう要求し宣言させたのであった。

宮廷は真剣に彼の助けをうけようとは思っていなかった。ただ、彼をまきぞえにし、その人気を失わせようと考えていただけだ。この最後の点はおおよそ達成された。革命にさいし天才の演じうる三つの役柄、すなわちリシュリュー、ワシントン、クロムウェルのうち、彼にやれるものは一つもなかった。彼にできることで残された最上のことは、潮時に死ぬことであった。

そこで、もともと生を濫費する男だったが、この最後の月には、彼は早くけりをつけたいといわぬばかりに、ますます派手に生を使いはたしたのである。いたるところに彼は姿をみせた。パリ県で、国民衛兵隊で、彼は新しい役目をひきうけた。演壇にほとんどのぼりづめで、あらゆる問題に光と才能をそそいだ。彼にはいちばん縁遠いと思われそうな特殊問題にまで手をのばした〔「鉱山についての演説」をみよ〕。

ミラボーは行き、話し、行動し、しかしもう死ぬと感じていた。毒を盛られたと思っていた。生活を改めることで憔悴《しょうすい》からたちなおろうとするどころか、むしろ死神の待つ場所へ急ぐかのようだった。三月十五日ごろ、テーブルをかこんで婦人たちと一晩つきあった。そこで、病状が悪化した。彼のきわだった好みは二つしかない。女性と花。これにも注釈がいる。商売女はぜんぜん相手にしない。ミラボーにおいては、快楽はかつて愛情と切りはなされることはなかった。

三月二十七日、日曜日、彼は田舎《いなか》へ行った。アルジャントゥイユに彼の小さな家がある。そこでたくさん善行をほどこした。もともと困窮した人々にはやさしい男だった。それが死が近づいていっそうやさしくなった。腹痛に襲われる。以前から痛みはあったが、こんなに口でいえぬほどの苦しみははじめてだ。こんなところで、医者も救いの手もなく、ひとり死ぬのか。救いの手はきた。しかし手のほどこしようがなかった。六日のち、命は奪われた。

しかしながら、二十八日の月曜、棺桶《かんおけ》に足をつっこみ、死相をありありと浮かべながら、それでも議会へ行くと言ってきかなかった。鉱山問題がそこできまるのだ。友人のラマルク伯の財産がこれにかかっており、たいせつな問題なのだ。ミラボーは五回発言した。息も絶えだえだったが、やはり彼は勝った。議場から出ると、万事休す。こうして最後の努力をこころみ、彼は友情のためにみずからの命を絶ったのである。

二十九日の火曜、ミラボーが病気だという噂がひろまった。パリのはげしい衝撃。みな、敵でさえも、どんなに彼を愛していたかを思い知った。当時、彼に猛烈な戦いをいどんでいたカミーユ・デムーランは、ふたたび愛情のよみがえるのをおぼえた。このころ王政廃止を唱えていた『パリの革命』紙の激越な編集者たちは、王がミラボーの容態を見舞いに人をさしむけたことを報じ、さらにこうつけ加えた。「王自身が出むかなかったことをルイ十六世に感謝しよう。そんなことをすれば、われわれの攻撃はうまくそらされたことだろう。王は偶像のように崇拝されたであろうから」

火曜の夜、群集はすでに病人の家の戸口に集まっていた。水曜日にはジャコバン・クラブが代表団を送った。その先頭にはバルナーヴがおり、彼の口をとおしてねんごろなことばがもたらされるのをミラボーは満足して聞いた。シャルル・ド・ラメットはこの代表団に加わることを拒絶していた。

ミラボーは坊主たちがうるさくつきまとうことを恐れていた。そこで、もし司祭が来たら、友人のオタンの司教（タレイランのこと）にすでに会った、あるいはこれから会う予定と言えと命じておいた。

死にのぞみ、彼ほど偉大で愛情ぶかかった人はいない。彼は自分の人生を過去形で語った。かつてあった自分について、そしてすでに存在をやめた自分について。医者としては友人のカバニスしか寄せつけず、身は友情と祖国という観念にすっかりささげていた。死の床で彼を最も苦しめたのは、イギリスの疑わしい、脅迫的態度である。イギリスはどうやら戦争を準備しているらしい。ミラボーは言った。

「あのピットのやつ、じっさいにやっていることよりも、やるぞやるぞという脅迫で統治しているのだ。もしわたしに命があったら、痛い目にあわせてやるところなのだが」

人民がいかに熱心に彼の病状を知りたがっているか。彼の安息をさまたげてはいけないと、群集がいかに敬虔《けいけん》と沈黙とを守っているか。そのありさまをミラボーに告げる人があった。「おお！　人民」と彼は言った。

「こんなに善良な人民のためには献身的にはたらく値打ちがある。人民の自由を創始し確立するためには全力をつくす値打ちがある。人民のために生きるというのはわたしの栄光だった。そしていま、人民のただなかで死ねるというのは、うれしいことだ」

フランスの運命については、暗い予感しか浮かんでこない。

「わたしとともに君主政も死ぬのだ。反徒のおもちゃになるのは、君主政の死骸だけだ」

大砲のひびきが聞こえた。彼はとびあがらんばかりにして叫んだ。

「はやアキレウス（ギリシア神話の勇将）の葬式がはじまったのか」

「四月二日の朝、彼は窓をあけさせ、しっかりした声でわたしに言った〔物語るのはカバニスである〕。『きみ、ぼくはきょう死ぬよ。ここまでくれば、あとすることは一つだけだ。

二度と目ざめぬこの眠りに気持よくすべりこむために、香水をかけ、花で飾り、楽の音であたりを満たすことだ』。彼は従僕をよんだ。『さあ、ひげそりの準備をしてくれ、すっかりきれいに身じまいするんだ』。寝台を、ひらかれた窓ぎわまでおしてゆかせた。そして早春の花のほころびそめた小さな庭をうっとり眺めた。太陽が輝いている。彼は言った。

死の床のミラボー

『もしこれが神でないとしても、すくなくとも神の従兄弟《いとこ》ぐらいのことはある……』。やがて彼はものが言えなくなった。だが、こちらが示す愛情のしるしには身ぶりでこたえた。われわれの些細《ささい》な気づかいにも彼は感動した。彼は微笑でこたえた。われわれが彼の顔にこちらの顔を近づけると、彼のほうでもわれわれを抱擁しようとむりするのだった……』

激痛が襲い、もう話もできないので、彼は字を書いた――「眠る」。無益な闘いを早く切りあげたいと思い、阿片を要求したのである。八時半ごろ、息絶えた。目を天上にそそごうと寝がえりを打ったところだった。死顔を写しとった石膏《せっこう》をみると、そこにはやさしい微笑、命と愛らしい夢の満ち満ちた眠りが読みとれるばかりである。

哀悼はひろく全国民的だった。ミラボーを崇拝し、彼のため何度も剣を抜いた彼の秘書は、みずから咽喉《のど》を切って死のうとした。まだ病臥中《びようがちゆう》、ひとりの青年があらわれ、血をさしあげると申しでた。ミラボーの血を若がえらせ、よみがえらせるために輸血してくれというのだ。民衆は劇場を閉鎖させ、舞踏会を嘲罵《ちようば》の声で解散させた。国をあげての悲しみを愚弄《ぐろう》していると思ったのだ。

しかしながら、遺体は解剖された。いまわしい噂がひろまっていたのである。軽率に口にして言った一言が毒殺の疑いをふかめ、おそらくは無実の何某の生命にかかわりかねないという情勢だ。ミラボーの息子の証言では、死体解剖にたちあった医者の大半は「疑う余地のない毒物の痕跡《こんせき》を認めた」、しかし賢明にも彼らは沈黙を守ったというのである。

四月三日、パリ県は国民議会にたいし、つぎのような請願をし、採択された。偉人たちの墓所として聖ジュヌヴィエーヴ寺院を選び、最初にミラボーをそこに葬ること。教会の切妻には「祖国は偉人たちに感謝をささぐ」の銘がしるされるはずだ。デカルトはここにいる。ヴォルテールとルソーはおっつけ来るはずだ。カミーユ・デムーランは叫んだ。

「りっぱな法令だ。いろんな国には無数の宗派と無数の教会がある。同じ国のなかでも、ある人にとっては聖者中の聖者であるおかたが、ほかの人にとっては冒瀆《ぼうとく》の異端なのだ。

だが、この寺院とこれら聖遺骨にとっては、異端などありえまい。この教会はすべての人々をその宗教にひきよせ、むすびつけるであろう」

四月四日、盛大な葬儀が行なわれた。その広範な人民的規模の大きさは有史以来のもので、一八四〇年十二月十五日のナポレオンの葬儀まで、その記録を破るものはなかった。治安維持にあたったのは人民だけで、人民はそれをみごとに成しとげた。三十万ないし四十万の群集が集まりながら、ただ一件の事故もなかった。街頭、大通り、窓々、屋根、木々は見物人でいっぱいだった。

葬列の先頭を歩くのはラファイエット。ついで国民議会の議長トロンシェ、これには十二人の守衛が国王を守るかのように円環状にとりまいている。そのあとから議会が全部、党派のわけへだてなくついてくる。ミラボーの親友シエースはラメット兄弟が大きらい、彼らにものを言ったこともなかったが、この場ではシャルル・ド・ラメットの腕をとろうとした。見あげた、繊細な心づかいだ。世間が兄弟にたいしていだいている不当な疑惑から、彼らをこうして守ろうとシエースは思っていたのだ。

国民議会のすぐあとを、第二の議会として、すべての政治機関に先行して、ジャコバン・クラブが緊密な集団をなして行進していた。彼らの追悼の服装はひときわ人目をひいた。一週間の服喪を命じていたのである。末ながく毎年毎年命日に喪に服する指令が出ていたのだ。

この巨大な葬列が聖ユスターシュ寺院に到着したときには、すでに八時になっていた。チェルーチが悼辞を朗読した。二万の国民衛兵が一時に引金をひき、ガラスというガラスがゆれた。一瞬、教会全体が柩《ひつぎ》の上に崩《くず》れ落ちるかと思われた。

それから松明《たいまつ》の光で葬列はふたたび歩む。この当時としては文字どおりの盛儀である。二つの強力な楽器、トロンボーンとタムタムの音はこのときはじめて聞かれたのだ。「荒々しく一音ずつ区切って奏されたこの音楽は、人々のはらわたをかきむしり、心臓をひきちぎった」。だいぶ遅く、深夜になって葬列は聖ジュヌヴィエーヴ寺院についた。

日中はおおむね平静、荘厳で不死の感情に満たされていた。ずっと前に亡くなった人、不朽の列に加わった人、たとえばヴォルテールの遺骨でも移しかえているかのようであった。しかし、やがて陽が沈み、夜と奥ぶかい道という二重の暗闇のなかへ葬列がつきすすみ、照らすものとてはゆれる松明の薄明ということになると、人々の想いもまた、われにもあらず暗黒の未来、不吉な予感のほうへとのびてゆくのだった。偉大であったただひとりの人、彼の死んだこの日以後、恐るべき平等が万人を支配する。以後、大革命は急坂をころげ落ちる。暗澹《あんたん》たる道をたどり、勝利かしからずんば墓場かへといたる。そしてこの道にはこれ以後、ひとりの人物が欠けてしまう。革命の旅の輝かしい道づれ、要するに寛仁の男、恨みも憎しみも知らぬ男、世にも苛酷な敵にさえ太っ腹をみせる男。この男は自分の死とともになにものかをもちさったのだ。それがなんであるか、まだ人は気づいていない。気づいたときは時すでに遅いのだ。それは何か。戦いにさいしても失われぬ平和の精神である。暴力に出あっても失われぬ善意である。やさしさである。人間性である。

ミラボーを地下で眠らせるのはまだ早い。聖ジュヌヴィエーヴで埋葬してきたもの、それは彼の一小部分にすぎない。まだ彼の魂、そして彼の記憶がある。それらは神と人類にたいし釈明しなければならない。

葬列に加わることをこばんだただひとりの男、それは誠実で峻厳《しゅんげん》なペチヨンである。彼はミラボーの筆になる陰謀の計画書を読んだと断言したのである。

当代の大作家、素朴で若々しく熱烈な魂の持主、時代の情熱と変動とを最もよく反映している人物――デムーランは、数日ならずしてミラボーの評価を驚くほど変える。あげくは最も重い判決をミラボーにくだすにいたる。この激越な遊泳者ほど、みていて奇妙なものはない。憎しみから友情へと波にもまれるようにして打ちあげられ、ついには憎しみのところで座礁してしまったのである。

最初ミラボーが病気と知ると、心みだれ、なお彼を攻撃しつつも、ついほろりとしてしまったデムーランは、ミラボーが自由のためにやった不滅の業績を思いおこす。

「ヘロドトス中のダレイオス王のことばをすべての愛国者は言う。ヒスチアイオスは余にたいしてイオニア人を蜂起《ほうき》せしめた。しかし、イステルの橋を絶ちきることによってヒスチアイオスは余を救うてくれたのだ※3、と」

さらに何ページかあとで、

「しかし……ミラボーは死ぬ。ミラボーは死んだ！　なんと巨大な獲物を死はとらえたことか！　許されて彼の顔をおおうヴェールをとり、まじまじと彼の秘密に眺めいった。この計画でいっぱいになった頭のそばで、わたしはただ茫然《ぼうぜん》と声もなく立ちすくんでいた。いまなお、そのときの思考と感情の衝撃がよみがえる。それは眠りであった。義人、賢者の晴れやかな表情にさも似た寝顔である。それが筆舌につくせぬほどわたしの心を感動させた。あの凍りついた顔を、わたしは生涯忘れないであろう。そして彼の死顔をみたときの悲痛な状況を忘れない……」

一週間たつと、事態は一変している！　デムーランは一個の敵となる。彼はラメット兄弟の上に迫っている恐ろしい疑惑の影を遠ざけねばならない。そのために、この移り気な作家は恐るべき曲解の道にふみいったのだ。友情が彼に友情を裏切らせた！　……気高い子ども！　だが度はずれの、つねにどの方面であれ極端に走る子ども！

「棺のおおい布があげられて、かつてわたしの偶像視していた人物の姿をみたとき、わたしは、正直に言うと、一滴の涙も流れなかった。二十三箇所もやられたカエサルの死体を冷やかに眺めたキケロのように乾いた目で、わたしは彼を眺めた。思想のすばらしい貯蔵庫。それも死によってからっぽになった。あれほど美しい才能をもった男、祖国にあれほど輝かしい貢献をした男、しかもわたしに友人になってくれと言っていた男、その男に涙することもできぬとはなさけない思いであった。ソクラテスは不死について長い対話を残したが、この死にゆくソクラテスにたいし死にゆくミラボーはただ一言、反駁のことばを残した――眠る。わたしは彼の眠りについて考える。われわれの自由の確立に反対して大計画をたくらんだということを頭から消しさることはできないし、最後の二年を全体としてふりかえり、過去と未来とを考えると、彼のこの最後のことば、唯物論と無神論のこの告白にたいし、わたしもただ一言で答えるしかなかった――きみは死ぬのだ」

否、ミラボーは死ぬことはできない。彼はデムーランとともに生きつづけるであろう。八九年七月十二日、人民によびかけた男、六月二十三日に人民の偉大なことばを旧君主政に投げつけた男、大革命の第一の雄弁家と第一の文筆家――彼らはいつまでも未来に生きつづけるであろう。彼らを切り離すものは何一つとしてありえない。

大革命によって聖別され、大革命と――したがってわれわれと一体となったこの人物。彼の品位をおとしめることは、とりもなおさずわれわれ自身をおとしめることである。フランスから栄光を奪いとることである。

時、すべてを明らかにする時も、ミラボーにたいする裏切りの非難を正当化すべきもの

※3　ヒスチアイオスはミレトスの僭主。ペルシアの大王ダレイオスにたいする反乱にくみしたが、それ以前の戦いにおいて、イステル（ドナウ）河渡河にさいし大王の生命を救ったことがある。

を何一つ明らかにしなかった。じっさいミラボーのやったことは過失だった。重大な、致命的な過失である。だが当時は、程度の差こそあれ、みなの犯していた過失である。みな、カザレスやモーリからロベスピエール、マラーにいたるまであらゆる党派の人間が、全フランス国民は王党派だ、全国民が王を必要としていた、と信じていた。共和派の数はじっさい微々たるものであった。

強力な王か、さもなくば王なきにしかず。ミラボーはそう思っていた。経験の教えるところでは、中間的こころみ、折衷の政体はだめだ。それらは嘘偽りの道筋をたどり、けっきょく偽善者的専制にゆきつくのである。

王政たてなおしの方策としてミラボーの提案したのは、国王が議会そのものよりもっと革命的になることだった。

裏切りはなかった。ただ堕落があったのだ。

どういう種類の堕落か。金銭か。ミラボーはたしかにかなりの金をうけとっていた。地方との莫大な通信、これは彼が自宅で組織した内務省のようなものだが、これの費用をまかなう金である。

彼は言いわけにもならない言いわけを、ずるいことを自分に言いきかせていた。人に買収されたのではない。支払いをうけているだけで、身を売ってはいない、と。

もう一つ別の堕落があった。この男のことをよく研究した人には、合点のゆく堕落だ。

九〇年五月のサン＝クルーの小説風の訪問が、王の総理大臣になれるかもしれないというばかげた希望を彼にいだかせ、彼の心を惑わせたのか。いや、そんなことはない。ただマザランがそうであったように、王妃のいわば政治的夫たらんとする希望に惑わされたのである。疾風のようにあらわれたこのとほうもない幻想は、まあ二度とみられぬ夢みたいなもの。まともに現実とつきあわせて考えられぬだけに、それだけ彼の心にふかく食い入ったのである。彼はその幻想をいだきつづけた。彼は好きなように王妃を幻に描いた。激越だが心がひろく勇敢なマリア＝テレサの真の娘として。このあやまちは、しかも、あらかじめうまく育成されていたのだ。夜となく昼となく彼にくっついている男がいて、これがミラボーを愛していたが、王妃も大好きだった。この男、ラマルク伯がいつも彼のそばにいて、王妃の守護神という夢をたえずかきたてていたのである。王妃――じつに美しく、じつに不幸で、じつに勇敢な女性！　しかし彼女にはただ一つ欠けたものがある。知識、経験、大胆で賢明な忠告、たよりになる男の手、ミラボーの強い手！　……これがミラボーの真の堕落であった。罪ぶかい心の幻、傲慢で野望に満ちた幻。

さて非のうちどころのない人々を陪審に集めよう。裁く権利がある人々、自分自身潔白と思っている人々。金銭に潔白――これはめずらしくない。憎しみから潔白――これはめずらしい〔金銭よりも復讐と流血とを好む清教徒のなんと多いことよ！　……〕。召集され、諮問され、彼らがわれわれに代わって勇敢に裁判すると仮定しよう。

裏切りはあったか……　否。

堕落はあったか……　しかり。

しかり、被告は有罪である。——したがって、いかにも言いづらいことではあるが、彼がパンテオンから追放されたのは正当なのである。

立憲議会が自由の最初の代弁者、自由の声そのものといえるこの大胆不敵の男をかのパンテオンに葬ったのはもっともであった。

国民公会が、堕落した男、野心家で感情に弱く、祖国よりも女や自分自身の偉大さを選びかねない男、彼を神殿の外へ放逐したのはもっともであった。

あの悲劇的な一七九四年という年、フランスが殺しあいをほぼ終わっていたこの年の秋のあるわびしい日、生者を殺しつくしたのでフランスは死者を殺しはじめた。自分の心のなかから最も光輝ある息子を抹殺した。フランスは、この死の苦痛のうちに野蛮な喜びを見いだしたのである。このいやな仕事を背負わされた法律家は、粗雑で無知で野蛮な調書——この時代を奇妙に反映している——において、つぎのごとく述べている。わたしは一字一句そのまま書きうつす。「祭典の列がパンテオン広場にてとまると、国民公会の守衛たる一市民がパンテオンの扉に歩みより、当所よりオノレ・リケッチ・ミラボーの遺骸を追放する旨の法令を朗読した。遺骸はただちに木棺に納めて該寺院境内の外へ運びだされた。われらの手に委任されると、われらは木棺を導いて通常の埋葬にあてらるる地に安置した……」。この地とは、サン゠マルソー地区にある刑死者墓地クラマールにほかならない。遺体は夜のうちにここへ運びこまれ、墓地の中央のあたりに埋葬された。標識も何もない。

それはいま、一八四七年現在、なおここにとどめられていること、まずまちがいない。こうして半世紀以上の長きにわたって、ミラボーはかの刑死者の地にうずめられている。われわれは永久刑罰の合法性を信じない。このあわれな偉人に五十年もの償いをさせたのはひどすぎる。フランスは、もっと良い時代にめぐりあえば、きっとミラボーを地下に捜しにゆくであろう。彼の安らうべきところ、パンテオンへ移すであろう。デカルト、ルソー、ヴォルテールといった革命の創始者の足もとに、この革命の雄弁家は眠るであろう。追放にはもっともな理由があった。しかし帰還もまた同じく正当なのである。

感謝の念をささげられ、ミラボーはフランス人の心のなかに精神的墓場をもっている。どうして物的墓場をあたえることをわれわれは惜しもうか。

三　逃亡前夜

四月七日、ミラボーの死の五日のち、議員はその任期終了後四年以内は大臣たりえない、との法令が可決され、さらに五週間後の五月十六日、現議会の議員は次期議会に再選されえない、という法令が可決された。このすばらしい自己犠牲、いや自殺行為ともいうべきものを議会に強制したのは、これまで無視されてばかりいたロベスピエールであった。

たしかに、ミラボーの死のあくる日から、ロベスピエールは、新たな、大胆な、いや傲然たる口調で語りはじめた。いったいどうしたことか。

ロベスピエールの声が突如大きくなったとしても、それはもはやひとりの人間の声ではない。偉大な人民が彼をとおして語っているのだ。全フランスのジャコバン・クラブの声なのだ。

クラブの勢力は増大する一方、パリのクラブは四百から五百五十に会員がふえている。これらのクラブを支配しているのは議員でない者、議員になりたい者、現議員の再選を望まない者、要するに新人であった。ロベスピエールは彼らの要求を代弁していたのだ。

新人たちは議会の傍聴席にあふれ、議会にたいしてあたかも上位の議会であるかのように圧力を加える。口笛を吹き、野次り、発言をさまたげる。現議員が安息をもとめたのもむりはなかった。

三頭派の勢力はどんどんへってゆく。とどめをさしたのは、黒人の人権問題であった。ラメットは西インドの大農園主で多くの奴隷を所有している。三頭派は、私利を守るために、黒人の人権を認めない立場にたったのだ。

つぎは集会・結社の自由の問題――ジャコバン・クラブの創設者の三頭派が沈黙を守る。ただひとり発言したデュポールは、「革命は終わった」との一言で保守的立場を暴露し、われとわが身に政治的死を宣言した。バルナーヴが、つづいてラメットが、ミラボーに代わって宮廷の政治顧問の役をひきうけていたのである。

復活祭が近づくにつれて、くすぶっていた宗教問題が表面化した。教会財産の売却にたいする僧侶の反抗は、地方の自治体とジャコバン・クラブを挑発し、内戦によって勝利を得ようとしたのだ。

国王もこれに手をかす。四月十七日、彼は宣誓を拒否している司祭の手から聖体をうけた。コルドリエ地区のポスターは「最高公務員」が、みずから遵守を誓った法に違反するのは、反乱に認可をあたえるものだ、と正しくも主張していた。翌十八日、王の一家は、サン＝クルーにでかけようとして、憤激した群集にはばまれる。

人民の苦しみはかぎりなかった。しかもだれのせいにしていいのかわからない。ただはっきりしていることは、革命が進みも退きもできなくなっていることだけ。一歩進むごとに、人民は不動の力、王権にぶつかり、一歩退くと活動的な力、僧侶の陰謀にぶつかる。人民がこの邪魔物に打ってかかったとしても、驚くべきことではない。

だがしかし、全ヨーロッパにたいして、自分が自由でないことを身をもって証明するのは、むしろルイ十六世の願うところだった。そして五月四日、ついに法王が立場をあらわにした。「僧侶にかんする民事基本法」に呪いをあびせ、司祭、司教の選挙の無効を宣言し、宣誓を行なった僧侶に秘蹟をさずけることを禁じた。内外の反革命勢力は力を得、宗教戦争の勃発《ぼっぱつ》は決定的となる。

　ルイ十六世は長いあいだためらっていた。彼はイギリス史にとりつかれていた——ことにチャールズ一世とジェームズ二世との運命（ともに十七世紀のイギリス国王。チャールズ一世は清教徒革命において死刑となり、ジェームズ二世は名誉革命で追放された）に。彼がくみとった教訓は、人民にたいして武器をとらないこと、そしてまた、フランスの国土からけっして去らないこと、この二つだったのである。

　また外国軍の助けにたよるのは、外国の領土的野心を考えれば、危険このうえもないことである。じじつ、プロシア、オーストリア、ロシアの三強国は、ポーランド分割で手がぬけぬうちはともかく、自由になれば、フランスの内戦のうちに彼らの野心を満たす絶好の好機を見いだすだろう。そして内戦のきっかけとしては、フランス国王の国外逃亡以上のものはないのだ。

　政治上の考慮に打ち勝つものがあるとすれば、敬虔なキリスト教徒としての、より上位の義務であった。九〇年の夏、僧侶の宣誓問題が激化するとともに、国王の逃亡へのためらいも消えてゆく。ルイ十六世は血からいっても外国人〔彼の母はザクセン出だ〕だったが、そればかりではない。

　すべての国籍とは無縁の〔彼の目にはそれより上位の〕感情によってもまた、彼は外国人だった。宗教上の外国人だった。キリスト教徒にとって、祖国は第二義的なものである。

真の偉大な祖国とは教会であり、あらゆる王国はその地方にすぎない。……キリスト教徒が国王を、フランス人をおし殺したのだ。

ルイ十六世は政治上の道徳にはしばられないと信じた。繰り返して憲法の遵守を誓い、この誓いは自由意志から出たものだと誓う一方、外国の宮廷には、こうした宣誓を反対の意味にとってもらいたいと書きおくっていた。この政治上の二枚舌も、宗教上の義務を果たすためなら、罪とならないと信じていたのだ。

こうして、九〇年の十月には外国の「好意」をもとめるにとどめたルイ十六世は、十一月には彼らの「援助」を乞うようになる〔この一語が二年後、彼にとって致命的なものとなるだろう〕。国王の逃亡が日程にのぼる。ただひとり馬上で疾駆すれば成功したであろうが、とり残されたあとの危険を恐れる王妃の願いで、一家そろって逃亡することになる。これだけでも成功のチャンスは減少したのに、王妃は大型馬車や旅装の注文をかなりおおっぴらにやってのけて、好機を無に近いものにした。

すべて滑稽《こっけい》といってよい不用心さ、惨めさ、愚劣さ。王は人の言うなりに、召使の服を着る。灰色の服を身にまとい、ちっぽけなかつらをつける。従僕のデュランというわけだ。

王妃マリ＝アントワネットは、貴婦人に変装したが、なんということか、この貴族の奥方は従僕を自分の馬車に乗せ、向かいあって膝と膝とをつきあわせて、出発しようというのである。

四　王のヴァレンヌ逃亡

ルイ十六世の善意を信じたい気持は人々のあいだにまだ残っていたが、このヴァレンヌへの逃亡はその気持を傷つけてしまった。とりわけ国王が出発にさいして、彼に忠誠をささげていた人々をあっさりと犠牲にし、見殺しにしたことが、この気持を弱めた。ラファイエットは情勢の力におされて、心ならずも国王の護衛者となっていた。国王の一身にかんして国民にたいして責任を負っていた。彼がさまざまのやり方で、ときには革命そのものをもあやうくするようなやり方で明らかにしてきたことは、何にもまして王の権威の再建を秩序と平和の保障として望むということであった。思想的、理論的には共和派であったが、にもかかわらずやはり君主政のために彼の大きな情熱、人間的な弱さ、大衆的人気を犠牲としてささげたのであった。王の脱出が知れわたれば、まっさきにラファイエットがこっぱみじんになること、疑いもなかった。

　さらに大臣のモンモランはどうなるのか。愛想のいい、気の弱い男で、王の言ったことはすぐ信じる。六月一日、新聞に反論して議会へ送った書簡のなかで、彼は「自分の責任と、、、自分の首と自分の名誉とにかけて」国王はフランスを去ることなど夢にも思っていないと証言したのであった。

だがだれよりもあの不運なラポルト、国王の侍従長であり王の個人的な友人であったラポルトはどうなるのか。王はこの男に一言の相談もなしに、去りぎわに、議会へ王の抗議文をもってゆくというたいへんな役をおしつけたのだ……。大衆の怒りの第一撃はまずこの不幸な男、国王の国民への宣戦布告の使者に心ならずもしたてあげられたこの男の頭上に落ちるにちがいない。この戦いの犠牲第一号はまちがいなく彼である。彼は最初の戦死者だ。おそらく彼は棺を注文し、経帷子《きょうかたびら》をととのえたことであろう。

ラファイエットは各方面から注意をうけていたが、あえて王の言うことのみを信じようとした。彼は国王に会いにゆき、真相はどうなのかと問うた。ルイ十六世はいかにもきっぱりと明けひろげに人のよさそうな調子で答えたので、ラファイエットはすっかり安心しきって退出した。警備兵の数を彼が倍増したのは、もっぱら民衆の不安をなだめるためのものであった。バイイはさらに騎士道精神を発揮し、職務の許す範囲をはるかに逸脱してしまった。逃亡の支度を目撃した王妃の侍女のひとりから明確な情報を得ていたにもかかわらず、男の名誉というだけでも秘密を守る義務があるとして、この密告を王妃のところへ差しもどすという罪ぶかい気の弱さを彼は示したのであった。

王と王妃とは、つぎの日曜日、聖体祭の日に立憲派僧侶（「僧侶にかんする民事基本法」に従う僧侶）の教区行列に参列すると言いふらしていた。エリザベート王女はそれに嫌悪を示していた。十九日

〔出発の前夜〕国王の妹に会いにきたモンモランに話しかける格好で、王妃はこう言ったものだ。

「あの人も困ったものです。わたしはできるだけ勧めてはみたのですが。あの人は、お兄さまのために自分の考え方くらい犠牲にしてくださってもよいのに、と思うのですが」

国王は六月二十日まで事を延期した。密告した女が勤務からはずれるのを待ち、王室費の四半期分を手に入れるためである。彼は自分でそう言っていたのだ。最後に、六月十五日になって、やっとオーストリア軍がモンメディから二里のところまで通路を占領した。計画がつぎつぎと遅れ、軍隊が召集されたり解散されたりしたことは、差障《さしさわ》りなしにはすまない。ショワズールはブイエ将軍の意向として、もし二十日夜に王が発《た》たれないのなら、彼ショワズールは沿道に配置した警備兵をすべてひきあげ、ブイエとともにオーストリア領へ越境すると国王に言った。

六月二十日、夜中の十二時前、王一家は服装を変え、警戒のない戸口からぬけだし、そろってカルーゼル広場へ出た。

ブイエ将軍の指名した果断な軍人がひとり、馬車に同乗するはずであった。さし迫れば応戦し、諸事万端を指揮するはずである。ところが、王子たちの養育係トゥールゼル夫人がお役目柄の特権に固執した。かつて宣誓したことばのゆえに、彼女は王子たちと離れてはならないという義務があり、離れないという権利があるのだ。この宣誓のことばにルイ十六世はいたく感銘をうけた。それに公式の典礼からいって、いやしくもフランスの王子たちが養育係なしに旅するなどということは前代未聞のことである。軍人は馬車に乗らず、養育係の夫人が乗った。有能な男の代わりに、無益な女性がおともするわけだ。この一隊には隊長がいない。指揮する人がいない。頭《かしら》なしに、風のまにまに進む。

こわいにはこわいが、しかし冒険のロマネスクが王妃を興がらせた。彼女はながながと立ちどまって、王子たちの変装するのをみていた。王子たちの出発を見おくるために、外に出て煌々《こうこう》と明りのついたカルーゼル広場に立つとは、考えられぬ軽率さであった。王子たちの乗った辻《つじ》馬車の御者をつとめたのはフェルセンである。あとを追うやも知れぬ連中をまくために、通りを何度かぐるぐる回り、ふたたびカルーゼル広場へもどってさらに一時間ほど待った。やっとエリザベート王女が到着。ついで国王。さらに遅れて近衛兵につれられて王妃がついた。この近衛兵はパリをよく知らないので、橋を渡ってバック通りまで王妃をつれていってしまったのだ。カルーゼル

宮殿をぬけだす国王一家

へともどるとき、ラファイエットが馬車で通りすぎるのを彼女はみた。王の御寝に間にあわなかったのでチュイルリーから帰るところだ。王妃は憎しみと喜びとを感じた。一説によると、自分の看守にいっぱいくわせてやったという子どもっぽい喜びのあまり、当時婦人の携行した細いステッキを彼女も手にもっていたが、これで馬車の車輪をたたいたという。これはにわかには信じがたい。ラファイエットの馬車はたいへんな勢いで走っていたし、馬に乗り松明《たいまつ》をもった数人の従僕がそれをとりかこんでいたからである。近衛兵の証言は逆で、この松明の光に彼女はおびえ、彼の腕をはなし、反対側に身をかくしたという。

大事な預り物を辻馬車に乗せた御者フェルセンは、近衛兵におとらずパリの地理に暗く、パリ市門クリシへ行くのにサン゠トノレ通りまで行ってしまった。クリシにつくと英国人クロフォードの邸に大型馬車が待機していた。そこを出てフェルセンはヴィレットにたどりついた。辻馬車のあとを近衛隊が追跡するにちがいないので、辻馬車を溝へたたきこんでしまった。そこからボンディへ行く。さて、ここで別れねばならない。フェルセンは国王、王妃の手に接吻した。彼の青春の女神のために今夜は生命を賭《か》けたのだが、感謝する王妃に別れを告げる。もう二度と会うことはあるまい。

この旅行を特徴づけるさまざまの軽率な行為。その一つは、侍女たちを王一家よりはるか先に出発させたことだった。そのため、彼女らは六時間も早くボンディに到着した。彼女らを乗せてきた御者がまだボンディにおり、この男は、辻馬車の御者の服を着たひとりの男が、四頭だてのすばらしい車にたったひとりで乗っているのをみてびっくり仰天した。

さて一行は出発した。だいぶ遅れたが速度は早い。扉のところにはひとりの騎馬衛兵、御者台にはもうひとりの兵がすわっている。三人目はヴァロリで、先駆して駅伝の馬を用意し、御者たちには酒手として一エキュ（三フラン）ずつ鷹揚《おうよう》にくれてやる。王さまだけがくれる酒手だ。引綱が切れ、しばらく手間どった。そのほか、坂を歩いてのぼると王が言いだしてすこし遅れた。そのほかに障害はなかった。分遣隊はどこにも配置していなかったのに、この三十里余りをこうして無事に踏破してきたのだ。シャロンにつく前に王妃はヴァロリに言った。

「フランソワ、万事うまくいっているわ。もしつかまるものなら、いままでにつかまっているでしょう」

万事うまくいっている？　……フランスにとって？　それともオーストリアにとって？　——というのはつまり、国王はどこへ行くのか、ということだ。

王は昨夜、ヴァロリにこう言った。「あすはオルヴァルの僧院で寝よう」。それはフランス国外、オーストリアの国土で寝るということだ。

ブイエ将軍は反対の証言をしている。しかしその彼も、国内で待つことがすこしも安全でなくなった以上、国王が意見を変え、心ならずもオーストリアの罠《わな》に落ちこまざるをえなかったということを、明示し、あかしをたてる。ブイエは自分の指揮下のわずかの軍隊の、そのまたわずかしか掌握していないので、国王の前方数里のところまで進みながら、そこからひきかえし、兵士たちのなかにはいって彼らを監視し、掌握しなければならぬと考えたのである。

十月には、いや十二月でもなおフランス人中心と思われた逃亡計画が、六月にはもはやそうでなくなっている。ブイエ将軍の指揮権に限界ができ、スイス人傭兵連隊は遠ざかり、フランス連隊は敵にまわり、手中わずかにドイツの騎兵隊若干を残すのみである。国王はそのことを知っており、したがってブイエの反撥《はんぱつ》を無視してオーストリア領にはいろうというのだ。

ブイエの原案は、おそらくよりいっそう危険なものであった。もし国王がフランスから出てゆけば、彼はみずから国を捨てたことになる。オーストリア人に変わったのである。裁かれたのである。これはもう外国人だ。フランスは躊躇《ちゅうちょ》なく戦いをいどむであろう。ところが、ブイエはその戦いを国境のこちら側、フランス領内でやろうというのだ。それも、ぎりぎりやっとフランス領内といえるところ、要塞にこもるのでもなく、モンメディに近い野戦地で一戦交えようというのである。行ったり来たりの流動的な騎兵の野戦地である。つまり、王は王国にいるともいえるし、いないともいえる。国王をいただく陣地はオーストリア人と戦うによく、ブイエによれば「フランス人と戦うにさらによい」。国王はこの行きつもどりつの乱戦の背後にあって、騎兵たちにかこまれながら、背後を敵にささえられ敵の領内にしりぞいてもよく、わが国の地方を敵に引き渡してもよく、はっきり宣言することができるのである。たとえば、国王はこう言ってもよかったのだ。

「汝《なんじ》らは軍隊をもっておらぬ。汝らの将校は亡命した。汝らの卒伍《そつご》は解体した。汝らの兵器庫は空《から》である。余は二十五年来、オーストリア国境全域にわたって要塞を荒れるがままに放置しておいた。汝らは戸締まりなしの無防備である……。ところで、オーストリア軍がやってくる。別のほうからスペイン軍、スイス軍がやってくる。こうして汝らは三方からとりかこまれる。降参して、汝らの主人に権力を奉還せよ」

国王が内戦の核となり、自由に開け閉めできる外戦の門番ともなったとすれば、その役柄は以上のごときものであったろう。年老いた議会が国を眠らせ、うやうやしく国を彼の手に渡すためには、申しわけばかりの憲法をあたえ、抵抗の力をなくすればよいだろう。

君主がこういうことを言えばどういう結果になるか。リエージュとブラバン地方の状態が十分に物語っていた。慈父のごときことばとオーストリアの軍隊をたずさえてもどってきたリエージュの司教は、むかしの野蛮な訴訟手続き、責苦と拷問とを革命派にきびしく適用させたのである。わが亡命貴族らは本国復帰をまたずして追放リストをフランス国内に配布していた。王妃は寛大な態度をおとりになるだろうか。バルコニーにあらわれて人民の前で涙を流したあの十月の屈辱を、王妃はやすやすと忘れるだろうか。そんな気配はなかった。女房どもをヴェルサイユにつれていったということでいちばん非難されていた女性テロワーニュは、パリからつけねらわれ、名ざしされていたが、リエージュについたとき、リエージュ警察、オーストリア警察に引き渡された〔九一年五月〕。オーストリア警察は、弑逆者として彼女をオーストリアの奥地へ連行し、マリ゠アントワネットの兄の皇帝のつくった牢獄にぶちこんだ。まちがいなく、一八一六年のにおいのするひどい反動がおこったことであろう。この一八一六年の時代、臨時即決裁判所の時代に、かつてのヴァレンヌ逃亡旅行の近衛兵、国王の先駆をつとめたヴァロリは、ドゥー県の裁判所長となっていた。

「午後四時か五時ごろ」とダングレーム夫人は言う〔ウェーバーの単純素朴な叙述に従えば〕、「シャロン゠シュル゠マルヌという大きな町を一行は通過した。ここでは身元はすっかり見やぶられた。多くの人々が国王のお姿を拝めたことをありがたがり、無事亡命の祈りをささげた」

みながありがたがっていたわけではない。農村では、人心は大きく動揺していた。街道に分遣隊のいる理由をごまかすために、まずい説明が考えだされた。宝物が輸送されるので、連中はその護衛をしているのだということだった。王妃が金をオーストリアへ送りつけているという非難の声のあがっているおりもおり、こうした噂は人心を刺激した。すくなくとも、注意をよびさましたのである。

シャロンから三里先の最初の宿駅をショワズールは占領していた。配下に四十人の軽騎兵がおり、ブイエの言によると、これでもって、王の通過を守り、そのあとはいっさいの旅人を足止めしてしまう手はずになっていた。もしシャロンで王が制止されれば、実力で王を脱出させる予定だという。これはわからぬ話だ。これだけの都市を制圧するのに、四十人の騎兵ではどうしようもない。あたりの農村が勝負に加わってくれれば、さらに手薄になる。

じっさい、農民たちは街道にこんな軽騎兵のいるのをいやな目でみていた。彼らはむらがってきて、兵隊をじろじろ眺めている。シャロンからやってくる者さえいる。宝物をみんなで茶化す。どんな宝物か、正体はみなよく知っていたのだ。村々の警鐘が鳴りはじめた。ショワズールの立場は不利だ。わずか四、五時間遅れたのに、ブイエは計算した。事は不首尾に終わった、国王は出発できなかったのだ、と。たとえ王が出発していても、兵隊がこの街道に停頓《ていとん》して、集まってきた人民の不安を増大させれば、かえって王の通行のさまたげとなる。いったん軽騎兵がたちのけば、この連中も四散し、道は自由になるはずだ。ショワズールはこの宿駅をひきあげる決心をした。王妃付秘書官で参謀将校のゴグラがショワズールに同行してここへ来ていた。旅行の諸事万端をととのえるのが彼の役目だ。このゴグラがサント＝ムヌウーは避けるように、あそこは不穏だと警告した。彼らは案内をひとり雇い、森を通りぬけようとした。悪路にはいりこみ、ヴァレンヌにたどりついたのは翌朝になってのことだった。ショワズールは、ゴグラかだれかに表街道を行かせるべきだったのである。そうすれば、もし王が通りかかれば、王を案内し、あるいは他の分遣隊に知らせることもできたのだ。ところがとんでもないことに、ショワズールの派遣したのは、王妃の侍僕、忠実だが軽はずみで、頭の弱い召使だった〔動転して、その弱い頭まで消しとんでいた〕。彼が街道の分遣隊へ伝言したことは、もはや希望はない、ブイエ将軍のもとへ集結するしかないということであった。ショワズールはまっすぐフランス国外へ脱出した。彼はリュクサンブールに向かったのである。

ショワズールの撤退と入れかわりに王が到着した。ショワズールはいない。ゴグラもいない。軍隊もいない。「彼は目の前に深淵がひらくのをみた」。とはいえ、街道は平静である。サント゠ムヌーにつく。こわごわ、扉から首をのぞかせ、王は外を眺めた。分遣隊の指揮官がいて、王を馬に乗せえなかったことで言いわけをしようと思い、帽子を手にもって近づく。国王だということはだれの目にも明白だった。すでに集まってきた村役人たちは、騎兵たちに乗馬を禁止した。騎兵たちの気持がはっきりつかめないので、彼らの意に反して馬車を押えることもできない。ところがひとりの男が進みでて、馬車のあとをつけ、遠く離れたところでとめてみせようと言う。宿駅長の息子で退役竜騎兵のドルーエというのである。彼は監視の目をくぐって出発した。ひとりの騎兵がその意図を察し、すぐあとを追い、彼をできれば刺し殺そうとしていたのだ。ドルーエは抜け道にはいり、森の奥へ逃げこんだ。もう彼のあとは追えない。

ドルーエはクレルモンでは王を逃がしてしまった。この町はサント＝ムヌウーと同様わきたっており、やはり軍隊を威嚇して無力化させていたが、それでも馬車だけは通過させてしまったのだ。もし馬車のほうが、替え馬がみつからないために、ものの半時間もヴァレンヌの入口でとまらなかったなら、ドルーエはとうてい追いつけなかったことであろう。

　ここでこの一行の致命的なあやまちの一つがおこる。参謀将校のゴグラは、技師で地形学者でもあり、こまごましたことを確かめ、確認し、宿駅のないところでは替え馬をおいておく役目を買って出ていた。全計画を王に指示し、繰り返し王に暗唱させたのはこのゴグラなのであった。すばらしい記憶力にめぐまれた王は、一語一語正確に先駆のヴァロリに伝えた。王は、ヴァレンヌの町のこちら側で馬と分遣隊に出あうだろうと言った。ところが、ゴグラは替え馬を町の向こう側においておいた。しめしあわせた計画に加えたこの変更を、王に予告することを彼は忘れていたのだ。

　駆け足で先行する先駆のヴァロリは、常識からいえば一時間早く、すくなくとも半時間は早く進んでいるべきだった。そうすればこの男は、替え馬をけっきょくはみつけだしていただろう。ところが、彼はまたとないこの機会と喜んでいたのだ。馬車の扉とならんで馬を速歩させ、やんごとない旅人の口からもれるおことばを承っていたのである。遅く、ずっと遅くなってから、馬に拍車をかけ、替え馬に予告しようとした。ほかの宿駅でなら、これでもよかった。ところがヴァレンヌでは、これでいっさいが水泡に帰した。

闇のなかを捜しまわり、戸をたたき、眠っていた人々を起こし、半時間をついやした。そんなことをしているあいだに、替え馬は町の向こう側でふたりの青年によってちゃんと用意されていたのだ。そのうちのひとりはブイエ将軍の息子である。だれの目も覚ましてはいけない、だから動くなという命令を彼らはうけとっていた。彼らはそれを忠実に実行しすぎた。馬車がついているかどうか、町の入口まで確かめにゆき案内してくるのは、なんの危険もなしにふたりのうちひとりで十分できたはずだ。街道にひとりの男の影が、たとえこの時刻のこの闇夜にみえたとしても、人の注意をひくことは、まずなかったにちがいない。

国王逮捕の悲劇的瞬間の物語は、不完全にしか知られていない。将来とも、そうであろう。ヴァレンヌ逃亡旅行を書いたおもな歴史家たちも、伝聞以外、何も知ってはいない。ブイエ親子は現場にいあわせなかった。ショワズールとゴグラの両人は、決定的瞬間より一、二時間遅れてやっと到着したのである。デロンはさらに遅れている。あやうくふたり〔ドルーエとダングレーム夫人〕の証言だけに終わるところだった、ヴァロリの話が伝わらなかったとすれば。先駆の役をつとめた近衛兵のヴァロリは、ずっとあと、王政復古の時代になってその覚え書をつくったのであった。彼の話は、いささか混乱しているが委曲をつくし、素朴で熱がこもっており、疑惑をはさむ余地のないものである。彼のばあい、時の経過などすこしも記憶を曇らせる力をもっていなかったことがよく感じられる。老人のいまは消えうせた全存在が、この恐るべき事実に集中されていたのだ。さまざまの危難、追放、あらゆる個人的不幸はうたかたのごとく通りすぎ、彼が真に生きたのはあとにもさきにもあのときだけである。

一行が夜の十一時半、ヴァレンヌの丘にたどりついたとき、疲労でへとへとになり、みな車のなかで眠っていた。ふいに馬車がとまり、一同は目を覚ました。替え馬はみえない。替え馬を用意しているはずの先駆からはなんの知らせもない。

こちら〔ヴァロリ〕は長いあいだ替え馬を捜していた。最初、街道の両側の森を声をあげてよび、捜索した。よべども答えぬ。こうなっては町へはいり、戸をたたき、たずねるしか手はない。何一つ手がかりはなく、彼はすごすご馬車へもどってきた。

すでにこのとき、この馬車とそれに乗った人々は恐ろしい一撃をこうむっていた。一同を愕然《がくぜん》とさせたひとこと、降服勧告のせりふ。

「国民の名において！」

背後から馬に乗ったひとりの男が駆け足で近づき、彼らのまん前でとまる。そして、闇のなかで叫んだ。

「国民に代わって言う、とまれ、御者！　おまえの乗せているのは国王だ！」

五　国王とらわる

みな茫然とした。衛兵たちは銃をもっておらず、銃を使うことなど思ってもいなかった。その男は馬を下り坂へひきいれ、鞭《むち》をくれて町へ走っていった。まもなく、男どもが明りをもって出てくるのがみえはじめた。ざわめき、話をする声が、はじめはかすかに、しだいに高まってゆく。往来がしげくなり、その小さな町は明るくなった……。その間、二、三分のことである……。それから太鼓の音。

王妃は自分も問いあわせてみようと、コンデ家の旧僕がヴァレンヌへの坂の途中に住んでいるその家へ、衛兵のひとりに案内させてはいっていった。その間、一行は待っている。王妃がまた馬車に乗ると、衛兵たちは集合し、ひどく動揺している御者たちをおどしたりすかしたり、なんとか町を通りぬけさせようとした。町を両断している橋をすばやく渡り、橋の塔、その塔の下にある低い門とアーチをくぐる。それよりほかに救われる機会はない。そのときはいった知らせでは、軽騎兵の指揮官はヴァレンヌで待機しているはずだったのに、王の到着の報告と、そのひきおこした騒ぎを聞き、一目散に逃げてしまったとのこと。軽騎兵たちは、ある者は眠り、ある者は酔っぱらい、四散してしまっている。この指揮官というのは、十七歳か十八歳のドイツ人だった。彼はなんの予告もうけていなかった。唐突に彼は事を知り、度を失ったのであった。

ドルーエと彼に同行した仲間のギヨームとは、この数分間を奇抜なやり方でうまく利用した。扉のあいていた馬小屋に馬を投げこむ、宿屋の主人に警告する、その主人からほかの連中に警告させる、橋まで駆けてゆく、家具を積んだ車やほかの車で橋をふさぐ、以上を一瞬でやってのけた。それから、彼らは国民衛兵の指揮官である町長のもとへ駆けつけた。彼らの集めた手勢は八人にすぎない。だがなんのその、彼らは馬車に向かった。馬車は丘のふもとでぐずぐずしている。指揮官と町の助役とは旅券をもとめた……。

とらわれた国王一家

王妃「みなさん、わたしたちは急いでいるのです」

「だが、いったいあなたはどなたなのですか」

トゥールゼル夫人「こちらはコルフ男爵夫人です」

そうこうする間に、町の助役は角燈を片手に馬車に半身を乗りいれた。そして明りを王の顔のほうへ向けた。

そこで旅券を出す。ふたりの衛兵がそれを旅館へもってゆく。町役人やその場にいあわせた人々の前で声高にそれが読みあげられる。

「旅券は確かだ、王の署名があるのだから」

と彼らは言った。

「しかし」とドルーエは言う、「国民議会の署名はあるのか」

「議会の一委員会の署名がある」

「だが議長の署名があるか」

かくしてフランスの法律の基本問題、憲法のかなめが、シャンパーニュの一宿屋で審査され、確定的に判決がくだされたのである。上訴もなく、控訴もない。ヴァレンヌの当局者、助役で食料品屋のおやじのソースなどは、こんな重大な責任を負うのはかなわぬと尻ごみした。

だが、ドルーエやその他の連中が強くねばった。彼らは馬車のところへひきかえして言う。

「奥さんがた、もしあなたがたが外国人なら、どうしてサント＝ムヌウーで五十人もの竜騎兵を護衛につけたり、クレルモンではもっと多くの人数をみながつけたがったりしたのですか。あなたがたにどういう力があってそういうことになったのですか。また、ヴァレンヌでもどうして軽騎兵の一隊があなたがたを待っていたのですか。……どうか馬車からおりて、役場へ来て説明してください」

旅人たちは身じろぎもしなかった。役人たちはむりやり彼らをひきおろそうというそぶりはみせなかった。町の連中はのそのそとやってきた。大部分は、太鼓の音を聞いて寝床のなかへもぐりこんだ。もっと声高に彼らに告げねばならない。ドルーエと革命派の一党は鐘楼へ駆けのぼり、渾身《こんしん》の力をこめて、気がふれたように警鐘を鳴らした。近在までその音が聞こえた……。火事か？　敵か？　農民たちは駆け、よびあい、武装した。手あたりしだい、銃を、鍬《くわ》を、鎌《かま》をとった。

町の助役、食料品屋のソースは、動くも不可、動かぬも不可という羽目におちいった。彼にはおかみさんがおり、この女がこの危機的瞬間に彼を指導したらしい。国王を町役場へ連行する、それは王の権威への敬意に欠けることだ。国王を馬車のなかにおいておく、それは革命派の側からの攻撃に身をさらすことになる。ソースはその中間をとった。国王を自分の店へつれてきたのだ。

ソースは帽子をぬぎ、馬車のところへまかりでた。

「町議会は旅のみなさまにどのようにしてこれより先に進んでいただくか、ただいま審議しております。ところが、この町の壁のなかにおはいりになったのは、王さまとその御一家であるとの噂が当地でひろまっております……。審議の結果が出ますまでのあいだ、お身柄の安全を考えまして、拙宅へお越しねがえればまことに光栄に存じます。通りには群集がおりますのに、警鐘の音にひきよせられた近在の村人たちがそれに輪をかけております。と申しますのも、不本意なことながら、ここ十五分も警鐘が鳴りつづけておるのでございます。陛下には、わたくしどもではとめようもない、まことに嘆かわしい侮辱の矢おもてに立たれることがあるかもしれないからでございます」

この好人物の言うことに異を唱えるわけにはいかない。警鐘の音はいやというほど聞こえている。援軍は来ない。

衛兵たちは、橋のせまい通路をふさいでいる家具や車をとりのぞこうとした。だができない。死の脅迫の物音は、馬車の間近に聞こえてくる。小銃をもった何人かは、狙いをつける格好をしてみせている。一行は馬車をおり、ソースの店へはいった。三人の婦人、ふたりの子ども、それから従僕のデュラン。従僕というのはあやしいと人々は言う。こちらは言い張り、デュランという名に固執する。並みいる人々はみな頭を横にふった。

「そうか。いかにも、わたしは王だ。ここにいるのが妃と子どもらだ。フランス人が彼らの王に払いつづけてきた敬意でもってわれらを遇するよう、諸君にお願いする」

ルイ十六世はおしゃべりではなかった。これよりうまくしゃべれない。彼の服装、その惨めな変装は、不幸にして彼に有利にはたらかなかった。小さなかつらをつけているこの従僕をみても、国王のおもかげがほとんど浮かんでこないのだった。この身分、この服装のすさまじいコントラストは、尊敬よりもむしろ憐れみの念をあたえたのであろう。何人かの目に涙が浮かんできた。

そうこうするあいだにも、警鐘の音が法外にふえてゆく。ヴァレンヌの警鐘に刺激された村々の鐘楼で、めいめい鐘を鳴らしだしたのだ。闇につつまれた一帯の農村が不安におののいている。鐘楼からは、いくつもの小さな明りがたがいによびあい、もとめあうさまがみえたであろう。四方から、嵐を告げる黒雲が集まってくる。興奮し不安にかられた武装の男どもの黒雲のように。

「なんだと！　逃げだすのは王さまだと！　王さまが敵のところへ行くって！　王は国民を裏切った！　……」

裏切りということばは、それだけでもたいへんなことだが、敵を眼前におき、侵略の辛酸をなめつくした前線の男たちの耳には、いっそう恐るべきひびきをもつ……。だから、最初にヴァレンヌに来て、このことばを聞いた連中は、自制心を失ってしまう。

父親が子どもらを売りわたす！　……フランスの農民たちの頭には、国父の統治という以外に、いかなる政治思想もなかったのである。彼らがかっとなったのは、革命精神のためというよりも、父親が子どもを売りわたした、信頼が裏切られた、恐ろしい不貞だと考えたからである。

こうした荒っぽい連中が、ソースの店へやってきた。

「なんだ！　あれが王さまか！　お妃か！　……これだけのものなのか！　……」

彼らの顔にありとあらゆる呪いのことばが吐きかけられた。

とかくするうちに、町役場から代表団が到着した。その先頭には、うやうやしく恭順の意を表しているソースがいる。

「ヴァレンヌの住民にとって、いまや現実に国王の来臨をあおいでいること、疑うべくもありませぬゆえ、王さまの命令をいただきにあがりました」

「諸君、わたしの命令ですと？」と国王は言った。「わたしの車に馬をつなぎ、出発できるようとりはからいなさい」

ショワズールとゴグラのふたりがようやく騎兵をつれてやってきた。ついで単身来たのが、配下の竜騎兵らに見すてられたダマである。これはサント＝ムヌウーの宿駅長だ。この人々が町へはいりこむのは容易なことではなかった。彼らは町の名においてさえぎられたのだ。彼らに発砲する者さえいた。やっとの思いで彼らはソースの家にたどりついた。螺旋《らせん》階段をのぼって二階へ行く。そのとっかかりの部屋に屈強の農民がいて、そのなかで鍬をもったふたりが彼らに言った、「通ってはいけない！」。彼らは通った。つぎの部屋に国王一家がいた。なんと異様な光景！　がたがたの寝台で眠っている王太子。衛兵たちは、侍女たちと同様、椅子にすわっている。養育係、王女、エリザベート王女は窓ぎわの長椅子に、王と王妃とは立ったままソースとしゃべっている。テーブルの上にはコップとパンとぶどう酒がのっていた。

国王「ところで諸君、われわれは何時に出発するのかね」

ゴグラ「陛下。陛下のおよろしいときに」
ショワズール「命令をくださいませ、陛下。ここに四十人の騎兵がおります。とは申せ、一刻の猶予もなりませぬ。一時間とたたぬうちに、彼らは敵方についてしまうでしょう」
ショワズールの言ったことは真実だった。この騎兵たちは、重大ニュースをうけとったときの驚きからまださめてはいない。彼らは仲間と顔を見あいながら、こう言っていた。「Der《デア》 König《ケーニッヒ》! Die《ディー》 Königin《ケーニギン》!（王さまだ！　お妃さまだ！）」。しかし、いかにドイツ人であるとはいえ、フランス人みなの一致した気持を見のがすわけにはゆかなかった。ショワズールにひきいられて通ってきた辺鄙《へんぴ》な街道においてさえ、痛いほどそれを思い知らされていた。ショワズールの告白するところでは、村から村へと警鐘の音が彼の頭上で鳴っていた。何回か彼はサーベルを手に血路をひらかねばならなかったのである。農民たちは、ついには後衛の四人の騎兵を彼から奪いさるまでにいたった。彼らをとりもどすために突撃しなければならなかったのだ。ドイツ兵たちは、こんな人民の大群のさなかに孤立している自分らをかえりみ、またけっきょく自分らもフランスによって支払われ、養われているのだと思うと、親しく握手しいっしょに飲んだ連中にサーベルで斬りかかる決心は、なかなかつかなかった。
一瞬一瞬が無限に重大な意味をになっているこの危機的瞬間、国王がまだショワズールに返事せぬ間に、町役人と国民衛兵の将校らがどやどやとはいってきた。何人かはひざまずいた。

「神の御名にかけて、陛下よ、われらを見すてたもうな。王国を去りたもうな」

国王はなんとか彼らをなだめようとする。

「それはわたしの本意ではない、諸君。わたしはけっしてフランスを離れない。ひどい辱しめがわたしに加えられたので、やむなくパリを去ったのだ。わたしはモンメディまでしか行かぬ。諸君もわたしのあとを追うように……。ただ、お願いだ、馬車に馬をつないでくれ」

彼らは外へ出ていった。これはルイ十六世に残された最後の機会だった。ショワズールとゴグラとは、王の命令をいまかいまかと待っていた。朝の二時である。家のまわりには、武器もろくにもたぬ、組織もいいかげんの烏合《うごう》の衆がいた。大部分が火器なしである。また火器をもった者も、国王に向かい発砲はしなかったであろう〔たぶん、ドルーエをのぞいては〕。まして子どもたちに発砲する者はあるまい。ただ王妃のみが、ほんとうにあぶない目にあうかもしれない。そこで彼女に、ショワズールとゴグラは問うたのである。馬に乗って王といっしょに出発されるかどうか。王が王太子をともなわれる。橋は渡れぬことはない。しかし、ゴグラは小川の浅瀬を知っていた。三、四十人の騎兵に守られれば、まちがいなく渡れる。いったん向こう岸についてしまえば、もう危険はない。ヴァレンヌの連中には、あとを追う騎兵がいなかったのである。

しかしながら、この大胆な騎馬行には、正直言って、いくら勇猛果断とはいえ、女性をおびやかすなにものかがあった。王妃は彼らに答えた。

「わたしは自分では決断したくありません。この旅をおきめになったのは王なのです。命令するのは王さまです。わたしの義務はそれに従うことです……。けっきょく、ブイエはまもなく来てくれるにちがいありません」〔ゴグラ『回想録』〕

「じっさい」と国王がひきとった。「こんな大騒ぎでは、小銃の弾《たま》が王妃か妹かそれとも子どもらに当たらないと、きみたちに保証できるかね。……まあ、冷静に考えてみよう。町役場はわたしを通すことをこばんでいない。ただ、夜明けまで待つようにと言っているのだ。ブイエの息子が十二時ごろ発って、ストネにいる父親に知らせにいった。八里の道のりだから、二、三時間だ。ブイエはかならず、明け方にはこちらへつくだろう。あぶないことも暴力もなしに、われわれは安全に出発できるのだ」

　この間、騎兵らは人民といっしょに飲んでいた。「国民のために！」と言って飲んでいた。やがて三時である。町役人たちがもどってきた。だが、こんどは恐るべき意味の短いことばをたずさえていた。

「人民は国王が旅をつづけることに絶対に反対であり、国民議会にその意向を聞くべく飛脚をたてる決意をしました」

ゴグラは情勢をうかがうべく、外へ出ていった。ドルーエが彼に近づき、こう言った。

「あなたは王をさらっていこうと思っている。しかし、死んだ王を手に入れるのが関の山だ！」

馬車は武装した男の一団にとりかこまれていた。騎兵を数名つれ、ゴグラが近づく。その場の指揮をとっていた国民衛兵隊の副官、「もし一歩でも進めば、あなたを殺す」。ゴグラはその副官のほうへ馬を進め、二発の弾丸をうけた。軽い傷が二つ。一発は鎖骨に当たったので、思わず手綱を放した。平衡を失い、落馬した。しかし、すぐ起きあがれた。だが、騎兵たちはこれ以後は人民の側についてしまう。町のはずれで小さな大砲が彼らをおびやかしている。それをみせつけられた。彼らは腹背に砲火をうけることになると思ったのだ。この大砲というのはポンコツで、弾丸はこめられていなかった。こめることも不可能だったのである。

傷ついたゴグラは、痛がりもせずに王室一家の部屋へもどってきた。胸をえぐる光景だ。何もかもさもしく、悲惨である。この絶望的状況を恐れるあまり、王も王妃もがっくりしていた。気力の衰えが目にみえさえする。彼らは食料品屋のソースとその妻に懇願した。あたかも、このあわれな連中に事態を救う何かができるとでもいったように。王妃は、二つのろうそく箱のあいだの腰掛けにすわり、おかみのやさしい心をよびさまそうとつとめる。

「奥さん」と王妃は言う、「では、あなたには子どもや夫、家族はないのですか！」

それにたいし、こちらはごくあっさり答えた。

「お役にたちたいとは存じます。でも奥がたさま！　あなたは王さまのことを考えていらっしゃいます。わたしはソースのことを考えております。女はだれしも夫のために……」

王妃は怒って背を向け、くやし涙を流した。王妃を救えぬのなら、いっしょに滅びる、王妃のため夫も家族も犠牲にすると思っていたのに、この女、はっきり拒絶するとは。

国王は正気を失っているようだ。ヴァレンヌのつぎの宿駅の指揮官デロンが、許しを得て王の部屋にはいり、知らせをうけたブイエはおっつけまちがいなく救援にくるでしょうと言上したところ、いっこう王の耳にははいらぬようにみえた。デロンは同じことを三度まで繰り返した。が、王の頭にはいってないとみてとって言った。

「お願いです、陛下、ブイエへの命令をわたしにおあたえください」

王は言った。

「わたしにはもう、命令することは何もない。わたしは囚人だ。わたしのためにできることをやってほしい、そう言っていたとブイエに伝えてください」

じじつ、ブイエの到着を恐れ、国王を引きはなそうとした人が多くいたのだ。「パリへつれもどせ！」と叫び声があがった。群集をなだめるために、窓側に姿をみせてほしいと国王にたのむ人があった。夜はすでに白々と明け、太陽が惨めな光景を照らしだしていた。露台にあらわれた王は従僕姿、髪粉もつけず、カールの伸びたいやらしいかつらをかぶっている。ぶよぶよの青ざめた顔。厚ぼったい唇《くちびる》は蒼白で、声も出ない。目はどんより曇り、何を考えているのか、うかがうすべもない。その場にいあわせた数千の人間は唖然《あぜん》とした。まずふかい沈黙。それは、人々の心のなかで思想と感情の闘いのおこっていることを示していた。ついで、あふれでたのは、憐れみの念、涙、フランスのまことの心情……。それがあまりにはげしくなり、たけりたった男どものなかから、何人かは叫んだ。

「国王万歳!」

ソース家の老婆は、許しを得て部屋へはいり、心を引き裂かれた。この家の寝台に無邪気な顔をしていっしょに寝ているふたりの子どもをみて、彼女はがっくりひざまずいた。そして、すすり泣きながら、その手に口づけする許しをもとめた。彼女は子どもらに祝福をあたえ、涙にくれてひきさがっていった。

たしかに残酷な光景だ。世にもたけだけしい心、最も頑固な敵の心でさえも引き裂かずにおかぬ。そうだ、リエージュの人間でさえ涙したことであろう。レオポルトに占領され、オーストリア兵によって蛮行を加えられたリエージュも、ルイ十六世の身の上に涙したことであろう。

以上が、異様であり奇怪でもあった状況だ。つまり、ヨーロッパ諸王の捕虜となった大革命が、フランスにおいて諸王を捕虜としてとらえていたわけだ。

わたしは何を言ったのだ。異様な状況だと? いや、ちがう。この埋合せは正当なのだ。

なんと心よわいことを言ったものだ。ヴァレンヌの光景で最も驚くべきことさえ、じつは最も自然なことだったのである。未聞の下剋上《げこくじょう》、変化とみえたものは、じつは真実への回帰であった。

人々に衝撃をあたえた例の変装は、ルイ十六世を、私人の状態に近づけた。彼は私人に適するように生まれてきた男なのであった。彼の能力からいえば、なるほど従僕ではなかったかもしれぬが〔彼には教養があった〕、御大家の奉公人といったところがふさわしい。奉公人としてあらゆる自発性を必要としない家庭教師か、それとも執事といったところだ。家令としては几帳面で正直、家庭教師としてはかなり知識があり、信心ぶかいキリスト教徒という限界はあるが、とても品行方正、とても良心的な男であったと思われる。お仕着せは彼のほんとうの服装だったわけだ。これまでの彼こそ、王政のとほうもない偽りの服の下で変装していたのであった。

だが、われわれが想像にふけっているあいだにも、時は過ぎてゆく。すでに太陽は地平線の上たかく昇っている。ヴァレンヌの町は一万人もの男でいっぱいだ。国王一家のいる小さな部屋は、内庭に面しているとはいえ、通りから聞こえてくる大勢のわけのわからぬ声で震動している。扉がひらく。ひとりの男がはいってくる。パリ国民衛兵の士官。暗い、やつれきった、疲労した、しかしたかぶった顔。カールもなく粉も打ってない髪。服は襟《えり》元《もと》をあけたまま。彼はとぎれとぎれのことばしか言えない。

「『陛下』と彼は言う、『ご承知のとおり…… パリじゅうが殺しあいをしております…… われらの妻、子どもはたぶん虐殺されるでしょう…… これ以上遠方へはおいでになら ぬよう…… 陛下…… 国家のために…… そうです、陛下、われらの妻、われらの子ど も！』。このことばを聞き、王妃ははげしい身ぶりで彼の手をとり、くたびれきってソー スの寝台でまどろんでいる王太子と王女とをさし示しつつ、『わたしも人の子の母ではあ りませんか』と言った。『要するになんの用なのだ』と言ったのは王。『陛下、議会の決議 でございます』。『それはどこにある』。『仲間の者がもっております』。扉がひらかれると、 とっかかりの部屋の窓にもたれているロムーフがわれわれの目に映った。すっかりとりみ だし、顔は涙でびっしょり。そして手に一枚の紙片をもっている。彼は目を伏せ前へ進み でた。

『なんと、あなたですの！ ああ、とても信じられない！ ……』と王妃が言う。国王は むりやり彼の手から決議書をひったくり、一読して言った。『フランスにはもはや王はい ない』。王妃がそれをざっと読み、国王がもう一度とりあげ、再読し、それから子どもた ちの寝台の上にそれをおいた。王妃は荒々しくそれを寝台から投げ落として言った。『こ んなものでわたしの子どもが汚されるのは我慢なりません』。すると、いとも神聖なもの を王妃が冒瀆したかのように、その場にいた役人や住民たちのあいだから、いっせいにざ わめきの声があがった。わたしは急いで決議書を拾いあげ、それをテーブルの上におい

た」〔ショワズール〕

ブイエは何をしていたのか。どうして彼は来なかったのか。彼の息子をはじめ、ヴァレンヌ騎兵隊の準士官、デロンとショワズールの急使たちと、つぎつぎに知らせをうけながら、八里ばかりのわずかな道のりをどうして急いで突破できなかったのか。

どうして？　そのことを彼は自分で説明している。手も足も出なかったことを完全に証拠だてている。彼は手下の軍勢にあまり自信がもてなかったし、たくさんの悪い町〔これは彼の表現だ〕でとりかこまれており、ヴェルダン、メッツ、ストネと四方八方からおびやかされていた。王からほんの少ししか離れていなかった彼は、ただちに兵を掌握するべくもどっていった。刻一刻、兵隊に見すてられる不安が高まっていったのである。そして、自分の身辺には最も確実な士官、彼の長男のルイ・ド・ブイエをおいておいた。このふたりで軍の最良の連隊、じつをいえば残った唯一の連隊、これは近衛ドイツ連隊のことだが、これを鼓舞せねばならず、彼らを武装させえたのは、夜中の二時か三時になってのことであった。その一分一分がおそらく一世紀の運命を決定したあの恐るべき夜のことである。

ブイエらの熱のこもったことばに興奮し、頭割りでたくさんのルイ金貨をいただいたこの連隊は、人民が蜂起した地方を横ぎり、八里の道のりを早駆けでとばしていった。武装人民のうようよしているこの農村では孤立無援。文字どおり敵地におり、生還はおぼつかない……。彼らは味方のひとりに出あった。

「どうだい？」

「王さまはヴァレンヌをお発ちになった」

ブイエはかぶとをしっかりかぶり、天を呪い、愛馬の脇腹に血まみれの拍車をあてた。たちまち、軍勢は旋風のように掻き消えてゆくのを、その男はみた……。

ついに、一行はヴァレンヌのそばまで来た。通路はない。街道には防柵。浅瀬をみつけ、そこを渡る。その向こうは運河だ。そこを渡ろうと努力した。新しい知らせがはいり、渡らずともよくなってしまった。彼らは国王に合流する望みをいっさい失ってしまったのだ。ドイツ兵たちは、馬が精魂つきて使いものにならぬと言いだした。ヴェルダンの守備隊は態勢をととのえて彼らに向かってきている。

ブイエはかのたいへんな人質のあとを追って、抜刀したまますっとんでいった。この父の最後の機会を物語る若きルイ・ド・ブイエは、大胆かつ若々しい身ぶりでこう言う。

「われわれはこのわずかの軍勢をもって、われわれに刃向かって武装したフランスの奥ふかくつきすすんでいったのである……」

そうだ、それはまさしくフランスであった。――ところで、駆けるドイツ兵らは、そしてそれを指揮するブイエは、さらに連行されて行く国王は、いったい、これらは何なのだ？……

それは謀反《むほん》であった。

第四巻　立憲王政のこころみ

一　王政か共和政か

国王逃亡の報への反応はさまざまだった。マラーはよき専制君主、独裁者の支配を主張した。彼が自分こそ適格者とほのめかしていることは明白だった。ペチヨンもロベスピエールもダントンもブリッソーも、どんな政体がいいか、ひとことも言わない。ジャコバン派は、共和政ということばを聞いただけで憤激した。「わたしは共和派でも王党派でもない」というロベスピエールのことばが、彼らの考えを完全に表現していた。はじめて共和政を提唱したのは、『鉄の口』新聞のボヌヴィルだった。

「国民にいつまでも後見人が必要だというのか。……すべての県は連合し、暴君も君主も護国卿（イギリス清教徒革命においてクロムウェルにあたえられた称号）も摂政も欲しないと宣言すればいい」

この立場の正しさは、パリの民衆の平静で強力な、真に威厳のある態度によって裏づけられたかに思える。パリは王がいなくとも大丈夫だった。王の逃亡は状況の正体を白日のもとにさらした。つまり、王権は妨害物としてのみ存在していたのだ。……多くの者は共和政に落ちこむのを恐れた。だがしかし、共和政はすでにはじまっていた。
「たとえ国王がわれわれを見すてても、国民は残る。国王なしの国民はありうるが、国民なしの国王はありえない」

国民議会がこの好機をつかんで、王の廃位と共和政を宣言したとすれば、パリも、これにつづいて全フランスも支持したにちがいない。王の裏切りへの怒りはそれほど大きく、かつ広範だったのだ。

共和政への反対は、時期尚早ということだった。あまりにも真実な真理。だが、国民を共和政にふさわしいものにするには、前もって共和政が必要なのだ。この悪循環からぬけだすには意志の力しかない。反王政の国民の真意を、国民のおぼろげな本能を共和政にまで育てあげればよかったのだ。

政治家は待ち、ためらい、好機は過ぎた。王の帰還とともに、同じく自然な感情が、彼の不幸への憐《あわ》れみが力を得た。辱《はずか》しめられた不幸なとりことして王をつれもどすことによって、利害と同情とから、彼を人間として復権させた。それが寛大でやさしい魂のおちいりやすい罠《わな》だ。涙をとおしては、二枚舌の嘘《うそ》つきの王はもうみえず、忍従の人しかみえない。聖徒の姿が浮かんでくる。……まちがったのはだれだ。フランスに罪はなく、王もまた罪はない。

こうした感情を、陰謀家どもが利用する。王はけっして逃亡しないと首をかけて保証していたラファイエットは、共犯だと責められるのを恐れ、王は誘拐《ゆうかい》されたのだと言いたてた。バルナーヴ、ラメットら立憲派は、王政を救うために、誘拐説にとびついた。きのうの敵はきょうの友、三頭派とラファイエット派の同盟が成立する。

二十二日、夜の九時ごろ、「王がつかまった!」との知らせがつく。翌二十三日、議会は誘拐説をふまえて王の無罪放免を主張し、二十五日、王の身の安全を守るため、保護監察下におくことを決議する。こうでも言わないことには、逃亡と誘拐とのつじつまのあわせようがないのだ。

議会の審議継続中、国王到着の報がはいり、王を迎えにいったバルナーヴ、ペチヨン、ラトゥール゠モブールの三人が報告のため入場してくる。

王の一家のヴァレンヌからの旅をふりかえろう。この旅で、彼らの思いちがい——革命は陰謀による人工の産物で、パリの騒擾《そうじょう》にすぎない、という思いちがいは徹底的に打ちくだかれた。彼らは全国民の一致をいたるところで思い知らされる。機敏な動きですでに王党派の軍隊の動きを封じるのに成功した人民は、いま武装したまま王の馬車の行手に立ちふさがる。見まもり、ののしる人の波をかきわけ、シャンパーニュの荒地をこえて、ヴァレンヌからパリへ、五十里に四日間をかけた長い長い旅だった。これこそ王への真の裁《さば》きだったのだ。

エペルネとドルマンとのあいだで、議会の三代表と行きあった。三人とも左派だったが、左派の三つの傾向を代表していた。ラファイエット派のラトゥール＝モブールは別の馬車に、ジャコバン派のペチヨンと三頭派のバルナーヴは王一家の馬車に乗りこんだ。

バルナーヴ、ときに二十八歳、青い美しい目、大きい唇、天井を向いた鼻、かん高い声、容貌《ようぼう》は若々しく、容姿は優雅だった。どんな剣法でも辞さない闘争的な弁護士の大胆な態度を示し、冷たくそっけなく辛辣《しんらつ》そうだったが、心の底はそうではなかった。その外貌は、じつは闘いと争論の生活、虚栄心のたえまのないいらだちを表現しているにすぎなかった。

彼ははじめから国王への同情をあらわにした。彼が議会の決議を読みあげると、王はフランスから出る気などすこしもなかったのだと言う。バルナーヴはこのことばにとびつき、この一言こそ王国の救いだと断言する。

バルナーヴが王妃に向けた視線は、なにか曖昧《あいまい》な皮肉さをひそめていた。男がだれひとりとして理解しえなかったことでも、女には感じとれるものだ。バルナーヴはミラボーの後継者として王妃の寵臣《ちょうしん》となりたいのだ。できるだけ利用しなければならぬ。

六月二十五日、いよいよパリに面と向かう日――むし暑く、ほこりっぽく、息もつけぬくらい。群集は屋根までうずめて待っていた。

全部が全部、帽子はかぶったまま、この群集は一言も発しない。人民の海の上にたちこめるこの巨大な沈黙、それは恐るべきものだった。

パリの人民は、気のきいたかたきうちをやってのけた。王への侮蔑《ぶべつ》として、ただ一つの合図、沈黙の非難をしただけ――ルイ十五世広場で、前王の銅像に目かくしをした。この屈辱的なシンボルで、ルイ十六世に王権の無効を告知したのである。

パリにつれもどされた国王一家

沈黙の海のなかを「王政の葬列」が行く。そして沈黙は、人民が、一方では憐れみ、他方では怒りという二つの感情に引き裂かれていたという事実のあらわれといえる。

王が帰ってきた。やっかいなことだ。だれひとりとして、どうすべきかを知らない。

王妃はわずか一ヵ月のあいだに、三度向きを変えた。ヴァレンヌからの帰途、恐れからバルナーヴにもたれかかり、チュイルリーの囚人としては、いらだちから兄のオーストリア皇帝レオポルトに救いをもとめ〔七月七日〕、そしてバルナーヴら立憲派のおかげで希望の光がさしそめると、動かないよう、レオポルトに言ってやる〔同三十日〕。

千変万化は王妃だけのことではなかった。革命家もみなそうだった――ダントンもロベスピエールも、共和政に賛成か反対か、決定的な発言はしない。彼らは世論の動きをうかがっていた、世論にうまく乗り、世論を導いているふりをするために。

このばあい、ジャコバンの動きが重要だった。クラブには、おもに現議員からなる立憲王政派と、未来の議会のメンバーからなる独立の一派とがあった。六月二十二日にはまだ立憲王政派が強く、共和政の動議をおしつぶしたが、七月八日には風向きが変わっていた。国王罷免の提案が可決されたのだ。この変化をもたらしたものは、地方のクラブから送られた王政反対の宣言であった。

わたしは、個人の影響を誇大視するものではない。わたしの考えでは、歴史の根底は人民の思想のうちにある。共和政は、疑いもなくそのうちに浮動していた。ほとんどすべてのフランス人がそう考えていた――国王はこれからは不可能だ、との消極的な形で。多くの人がすでに、フランスはこれからはみずから治めるべきだ、との積極的な形でそう考えていた。にもかかわらず、この考えが特定の実行可能の方式までたどりつくには火元が必要だった。

それは女性だった。最も熱狂的な王党派が女性であった〔ラファイエット夫人をみよ〕ように、最も急進的な共和派も女性だった。男性たちをかりたて、革命の歩みを速めたのも女性だった。彼女たちは、観念を愛し、理想を愛した。自由を愛し、祖国を愛し、人類を愛したのだ。

まえにもあとにも、女性がこんなに影響力をもったことはない。十八世紀には、百科全書派のもとで、精神が社会を支配した。もっとあとになると、行動が、殺戮的《さつりくてき》な恐ろしい行動が支配しよう。九一年には、感情が、したがって女性が支配する。

ジャンリス夫人が、スタール夫人がいる。そしてコンドルセ夫人がいた。夫のコンドルセは新しい生を、第三の生をはじめたところである。ダランベールとともに数学者、ヴォルテールとともに批評家であったこの最後の百科全書派は、いま政治家の生に乗りだしていた。かつて夢みた進歩を、いま実行に移そうとする。この夫に、現在よりも未来にずっと多くの信をもつこの夫に、彼女は理想的な妻であった。だが、共和主義の火元となった者こそ、ロラン夫人であった。

二　ロラン夫人

共和国を望み、それに息吹《いぶ》きをあたえ、それをつくりあげるには、高貴な心と偉大な精神とだけでは十分でなかった。なお一つ、必要なものがある。それはなんであろうか。若いこと、魂が若々しいこと、血が燃えたっていること、あの生産的な無分別、これである。まだ心のなかにしかないものを、はや現実のうちにみる精神。それをみつつ創造してゆく精神。つまり、信念がなければいけないのだ。

必要なのはある種の調和である。意志と観念との調和だけではなく、もろもろの習慣と共和的風紀との調和が必要なのである。自分のなかに内心の共和国、精神の共和国をもつこと。それのみが、政治体制としての共和国を正当化し、基礎づけるのだ。わたしの言いたいのは、自分自身の統治、わが身のデモクラシーをもって、義務への服従のうちに自分の自由を見いだすということなのである。そして、これは一見矛盾しているようだが、こうしたりっぱで力づよい魂は、ときに情熱にかられ、自己から脱出し、行動に身を投じなければならぬのである。

革命的信念の減退した疲労と意気銷沈《しょうちん》の悪い時期、そんなとき当時の何人かの代議士とおもだったジャーナリストは、力と勇気とを得ようとして、一つの邸宅へでかけたのだが、そこの家には、まちがいなく力と勇気とがあった。ポン゠ヌフに近いゲネゴー通りにあるつつましやかな家、小さなイギリス館である。この通りはかなり暗く、それがもっと暗いマザリーヌ通りにつづいている。周知のとおり、ここでみえるものとては、造幣局の長い塀《へい》のみである。彼らは四階へのぼってゆく。するとそこに、いつも判でおしたように、ふたりの人物がいっしょに仕事をしているのだ。最近リヨンからやってきたばかりのロランとその夫人である。小さな客間には夫妻がものを書くテーブルが一つおいてあるだけだ。寝室の戸がすこし開いていて、なかに二つの寝台がみえる。ロランは六十歳近いが、彼女は三十六歳。だがもっと若くみえた。ロランはまるで細君の父親のようだ。背は高いほうでやせており、厳格かつ情熱的な風貌だ。その妻が栄光につつまれているため、いささか軽視されがちなこの人物は、心にフランスをいだいていた一箇の熱血の市民であったのだ。王政の時代にあっても、当時ひらかれていた唯一の道を進み、公共の福祉という神聖な理想を追いもとめたヴォバンやボワ＝ギルベールと同類の、旧《ふる》きフランス人のひとりであった。工業監察官として彼は、生涯を仕事と旅とですごし、わが国産業にあたえうるかぎりの改良を捜しもとめたのである。この旅行については多くの著述を残し、ある種の業種にかんしては、いろんな論文や覚え書を書いている。かの美しくけなげな夫人は、その無味乾燥なテーマにめげず、夫のために筆写し、翻訳し、編集したのである。『泥炭採掘夫の技術』『乾燥短羊毛製造者の技術』『工業事典』は、ひとりっ子を育てる以外なんの楽しみももたなかったロラン夫人の美しい手をわずらわし、彼女の最良の何年かを費消せしめたのであった。夫の仕事と思想とにかたくむすびついていた彼女は、娘のような尊敬の念を夫にもっており、しばしば夫の食卓を自分でととのえるほどであった。特別の料理が必要だった。老人の胃袋は気むずかしかったし、仕事で疲れてもいたのである。

このころは、ロランは自分で執筆しており、夫人の手をかりることは絶えてなかった。

彼女に助けをもとめたのは、ずっとのちに、大臣となって、いろいろの困難やかぎりない煩《わずら》いにとりかこまれてからのことである。彼女には、ものを書きたくてうずうずするというところはすこしもなかった。だから、もしも大革命がやってきて彼女をかくれ家からひっぱりださなければ、才能や雄弁といった天賦の賜物も、その美貌と同じく、彼女は使わずじまいで埋もれさせてしまったことであろう。

さきにいったような政治家たちがたずねてきても、ロラン夫人は自分からは議論にくちばしをいれない。自分の仕事をつづけるか、手紙を書くかしていた。たまたま意見をもとめてくるようなことがあると、彼女は生き生きと話しだすのであった。的確な表現、優美で人の胸にくいいることばを使い、そういった魅力で人々の心をとらえてしまうのだった。「自尊心の強い人は、彼女の言うことにどこかきざなところはないか、と捜した。だが、どうにもならなかった。それは、あまりにも完全な一つの自然というよりほかはないものであった」

はじめて彼女に会うと、一目で、これはルソーの描いたジュリー（『新エロイーズ』の女主人公）ではないかと思いがちだ。しかし、これはまちがいだ。彼女はジュリーでもソフィ（『エミール』の女主人公）でもない。これはロラン夫人なのである。たしかにルソーの娘、しかしルソーの筆になる女性たちよりはるかに正統の娘なのである。というのは、夫人は、あの作中人物たちのように貴族のお嬢さんではなかったのだ。マノン・フリポンというのが娘時代の名前

ロラン夫人

である〔平民的な名前を好まぬ人々がわたしには腹だたしい〕。彫版師を父にもち、彼女も父の家で彫り物をしていた。彼女は人民の出である。人民には、上流階級にはあまり見うけられぬ血色のよさと肌の輝きとがあり、容易にそれとわかるのである。彼女の手は美しかったが、けっして小さくはない。口はやや大きめで、頤《おとがい》はそっている。目だってくびれたウェストは美しく、貴婦人がたにはなかなかみられぬ豊満な腰と胸とをもっていた。

なおもう一つ、彼女がルソーの女主人公たちとちがう点があった。それは、彼女らの弱さを彼女はもっていなかったということだ。女性というのは無為と夢想のうちにおかれるとやつれるものだが、彼女はすこしもくじけなかった。極度に勤勉であり活動的であった。彼女にとっては、仕事こそ美徳を守ってくれるものなのだ。一つの神聖な観念、義務が、誕生から死までこの美しい人生の上にただよっていた。彼女は、もう嘘を言わぬいまはのきわになって、自分についてこう証言している。「わたしほど快楽と縁遠かった者はありません」。——さらに、「わたしは官能を抑えました」

オルロージュ河岸の父の家にいたとき、彼女の言うところでは、そこからシャン＝ゼリゼにかけてふかい空の青みをよく眺めたものだが、その空のごとく彼女は純潔だった。——まじめな夫のために一心に仕事をしている、夫の机のそばの彼女は純潔だった。——はげしい苦痛をおぼえながらも、あくまで授乳しようとした子どもの揺籃《ゆりかご》のそばの彼女は純潔だった。——熱烈な友情でもって彼女をとりまいていた友人、若い青年たちにあてて書いた手紙のなかでも、やはり彼女は以上のときにおとらず純潔だったのである。彼女は、そうした男友だちの心をしずめ、なぐさめ、彼らの心の弱さを克服させ、もっと高いところへひきあげるのだ。男たちは、死ぬまで、徳そのものに仕えるかのごとく、彼女に忠実であった。

彼らのうちのひとりは、恐怖政治のさなかに、危険をもかえりみず、彼女がその生涯を物語った不滅の原稿を、牢屋までとりにいったのであった。彼自身追跡される追放の身で、身をかくすものとしては樹氷のみ、雪の上をのがれながら、この神聖な原稿を守ったのである。いや、ひょっとすると、その原稿が彼を救ったのである。これを書いた人の偉大な心情の熱と力とが、彼の胸をあたためつづけたのだから。

あまりに完璧な美徳というものをみるに耐えない人々は、この婦人の生活のどこかに弱みがありはしないかと意地になって捜しまわった。そして、証拠や手がかりはいっさいないのに、彼らは想像をたくましうしたのである。すなわち、ロラン夫人が立役者となったドラマのまっさいちゅう、危機や惨禍のなかにあって彼女が最も剛毅《ごうき》な姿をみせていたとき〔おそらく九月虐殺のあとか、さもなくばジロンド派をのみこんだあの難破の直前か〕、彼女は甘いことばに耳をかしたり、恋をしたりする余裕と気持とをもっていたというのだ……。――だが、ただ一つ彼らを困らせたのは、その相手の恋人の名前をみつけだすことである。

繰り返して言うが、以上のような想像を根拠づける事実はまったくないのである。ロラン夫人は、どこからみても、つねに自分を見うしなわず、意志と行動とを完全に支配しえた人であった。それなら、彼女は感動というものをいっさいもたなかったのか。このたくましく、しかし情熱的な魂は、嵐《あらし》を経験したことはないのか。これはまったく別問題だ。わたしはためらわずに答えよう、そうしたことはあった、と。

話がくどくなるのを許していただきたい。――つぎの事実は、従前ほとんど注目されていないが、私生活のゴシップといったたぐいの瑣末事《さまつじ》ではけっしてない。九一年、ロラン夫人の身の上に重大な影響をあたえることがあったのだ。このころ、彼女の魂をはげしく燃えたたせた特殊な原因を赤裸々に見きわめなければ、この時期以後彼女の実践した強力な行動は、かなり理解がむずかしくなろう。彼女の魂はそれまでは平静で、力づよいとはいうものの、その力は、自分のなかにとじこもり、外的行動のともなわぬものであった。

ロラン夫人は、八九年には、リヨンからほど遠からぬヴィルフランシュの近く、ラ・プラチエールのさびしい農園で、地味で勤勉な生活を送っていた。彼女は、全フランスとともに、バスチーユの砲声を聞いた。彼女の胸はゆすぶられ、ふくらんだ。彼女のいだいた夢のすべて、古人の書で読み、空想し、希望していたもののすべてが、このすばらしい事件により実現されるかのようだ。そこにこそ自分の祖国がある。大革命はフランス全土にひろがる。リヨンも目ざめる。さらにヴィルフランシュも、田園も、あらゆる村々も。九〇年の連盟祭は、王国の半分、コルシカからロレーヌにいたる国民衛兵の全代表をリヨンに召集した。この日は朝から、ロラン夫人はローヌ河畔のすばらしい眺めに陶然としていた。そして、この全人民、この新しい友愛、この輝かしい黎明《れいめい》に酔っていた。夜になって彼女は、その報告記事を、リヨンの青年で、採算は度外視し愛国の至情から新聞をやっている友人シャンパニューのために書きおくった。無署名記事ののった新聞のこの号は、六万部も売れた。国民衛兵はみな、それと気づかず、ロラン夫人の魂を家へもって帰ったのだ。

彼女もやはり家路についた。人なき里、ラ・プラチエールの農園に物思いにふけりながら帰った。ここは、ふだんよりいっそう不毛の、枯れたところにみえた。夫が従事している技術的な仕事にはあまり向いていない彼女は、『八九年の選挙人の報告書』をたいそうおもしろく読んだ。七月十四日の革命を、バスチーユ攻略を読んだ。ちょうどおりよく、その選挙人のひとり、バンカル・デ・ジザールがリヨンの友人の紹介でロラン家にあらわれ、そこで数日をすごした。バンカルはもともと、モンペリエの製造業者の家に生まれたが、クレルモンに移り、そこで公証人をしていた。ところが、近ごろ、この金になる地位を投げうち、自分の好きな勉強、政治と博愛の研究、つまり市民としての義務にすっかり打ちこむようになった。年のころは四十くらい。才気煥発《かんぱつ》というほうではないが、たいそうやさしく感受性のこまかな人で、善良で寛大な心の持主であった。かつてはふかい宗教的教育をうけており、のち哲学的政治的時期、国民公会、オーストリアの長い捕虜生活などを経てのち、敬虔《けいけん》の大きな情のうちに死んだ人である。かつてヘブライ語で読破しようとした『聖書』を読みながら、この世を去ったのである。

彼は、若い医者のラントナスに案内されて、ラ・プラチエールにやってきた。ラントナスというのは、ロランの友人で、何週間も幾月もロラン家へ来ては、夫妻といっしょに仕事をし、用を足してやりなどして生活を共にした人である。ラントナスのやさしさ、バンカル・デ・ジザールの感受性、ロランのきびしい、だが真心のこもった善良さ。また彼らに共通した美と善への愛、それらの美徳の化身ともいうべき完全な女性への彼らの愛着、といったものがごく自然に一つのグループをつくりあげ、完璧な調和をつくりあげたのである。彼らはよほど気が合ったので、こうしていつまでもいっしょに暮らしていけないものか、と考えるほどになった。三人のうちのだれがこんな発想をしたのか、それはわからない。ともかく、この考えに強くとらえられ、熱心にはぐくんだのはロランであった。ロラン夫妻はふたりのもっているもの一切合財《いっさいがっさい》を集めて、六万リーヴルをこの結社にもたらすことができた。ラントナスは二万かそれをすこしこえるくらいもっていたし、バンカルはといえば、さらにそれに十万ほど加えたであろう。これらを合わせると、当時値がさがっていた国有財産を買いとれるほどのかなりの金額になった。

この計画をバンカルに告げるロランの文面くらい、感動的で、気高く、誠実な手紙はない。この高貴な信頼、この友情への、美徳への信念をみると、ロランを、彼らみなを、いかにもすぐれた人々だと思わざるをえない。「さあ、やってきたまえ」とロランはバンカルに言う。「何をぐずぐずしているのですか。きみはぼくたちの率直で腹蔵のないやり方を知っている。ぼくの年ぐらいまで心変わりのなかった人は、もうこの年でぐらぐらすることはない。われわれで愛国心を説きましょう、人の魂を昂揚させましょう。あの医者は自分の仕事をやる。わたしの妻はこの地方の病人の薬剤師だ。ぼくときみとは、ふたりで事業をやろう」

ロランの大事業は、この地方の農民たちと教理問答をこころみ、新しい福音を説きあかすことであった。年に似あわぬ健脚家のロランは、手に杖《つえ》をつき、友人ラントナスといっしょに、みちみち自由のよき種を蒔《ま》きながら、ときにはリヨンまでもでかけることがあった。このりっぱな人物は、バンカルをよき助力者、新しい伝道者であると思っていた。そのやさしい感動的なことばは奇蹟《きせき》をおこすであろう。若いラントナスがロラン夫人のために欲得ぬきでつとめるのを見なれてきたロランにとっては、ずっと年上でずっときまじめなバンカルが、ロラン家に平和以外の何かをもたらそうなどとは、夢にも思わなかった。妻をふかく愛してはいたが、自分の仕事の不動の伴侶としか認めず、妻もまた女であることをいささか忘却していたのである。勤勉でつつましく、みずみずしく純潔、透きとおるような肌、しっかりした澄明な目。ロラン夫人は力と徳との最も確かなイメージであった。その優美はまさに女性のものであったが、その雄々しい精神、そのストイックな心は男性のものであった。その男友だちをみると、夫人のそばでは彼らこそ女性的ともいえよう。バンカル、ラントナス、シャンパニューは、みなやさしい顔立ちをしていた。みなのうち、おそらく心情という点では、いちばん女性的で弱いのは、いちばん毅然としていると思われている人、謹厳なロランである。老いらくの恋に気が弱くなり、人の生命によりかかっている。このことは、彼の最期のときにはっきりと暴露されるであろう。

　こうした状況は、危機とまでいわずとも、すくなくとも小競合《こぜりあ》いや、あやしい雲行きをはらむものであった。これはいわば、ジュリーのそばにサン＝プルーをよびよせたヴォルマールであった。危機におちいってメーユリーの岩かげにはいった小舟であった。[※4]難破はしなかったとはいえる。しかし、いっそ漕《こ》ぎださなければよかったのだ。ロラン夫人がバンカルにあてて書いた手紙の内容は、まさに右のようなものである。貞潔だが、同時にあまりに無邪気であまりに感傷的だ。その不用心さは感心するばかりで、それゆえにこそ、ロラン夫人の純潔、その無経験、変わらずもちつづけた清純な乙女心、そのようなものを証《あか》しする恐ろしく貴重な記念碑たりえたのである。人はひざまずいてしか読みえない。

これほどわたしを驚かせ、感動させたものはない……。なんということだ！　では、この英雄もやはり女だったのか。これがあの偉大な勇気が膝を屈した〔唯一の〕瞬間なのだ。戦士の鎧《よろい》がなかば脱げ、みればひとりの女性、乳房を傷つけられたクロリンダ※5ではないか。バンカルは、ロラン夫妻にあてて、やさしい愛情に満ちた手紙を書いた。そのなかで、計画中の例の結社のことにふれている。「それはわれらが生涯の魅力となり、そうなれば同胞にたいし、無用の存在でなくなるでしょう」。当時リヨンにいたロランは、この手紙を妻に転送した。彼女は田舎《いなか》でたったひとりだった。その夏は雨がほとんどなく、すでに十月だというのに、きびしい暑さだった。雷が鳴り、数日にわたって鳴りやまない。天にも嵐、地にも嵐、情熱の嵐、大革命の嵐……。おそらくは大動乱がまもなく到来するであろう。未知の事件の大波が、やがて人々の心と運命とをくつがえすにちがいない。こうした期待をはらむ偉大な瞬間には、人は神が自分のために雷をとどろかせているのだと、あえて信じるのである。

手紙をひらくやいなやロラン夫人の目は涙でいっぱいになる。何を書くかもわからずに、彼女は机に向かった。乱れた気持をそのまま書き、泣いていることもかくさなかった。これはなるほど、やさしい告白以上のものである。しかし同時に、このけなげでりっぱな女性は、相手の希望を打ちくだき、つとめてこう書いたのである。「いいえ、あなたさまの幸福ということで、わたくしには確信がもてないのです。もし、それをさまたげたのでしたら、わたくしは自分を許すことができません。わたくしにはまちがっていると思えるなさり方、わたくしとしてはおとめしなければならぬ望み、それにあなたは幸福をかけていらっしゃるようでございます」。さてそのあとは、徳と情熱ととりとめもないことのごたまぜだ。それはたいそう感動的である。ときおり、憂愁の調子があらわれ、なにかしら暗い運命の予感に打たれる。「わたくしたちのまた会えるのはいつのことでしょうか。こう

※4　ルソーの『新エロイーズ』第四部──妻のジュリーの初恋の相手サン゠プルーの人となりを知るヴォルマールは、ふたりの恋が友情に転ずることを信じて、サン゠プルーを客として招く。彼の不在中、ジュリーとサン゠プルーは、レマン湖上の舟遊びにでかけ、強風を避けて湖岸のメーユリー村に上陸、サン゠プルーはかつてジュリーのことを思いみだれたこの村を再訪した感動のあまり、帰途彼女を抱いて水中に身を投じたい衝動にかられるが、ジュリーの賢明な態度で自制する。

※5　クロリンダはタッソーの『解放されたエルサレム』の女主人公、サラセン軍の女丈夫。十字軍の勇士タンクレーディは彼女に愛情をいだくが、それとは知らず彼女と戦い、倒したのちはじめて男と思っていた相手が女であり、クロリンダであったことを知る。

自分の胸によく問いかけては、思案に暮れているのでございます。でも、自然が強くかくしている未来を、どうしてむりに知ろうとするのでしょうか。自然が未来にヴェールをかけるのなら、そのいかめしいヴェールのうしろに未来をおいておこうではありませんか。だって、それをつき破ることは所詮《しょせん》、わたくしたちにはかなわぬことですもの。人間は、未来にたいして、ある種の力しかもっていません。この力はたしかに大きいもので、現在を賢明にすごすことで、未来の幸福の準備をすることなのです……」。——さらにもっとあとのところで、「この一週間というもの、四六時中、雷の鳴らぬときとてございませんでした。また鳴りだしました。この田園をおおう空の色をわたくしはどちらかというと好きなのです。荘厳で陰鬱《いんうつ》です。もっと恐ろしくなるかもしれませんが、わたくしはべつにこわくはございません……」

バンカルは賢明で誠実だった。憂愁にかられて、冬のさなかであったが、イギリスに渡った。そして、そこに長くとどまった。ロラン夫人が望んだより、まだ長くとでもいおうか。世にも貞潔な心にも、この種の矛盾はおこるものなのだ。彼女の手紙を注意ぶかく読めば、異様な心の波が感じられる。遠ざかるかと思えばまた近よる。ときに自分を疑うかと思えば、ときには安心しきっている。

二月にはいって、リヨン市の用件でロランは彼女とパリへ行く。バンカルがきっともどってくるにちがいない大中心地パリへ自分ももどっていくということで、彼女がひそかに喜びを感じなかったとだれが言えようか。だが、そのパリがまもなく彼女の考えをまったく別の方向へ向けてしまう。情熱は変貌し、すっかり公共の仕事のほうに向かうのだ。みるもおもしろく、また感動的なことがらだ。リヨン連盟祭の日のあの大感激、全人民団結の陶然たる光景に接してのち、彼女は個人的感情の面では、涙もろく弱くなっていた。しかし、この感情はいまや、パリの光景に接し、まったく普遍的、市民的、愛国的なものにもどった。ロラン夫人は自分をふたたびとりもどす。彼女の愛するのは、もはやフランスのみである。

もしこれがほかの女性のことなら、わたしは、大革命によって、共和国によって、闘いと死とによって、この女は自然に救われたのだと言ったであろう。ロランとのきびしい結合は、時代の諸事件に共に参加するということによって、確認されたのである。仕事による結婚は共同の闘いによる結婚となった。犠牲の、英雄的努力の結婚となった。かくして悪から守りとおされた彼女は、純潔で勝ちほこったまま、断頭台へ、栄光へのぼりついたのであった。

彼女がパリについたのは九一年の冬、共和国の問題がやがてわきたつ重大時期の前夜であった。彼女はこの地に二つの力をもってきた。美徳と同時に情熱である。砂漠のなかでこれまで大事件にそなえて力をたくわえてきた彼女は、若々しい精神、新鮮な思想、感情、感動をもってパリへ来た。そして疲れはてた政治家たちを若がえらせたのである。政治家連中はすでにくたびれていた。彼女はどうか。彼女はこの日生まれたばかりである。

もう一つ、神秘の力がはたらいていた。運命の手でみごとに守られたこの至純の女性がパリについた日、それはしかしながら、婦人というものが恐るべき力をもっていた日、義務を守るだけでは十分ではなく、長く抑圧されてきた心情が開花しようとする日にあたっていた。彼女は、未知の衝動の力をもって、不敗の姿でやってきた。いかなる懸念も、その到着を遅らせはしなかった。個人的感情は克服、あるいは清算され、魂はすっかり高貴な目標、偉大な、高潔な、光輝ある目標へ向かうよう、そして名誉のみを感じつつ、帆に満風をはらませてこの大革命と祖国の大海へ乗りだすよう、幸運の神は切望していたのである。

されればこそ、このときの夫人にはあたるべからざるものがあったのだ。かのルソーがドゥドト夫人との不幸な恋ののち、ふたたび自己にもどり、その自己のうちに、全世紀の燃えたち消えることのない炎の巨大な炉を再発見したのに、まず事情は似ていたのである。

わが十九世紀は百年をへだててなお、その余熱を伝えている。

ロラン夫人がパリに投げた一瞥《いちべつ》は、何にもましてきびしいものであった。議会は嫌悪すべきものと思えたし、友人たちは彼女にあわれをもよおさせた。議会やジャコバン・クラブの傍聴席から、彼女はするどいまなざしで人々の性格を見ぬいた。もろもろの虚偽、卑《ひ》怯《きよう》、下劣、立憲派の喜劇、自由の友人たちの狐疑《こぎ》逡巡《しゆんじゆん》をあからさまにみてとった。彼女はブリッソーにも全然手心を加えない。ブリッソーは好きだが、臆病で軽率なのである。コンドルセは二心あるように思えるし、フォーシェにたいしても「この人のなかには、坊主がいるのがはっきりわかる」と言う。かろうじてペチヨンとロベスピエールには合格点をあたえた。とはいえ、彼らののろまと慎重さが彼女の性急さとあまりうまく合わないことは明らかである。若く、熱烈で、荒々しく、きびしい彼女。彼女は彼らみなの責任を問う。そして遅延や困難の言いわけには耳をかそうともしない。男らしくあること、行動することを彼女は要求する。

期待された自由は、しばし姿を垣間《かいま》見させたが、いまはすでに失われてしまっている。このなさけないありさまをみては、彼女はリヨンへもどりたくなったのであろう。彼女はこう言っている〔五月五日〕。

「血の涙を流しています。もう一度、蜂起《ほうき》が必要なのです。さもなければ、幸福も自由もおさらばです。でも、人民のなかにそれだけの気力があるかどうですか。いかに恐ろしいものであろうと、内乱でもいいから、われわれの性格や道徳の再生をはかるものがほしいのです……。――あらゆることを覚悟する必要があります。悔いなしに死ぬ覚悟でさえも」

ロラン夫人がかくもかんたんに絶望してしまった世代は、しかし、進歩への信念、人間の幸福にたいする真剣な意欲、公共の福祉にたいする熱愛など、すばらしい長所ももっていた。この世代は、偉大なさまざまの犠牲によって世界を驚かせたのである。

しかし、言っておかねばならぬのは、まだのっぴきならぬ情勢に迫られていなかったこの時期では、旧制度下で形成されたこれらの人々は、その雄々しくきびしい性格をまだあらわしていなかったということである。

剛毅さが欠けていた。

天才的決断力は、当時、まだだれのうちにもみられなかった。あの巨大な才幹にもかかわらず、ミラボーもその例外ではないのだ。

これも言っておくべきだが、当時の人々はすでに法外に書き、しゃべり、闘ってきた。どれほど多くの仕事、議論、事件が積みあげられてきたことか！　いかに多くの革新がすみやかに行なわれてきたことか！　いかに世界は面目を一新したことか！　……議会の、新聞界の重要人物の生活は多忙をきわめており、今日のわれわれには不可解なくらいである。議会は昼と夜の二つの会議。そのあいだに、ジャコバン・クラブかほかのクラブの会合以外なんの休息もない。そのクラブが十一時か真夜中に及ぶ。さらに、あすのために演説の準備をせねばならず、論文があり、事務があり、陰謀があり、委員会があり、政治上の秘密会があり……。大きな躍動と無限の希望に燃えていた最初のころは、こうしたすべてのことに彼らは耐えたのである。ともかく努力はつづけられたものの、仕事には終わりがなく、限界がない。彼らはいささか参っていた。この世代は、精神も体ももはやもとのままではなかった。彼らの信念がいかに真剣なものであろうと、この世代には若さがない。精神のみずみずしさがない。信念のはじめのころの躍動がない。

六月二十二日、政治家たちがみな尻ごみしているなかにあって、ロラン夫人はすこしもためらわなかった。彼女は、弱腰の請願には反対し、第一次選挙人集会を要求するよう、手紙を書き、地方からも手紙を書かせた。「君主政的形式を統治形態にとどむべきかどうか、イエスまたはノーではっきり審議するため」にこれが必要だというのである。——二十四日には、「いかなる摂政も不可能であり、ルイ十六世を停職せしむべきこと」などを、彼女はみごとに証明した。

すべての人々、あるいはほとんどすべての人々がなお尻ごみし、ためらい、動揺していた。彼らはさまざまの利害を計量し、時機を考えていた。おたがいをあてにし、たがいに計算しあっていた。「八九年には共和派は十二人もいなかった」とカミーユ・デムーランは言った。ヴァレンヌ逃亡のおかげで、九一年には、みずからそれと知らずに共和派になった連中の数は莫大だった。きみたちは共和派だと教えてやらねばならぬ。計量することを欲しない人々のみが、事態をよく計量したのであった。この前衛の先頭に立って前進したのがロラン夫人である。彼女は、不決断の秤《はかり》の上に金の剣を投げだした。その勇気、および権利の観念という金の剣を。

三　立憲王政の成立

議会のキツネどもは、犯罪も犯罪者もともに握りつぶそう〔したがってまったく無罪潔白の王があとに残ることになる〕と企てていた。歴史を抹殺し、ヴァレンヌを削除し、無力な裁判沙汰で、あったことをなかったことにするという、神にもできないような奇蹟をやってのけようともくろんでいた。

六月二十六日、三頭派は、ロベスピエールたちの反対を押えて議会の多数を制し、「誘拐の犠牲者」から事情を聴取することを決定、デュポールらの委員が午後七時、王のもとにでかけてゆく。国王は、たぶんバルナーヴとラメットの手助けでつくっておいた宣言文を読みあげる。外国とも亡命貴族とも通謀したことはない。国境へ向かったのは外国の侵略によりよく対処するためだった。王妃も言う、国外に出るのではないという確信があったからこそ、国王陛下とごいっしょしたのだ、と。

三人の委員は満足して御前をしりぞく。だが人民は不満だ。こんなへたなお芝居でだませるものか。そこへブイエの宣言——責任があるのは自分ひとり、国王の髪の毛一本でもさわったら、全外国軍をひきいて進軍する、パリは完全に破壊されるぞ。この宣言は国王を助けるつもりなのだろうが、逆効果以外のなにものも生まない。

七月一日、新聞『共和主義者』の発刊予告のビラがはりだされる。ビラは言う、逃亡が自発的ならぺてん師、他人にひきずられてのことなら間抜け、いずれにしても国王として失格だ、と。コンドルセ夫人のサロンの常連で、アメリカ独立に活躍したトマス・ペインの筆になるものだった。

ためらっていたブリッソーもふみきる。「国王を裁くべきではないか」、彼はジャコバン・クラブで叫ぶ。議会もついに七月十三日、この難問に手をつける。まさに三百代言的な扱い方だ。一、王の逃亡は憲法に該当する条文がない。二、しかも国王の不可侵性についての条文はある。責任はブイエその他の小者におっかぶせてしまえ。ロベスピエールは慎重審議を主張したが、その甲《か》斐《い》はなかった。

その夜のジャコバン・クラブで、ロベスピエールは言う。

「共和政と君主政、多くの人の判断では、意味のないことばだ。……わたしは共和派でも王党派でもない。……ローマの元老院のもとでのように、君主のもとでも自由は存在しうる」

ジャコバン・クラブにおしかけたダントンたちはもっと直截《ちよくせつ》に、王の肩をもつ議会を非難し、人民の怒りを恐れろと威嚇した。憤慨した立憲派は総退場する。

七月十五日——王の処分が審議される決定的な日がきた。バルナーヴが立って、君主政か共和政か、の選択を迫る。大国に可能なのは君主政のみだ。とすれば、その基礎として国王の不可侵性を認めねばならない。

「憲法論は以上で終わる。つぎは革命について語ろう。王政の廃止のあとにくるものは何か、諸君は知っているか。所有権の侵害なのだ」

バルナーヴは議員の多数の賛成を得た。共和派とオルレアン派は突破口を捜す。議会は王政については決定したが、ルイ十六世個人については決定していない。十五日夜のジャコバンの集会で、ルイ十六世廃位の請願運動が決定される。請願文の作成をゆだねられたのはブリッソーとラクロ――共和派とオルレアン派との合作。

同じころ、ほとんど真向かいのフイヤン派修道院では、立憲派の幹部たちが集まっていた。ジャコバンから分かれて、議員だけのエリート・クラブをつくろうではないか。十六日の朝には議員の大半はこのフイヤンに移り、残留したのはわずか五、六人。ほとんどからっぽのジャコバン・クラブで請願文が採決される。これはシャン゠ド゠マルスへ送られて、集まった群集の賛成を得、翌十七日の日曜、「祖国の祭壇」で大衆署名をうけることになる。

この王政への宣戦布告の報は、夜にはいってまだ開会中の議会にもとどく。どう対処するか。ルイ十六世個人について議会は未決定という穴をうずめることだ。そこで国王の停職期限は彼が憲法を承知するまで、と決定される。ルイ十六世個人は、停職中とはいえいぜん国王である。翌

バルナーヴを諷刺した絵。右の顔は「民衆の人，1789年」，左の顔は「宮廷の人，1791年」

朝これをパリじゅうに布告しよう。こうすれば、ルイ十六世個人に攻撃を加える者を、法の名において片づけることができる。いったん地に落ちた王権を再起させるには、実力行使が必要なのだ。

かくては共和派も慎重ならざるをえない。その夜のうちにダントンはじめコルドリエの幹部は身をかくす。そして十七日早朝、シャン＝ド＝マルスでは、祖国の祭壇の台の下にひそむふたりの人間が発見された。かつら師と廃兵、ともに王党派である。その傍観的な行動は、集まりはじめた群集の怒りを買い、絞り首になってしまう。

この報が議会にとどくと、立憲派はこれを口実に戒厳令を布告し、個人的もしくは集団的文書によって人民の抵抗をよびかける者は国民にたいする反逆罪に問うことを決定する。ときに正午前、ロベスピエールの急報によって、ジャコバン・クラブは集団的文書たる請願の中止を決定、急ぎの使者をシャン＝ド＝マルスに派遣する。

シャン＝ド＝マルスに集まっていたのは、まだ数多くはなかった。祖国の祭壇のまわりに二百人足らず、斜堤のところどころに人がかたまっていただけだ。

正午ごろ、軍隊が到着、斜堤から一発の銃声、前衛を指揮していたラファイエットの副官が負傷する。人民は荷車をひっくりかえしてバリケードで軍隊に対抗する。バリケード越しに、ラファイエットに銃口がつきつけられ引き金がひかれたが、不発。ラファイエットはバリケードを突破して、祭壇までつきすすむ。

祭壇の近くの人々は、ただ署名活動をしているだけと主張する。彼らの読みあげた請願文は、たしかに激烈な文句をつらね、議会を威嚇してはいたが、その行動はおとなしいものだった。男に混じって子どもづれの女たち、妻も娘もいた。彼女たちも加わった署名は数千に達していた。

この主権者の集会に直面して、議会は恐怖にかられた。これまで国王と人民とのあいだの審判者、調停者をもって任じていたのに、いまや被告の身ではないか。……かくては、どんな犠牲をはらっても、集会を解散させ、請願文を引き裂かねばならぬ。

これが立憲派の反応だった。五万の群集がシャン゠ド゠マルスからおしよせてくる、とのデマが格好の口実となる。議会の決定で非常を告げる太鼓がひびき、学者市長バイイのひきいる国民衛兵がシャン゠ド゠マルスへと向かう。

彼らが七月の夕日のもとにみたものは――平和そのもの、日曜日の散歩者だった。武装した者は少なく、女こどもが大部分、物売りまでいる。殺気だった暴徒の集まりと聞かされてきた兵士たちは、事の意外に驚いたが、より以上に驚いたのは、軍隊の到着をみた群集のほうだった。バ

シャン＝ド＝マルスの虐殺

イイの大声の解散勧告に、投石と銃の一撃がこたえ、市長のうしろの竜騎兵が負傷。国民衛兵は空包射撃か、空へ向けて発射、まだ死傷は出ない。シャン＝ド＝マルスの中央では、銃声は聞こえたが何がおこったのかわからない。解散勧告に応じようとは思うものの、軍隊に包囲されており、おまけに女こどもづれなのだ。突如、祖国の祭壇の周辺へ向けて銃撃が加えられる。たちまち阿鼻《あび》叫喚《きょうかん》、死傷者を捨てて逃げまどう群集の上には、騎兵のサーベルが降ってくる。「シャン＝ド＝マルスの虐殺」である。近くの病院に運びこまれた死者の数は十二、その夜セーヌの河に投げこまれた死者多数という説がもっぱらであった。

虐殺の責任者はだれか。バイイもラファイエットも攻撃の命令をくだしていないのは確実である。推測にたよるほかはないが、反王政的な請願への攻撃によって利益を得るもの、すなわち王党派に責任があるのは、良識の教えるところであろう。おそらく、旧貴族の国民衛兵の士官が、バイイの指令と偽ってラファイエット派の有給衛兵に命令を伝え、有給衛兵がこれに従ったものであろう。虐殺は、王権の再建のために手を握った王党派と立憲派との合作であったのである。

恐るべき一斉射撃は、万人の耳にとどろき、万人の心をいたませた。その立場のいかんを問わず、万人が不吉な予感をいだき、身内がなにか総毛立つのを感じた。あたかも、天が裂け、未来の社会戦の光がさしたかのように。

ことに恐怖にかられたのは、フイヤン派の総引上げでわずか六十名の少数となったジャコバン・クラブであった。虐殺を挑発した責任を問われるにちがいないのだ。震えあがって、請願文は自分たちのかかわらぬところと主張し、「憲法への忠誠、議会の法令への服従をあらためて誓う」。身の危険を感じたロベスピエールは、近くの大工のデュプレーのもとに身をひそめ——三年後の死までそこにとどまることになる。

フイヤン派は、いまさらのように事の重大さにとまどっていた。王党派になんという助勢を送ったことか。もう一歩、それで王政は完全にたちなおり、革命を御破算にしたことだろう。その一歩は、ダンドレが非常手段として提案したクラブ閉鎖であった。さすがにデュポールとラファイエットはふみとどまる。

彼らがこのときもっと賢明にふるまえば、全フランスのクラブをジャコバンから奪って、フイヤンの指揮下に組みいれることができたろう。だが、実際行動から手をひき、議案の準備のみに専念する方針を表明し、能動市民のみに会員となる資格を認める規則を決定することによって、みずからの特権的エリートとしての性格を暴露するという決定的な失策を犯す。全国のクラブはジャコバンの忠実な支部としてとどまり、フイヤンについたものわずかに三であった。

ジャコバンはようやく息を吹きかえし、「ここに集《つど》うものこそ真の憲法の友の会である」との再確認宣言を発し、一歩を進めて日和見《ひよりみ》メンバーの粛清作業をはじめる。こうしてクラブ再建が軌道に乗ることになるが、それは主導権を握ったロベスピエールの、ジャコバンにたいする独裁的支配の確立の過程でもあった。

立憲派は、いよいよ王党派と共謀せざるをえなくなる。バルナーヴのプランは、かつてのミラボーと同じく、「革命をおしとどめ、王権を救い、王妃とともに治める」ことだった。この両派の共同作業のもと、八月五日から、憲法完成の仕事がはじまる。これまで決定してきた諸法令を、手なおししたり棚あげしたりして、一つの憲法にまとめあげるのだ。急いで王政をフランスにおしつけるのだ。その過程で、立憲派は、あわれにも、自己を裏切り、後退をも辞さなかった。

こうしてできあがった憲法の柱は、二つの制限であった。まず国王に停止的拒否権をあたえる。これは行政権（国王）と立法権（議会）の相互制限といえる。つぎに制限選挙、いうまでもなく主権者の範囲の制限である。こうして、巨大な政治機構のどこを捜しても、主導権を発揮できる部分が見あたらない。

王党派と立憲派との共謀を目の前にして、全フランスがジャコバン派の側に身を寄せてゆく。地方のジャコバン・クラブの数は、七月の四百から九月の千へと激増し、パリのクラブでもフイヤンからもどってくる者があとを絶たず、会員数はシャン＝ド＝マルス事件以前よりも多くなる。しかもこれまでのように理性の人、思考の人は多くなく、情熱の人、感情の人が支配的となる。

大部分は二流の芸術家、ジャーナリストといった連中なのだ。かくて、ジャコバンで思考する頭脳はただひとり、全フランスの千の組織の巨大なピラミッドの頂点に、ロベスピエールの眼鏡をかけた蒼白の頭が位置することになる。

九月一日、憲法作成終了の日、ロベスピエールは議会で立憲派告発の叫びをあげる。宮廷、王党派との取引きは、祖国への裏切りではないか。この告発に直面して、バルナーヴもデュポールもラメットも一言も発しえない。ロベスピエールの背後には、拍手喝采する傍聴席が、さらには全フランスのジャコバンがいたからだ。告発にたいして沈黙をもって答えざるをえないこの日、立憲派は滅び、立憲派とともに立憲議会も滅んだのである。

八月二十七日、七月から協議していたオーストリア皇帝とプロシア王とはやっと合意に達し、「ピルニッツの宣言」を発した。麾下《きか》の全軍に動員令を発したという一句は、亡命貴族につつかれての口先だけの威嚇だったが、フランスには警鐘を鳴りひびかせた。戦争は近い、この危機に裏切り者にたよれるものか。こうして民心はますます立憲派から完全に離れる。

九月十三日、国王は立憲派の懇願にこたえて憲法を承認した。ただし、この憲法には欠陥があるが、「経験のみがその唯一の判定者となることに同意する」という条件をつけた。これでは是認せずに是認することだ。それでもパリでは祝宴がひらかれ、国王一家は人民の歓呼をあびた。これで革命が終わることなら、と期待した者もある。終わるどころか、はじまったばかりだ。

僧侶が神と国王の名において、内戦をおっぱじめようとしていた。「僧侶にかんする民事基本法」にたいする法王の反対が効き目をみせはじめたのだ。一七九一年五月三十一日、ヴァンデからの秘密の訓令が全フランスに送られる。新体制に忠誠を誓った僧侶のとり行なう洗礼も婚礼も埋葬も、すべて無効だという。信心ぶかい農民は宣誓を拒否した僧侶たちにたよらざるをえない。そして彼らの口から反革命のたねがばらまかれる。

これに抵抗するためには、革命は、うつろいやすい人間の感情だけにたよるのではなく、利害にうったえる必要があった。その武器こそ、教会から没収した国有財産の売却にほかならなかった。

売却ははじめは遅々として進まなかった。農民が旧教会財産に手をつけるのをこわがったからだ。最初にきめられた期日、九一年三月二十四日には、まだ一億八千万リーヴルしか売れていなかった。まず五月まで日延べ、さらに九二年一月まで日延べ、これでやっと農民も重い腰をあげ、三月から八月末までの五ヵ月間に八億リーヴルが売れた。かくて——

革命はいまや逆もどりできないこと、革命は暴力をふるうのみではなく強固かつ深遠であること、国の表面に手をつけるのではなく、奥の奥まで手をつけること、国王たちが何を望み何を行なうにせよ、革命は永久に不可逆的、不敗であることが予見された。けっきょくのところ、国有財産の売却は何を意味するか。たくさんの人間が革命の大義に財産を賭けたこと、おそらく財産以上に生命を、さらに生命より以上に自分の家族の運命を賭けたことを意味するのである。

この事実の前に立憲派は震えあがった。なぜか。売却と地方のジャコバン・クラブの激増とは並行していたからである。国有財産の購入者は最も強力な革命派、したがってジャコバン派となったからである。

かくて、わが革命は強固な、持続的な、永劫《えいごう》のものとなった。革命は、いくたびとなく歩みをとめつつも、つねにふたたび歩を進め、動きをつづける。革命は、都会のぐらぐらの土、盛りあがり沈みこむ土に、築きまた崩す土の上にだけ座するのではない。大地に、大地の人にみずからを賭けるのである。大地の上でこそフランスが永続する、輝きは少なくとも不安は少なく、強固なフランス、それ自体のフランスが。フランス人は変わる。フランスは変わらない。

九月三十日、国王が、終焉《しゅうえん》に遺憾の意を表しつつ立憲議会の閉会を宣したとき、議長のトゥーレは傍聴席の人民によびかけた。「立憲議会は、会期を終え、使命を果たしたことを宣言する」と。

このときトゥーレは一度起立して、国王がすわったままなのに気がつき、腰をおろしたまま演説を行なった。トゥーレはけっして急進的でなく、むしろ穏健派だった。その穏健派すら、憲法は国王と人民との契約にほかならないことを意識し、契約の両当事者が対等であるという事実を、この行動によって示さざるをえなかったのだ。

式を終え部屋にもどったルイ十六世は、外国に、国王たちに救いをもとめる手紙の筆をとった。

四　立法議会はじまる

一七九一年九月にはじまる一ヵ年の主題は、戦争、内外の敵にたいする国民の突進である。

この間の最大の問題は、あまりにも明白な真実がしだいにあらわとなってゆく過程である。すなわち、国王が敵であるという真実、内外のすべての敵の〈意図すると否とにかかわらず〉中心であるという真実。

この過程の到達点はフランスの救済、一七九二年八月十日における、王権の転覆による救済である。

知的なフランスは、おしゃべりに精力を使いはたしていた。行動する気持はなく、情勢の危険に目をとじ、戦争はおこらぬものと信じこんでいた。

しかしフランスの人民、しゃべらず働くフランスは、幻想をいだかず、戦争を確信していた。ヴァレンヌ以後銃を要求する声は全国に満ち、それがまにあわないので、槍の製造にとりかかる。

彼らは学者でないから、「オーストリア皇帝は博愛主義者で、ロシアのエカテリーナ女帝は哲学者だ」などとは言わぬ。確信していることはただ一つ、フランスが、革命によって、世界で他に類のない唯一の存在となったことだ。この新しい生き物は、革命に憎しみと恐れをいだく国王たちと、まだ目ざめていない国民たちとのあいだで、孤立した自己を見いだし、自衛を考えねばならなかった。

目に一丁字《いっていじ》もない農民が正しくも推論する。

「われわれフランス人が、ヴァレンヌで国王をとらえたとき、王権に手をふれたことを、国王たちが忘れようはずはない。彼らはすべて、ルイ十六世の身において捕虜となったのではないか。全世界にわたって、人民は国王たちの奴隷であり囚人だ。フランスのみにおいて、国王が人民の囚人となった。取引きは不可能だ。……とびかかる前の犬のように、うなるだけでまだかみついてはいない。のどに食らいついてくるまで待つのは大バカモノだ」

全フランスが国境の守りにおもむくべく立ち上がる。ジロンド県は九十万の全男子を派兵することを誓った。全国民は日常の労働にいそしみつつも戦争で頭がいっぱいだった。百姓は牛を追うのに、「こら、プロシア」とか「そら行け、オーストリア」と叫んでいた。

たしかに、いまふんでいる大地、領主たちの重租から解放され、手にはいったばかりのこの大地を、手ばなしてなるものか。革命の果実を守るか失うかは、国民みずからの責任なのだ。欠陥の多い一七九一年の憲法も、この責任を自覚させた点において、すばらしい憲法だった。祖国のため、ひいては全人類のため、生命を賭しても革命を守らねばならぬ。

この自覚が九一年の選挙に作用し、戦争賛成派が立法議会の多数を占める。選挙が終わり、収穫が終わると、全国に「いいじゃないか」の歌声がひびきわたる。この歌声には偉大な、生死を賭けた、不敗のものがある。あふれる革命の大洋の海鳴りだ。この高波をおしとどめることはできない。

フランスは、九一年には、無垢《むく》の青春さながら、自由の乙女さながらだった。全世界がフランスに恋をした。ライン地方、ネーデルランド、アルプス地方からは求愛の声が聞こえる。フランスは国境を一歩ふみだすだけでよい。大歓迎をうけたはずだ。フランスは、一つの国民としてではなく、正義として、永遠の理性として来たり、人々に、みずからの最良の思想を実現し、みずからの権利に月桂冠をあたえることをもとめるだけなのだ。

自然な併合、つまり同じことばを使い同じ人種であるリエージュとサヴォワの二人民を併合するほかは、フランスは何もほしがらない。世界じゅうで一片の土地も他国から奪いはしなかったろう。いまでもだれひとり知らぬことだが、この神聖な瞬間においてフランス以上に非征服的なものはなかった。フランスが利害にひかれ不正になるためには、時が、妨害が、危険の誘惑が必要だった。

一七九一年にはフランスは、自己の力づよい処女性を自覚していた。頭を高くあげ、心は無垢、自己の利害を度外視して前進していた。自分が愛らしいことを知っており、じっさい、諸国民から愛されていたのだ。

諸国の人民に愛されることは国王たちに憎まれることだ。エカテリーナ女帝の憎しみはことに大きく、スウェーデンに対仏侵略をそそのかしていた。イギリスとオーストリアは、フランスが革命で弱体化するのを喜んでいた。フランスは絶対王政のもとで強かったが、共和政のもとでも強かろう。一つの原理で統一されるとフランスは恐るべき存在だ。だが立憲的フランスは、古い王政的擬制と新しい共和政的現実との混血児で、この二つのあいだに均衡を手さぐりしている。この弱体フランスにならば全ヨーロッパは寛容な態度をもってのぞむであろう、というのが立憲派の予想であったが、イギリス、オーストリアのばあいは、この予想は当たっていた。

オーストリアの皇帝レオポルトは四十四歳ですでに老いぼれていた。肉欲に力を使いはたしていたのだ。彼だけではない。十八世紀の王侯はみな同じだった。啓蒙的思潮と自己の反動的現実とに引き裂かれ、この矛盾からの逃げ道を官能の満足のうちに見いだそうとしたのだ。プロシアのフリートリヒもスウェーデンのグスタフもフランスのルイ十五世も。王権は自殺しつつあったのだ。

ルイ十六世は、人々がやがて革命に疲れて王政の安定を願うようになると考えていた。新議会で立憲派がけっして多数を占めていないことがわかるやいなや、バルナーヴはぼろのように見すてられ、国王は正体をあらわし、拒否権を利用して立憲王政のこころみを妨害しはじめる。この国王と対決する新議会はどうであったか。

立法議会ほど年の若い議会は空前絶後である。議員の大多数は二十六歳にもなっていない。……ほとんど年も同じ、階級も同じ、吐くことばも着ている着物も同じ。画一的な軍隊さながらだ。まったく若者ばかりで、老人のひとりもいない世代の侵入、騒々しく、分別ざかりの世代を追いだし、伝統を王位からひきずりおろす若さの登場にひとしい。白髪はもはやない。新フランスは黒髪をいただいて、ここに座を占める。

コンドルセ、ブリッソーその他少数をのぞいては、議員は無名の者ばかり。……下のほうの議席に一団をなしてすわっている、ジロンド県の弁護士たちの密集隊形の軍団をみておこう。……それは、ヴェルニヨ、ガデ、ジャンソネ、デュコ、フォンフレードたち、新議会の精神を具現する有名な星団《プレイアード》だ。

すべて弁論は巧みでも、実務には未経験な者ばかり。全県戦争気分に満ちたジロンド県の前衛である。彼らにブリッソー、コンドルセ、イスナールなどが加わって、ジロンド派が形成され、議会の多数を握る。もう一つ、新議会が旧議会と異なるのは、右派が、貴族派が、僧侶派が存在しないことだ。これこそフランス国民の意志の表現だった。立憲王政を推進するフイヤン派はかなり多数で、ときどき中間派の支持を得てジロンド派の支配をくつがえし、国王にたいする議会の態度を右にかたむけることとなろう。

　国王の新議会でのデビュは奇妙なほど拙劣なものだった。召集日には議会に臨席せず、開会式を三日ものばす。このひきのばしを、宮廷の無礼と議会は思いこんだ。

> 　多くの議員、ことにクートンの提案によって、以後陛下の称号を廃止すること、フランス人の王の称号を守り、国王が議場にはいってきたときには起立するが、あとは着席し着帽してもよいことが決議される。壇上には同じ高さで二つの同一の席を設け、国王は議長席の左とする。これは玉座を廃止し国王を従属させることだった。

　十月五日、召集日の新議会のこのふるまいに、フイヤンの立憲派は怒りに震え、王党派以上の王党派となって、新議員に圧力をかける。議会が決議を固執するなら、国王は開会式に親臨されず、大臣を代理に送られるだろう、それでは全ヨーロッパに、フランスの内紛を暴露するというぶざまなことになるぞ。

　議会はこの威嚇に屈し、翌六日、前日の決議の最終決定を中止し、審議を延期する。王党派には絶好のお笑いぐさだ。こんな朝令暮改の議会は、尊敬もされなければ畏怖《いふ》もされないだろう。

この教訓を新議会は忘れないだろう。

さて開会式の十月七日がくる。

国王が入場する。満場の拍手喝采。議会は国王万歳！　を叫ぶ。傍聴席の王党派は、議会への侮辱をあらわそうと、国王陛下万歳！　を叫ぶ。巧みな感動的な演説を国王は行ない、憲法の精神にのっとって議会がフランスにあたえるべき新しい法律を列挙する。彼は革命は終わったと考えているのだ。だが彼自身、僧侶の王として、意図すると否とにかかわらず亡命貴族の王として、フランスのすべての敵の王として、まさに彼は障害物なのだ。この障害をこえて、革命はその戦いをつづけるだろう、自滅を欲しないならば。

まだ年も若い議会は、このことを理解していなかった。自分が何をすることになるかも予見していなかった。議長のパストレが、国王の、朕は愛される必要がある、と言ったひとことにふれて、「わたしたちもまた、陛下、あなたから愛される必要がございます」と言ったとき、全議会は感激のるつぼとなった。

だが現実はそんななまやさしくはなかった。情勢はいぜんきびしい。西部では宣誓拒否派の僧侶が活潑に動いているし、国境の向こうのコブレンツには、国王の弟のプロヴァンス伯をはじめ亡命貴族が集結しはじめている。十月二十日、ブリッソーが戦争への口火を切る。亡命貴族と、その背後の全ヨーロッパの国王たちに打撃を加えるべきだ。

「よろしい！　事態ここにいたれば、一刻もためらうべきでない。まずこちらから攻撃すべきだ」

全議場、全傍聴席の拍手喝采。たしかに国王たちは攻撃の口火を切ろうとはしない。革命フランスが内紛でもっと弱体化するのを待とうというのだ。だが、新旧の二原理の衝突はフランスの国外で最初の流血をみることになる——アヴィニョンの悲劇。

五　戦争へ、戦争へ

法王領のアヴィニョンは、新旧の二原理がはじめて面と向かって対決した地点として記憶されねばならない。僧侶を中心とする支配勢力にたいして積もりに積もった商人たちの憎しみが、フランス革命の報によって発火点に達したのだ。新旧の血なまぐさい衝突は、九月虐殺、ヴァンデの反乱、恐怖政治を予告するものともいえよう。

アヴィニョンではすでに一七九〇年七月、連盟祭をきっかけに流血をみ、親仏派はフランスとの併合をうったえつづけてきた。すでに反動のコースをたどりはじめていた立憲議会は、この願いをなかなか聞きとどけようとはしない。フランスの南方での反革命の一中心であったヴナスク伯爵領との紛争にまきこまれていたアヴィニョンの親仏派は、窮境におちいる。彼らの運命にやっと同情をもつようになった立憲議会は、一七九一年の五月、少数の兵士とともに三人の調停委員をアヴィニョンに派遣した。

アヴィニョンの親仏派は、これに力を得て、市の権力を握り、ただちに教会財産の売却にとりかかり、あらためて併合をフランスに願いでる。そして、九月十四日、待ちに待った同意が得られた。

だが、併合の実行はなかなか進まず、もともと少数派の親仏勢力は法王派の反撃にさらされることとなる。ここでも信仰にうったえた僧侶の宣伝は効を奏し、十月十六日、日曜の朝、周辺の農民を加えた群集が市当局を襲撃し、親仏派の首領で書記のレキュイエが血祭りにあげられ、その死骸にひどい侮辱が加えられた。

後手にまわった親仏派は、デュプラが中心となって、やっと三百五十人の兵士を集めて攻撃に移る。だがすでに群集はちりぢりばらばらになり、残っていたのは野次馬たちだけ。これに砲撃が加えられ死傷者が出た。このテロの脅威によって、わずか数百の親仏派は、三万のアヴィニョン市民を支配下におくことができたのだ。

レキュイエ惨殺の現場からの逮捕者にたいして、即刻死刑にして見せしめにせよという意見もあったが、けっきょく裁判が行なわれることになる——かつて宗教裁判のひらかれた法王宮のグラシエール塔の一室で。混乱と興奮のなかで規則もなにもあったものではなく、形ばかりの審理で死刑の判決、虐殺同然だ。

すでに深夜。執行を命ぜられた兵士はみな尻ごみし、酒の勢いでやっとこの蛮行にとりかかる。

犯罪の大小は問題でなく、関係のまったくない者、現場近くにいてまちがってとらえられた親仏派の者にまで、泥酔した兵士が襲いかかる。虐殺されたのは六十人から八十人、女性も数多く混じっていた。阿鼻叫喚《あびきようかん》は全市にこだまし、市民は恐怖のどん底に落としいれられる。

この呪《のろ》われた事実は、のちの人身犠牲、穏健な革命派も革命の反対派も、自由の味方も敵も、なんの見さかいもなく無差別に死に追いやった大殺戮《だいさつりく》の最初のものだった。

十月十六日のアヴィニョンの虐殺は、パリの九月虐殺の醜い原型なのだ。

これらの事件の影響は計算できぬほど大きい。それは、無垢のフランスにたいするはげしい反撥を生んだ。革命は、両手をひろげ、純真に、やさしく親切に、無私に、ほんとうに友愛に満ちて、全世界に歩みでる。世界は尻ごみし、革命をはねつける——いつも、九月とグラシエールという一言で。

いったん併合が決定した以上、その実施にあたる委員がもっと早くアヴィニョンに到着していたら、この惨事は避けえたかもしれない。だが委員がついたのは十一月上旬のことだった。アヴィニョンでの法王派の勝利を期待した宮廷と大臣たちのサボタージュにも責任があったのだ。

この計算ずくの怠慢は、アヴィニョンのみならずフランス国内において、あらゆる不幸の原因となった。立法議会と宮廷とのあいだに不信感が生じ、それが亡命貴族と宣誓拒否僧侶とについての対策をめぐっていっそう高まってゆく。そこでヴェルニヨとイスナールの登場となる。

　ヴェルニヨはミラボーの再来とよばれた雄弁家だったが、雄弁家である前に人間だった。はげしい党争のなかでも人間愛を失わず、そのために不決断を責められるほどだった。

　十月二十五日、彼は立って、国王の弟たちも含めて亡命貴族にたいする死刑を要求した。議会は、彼の雄弁に敬意を表しつつも、より穏和なコンドルセの提案に先議権をあたえた。亡命貴族に新体制への忠誠の宣誓をもとめ、拒絶する者の財産を没収するという案だ。

　十月三十一日、ヴェルニヨとは別の種類の雄弁、南仏の竜巻のように、聞く者全部を激情にまきこんでしまう雄弁が、コンドルセ案に反対する——イスナール。罪ある者を王侯だからといって罰しないなら、平等とはいえぬではないか。

「もし天の火が人間の自由になるものなら、人民の自由を侵す連中を天の火で打ち倒すべきだ」

　全議員が電流にかけられたごとく、亡命貴族への強硬策を可決する。即日まず王弟のプロヴァンス伯について決定、二ヵ月以内に帰国しなければ、摂政となる権利を剝奪《はくだつ》する。つぎに亡命貴族一般については十一月九日に決定がくだる。一月一日までに帰国せざる者は、陰謀罪を問われ死刑。

　十一月十二日、国王は拒否権をもってこれに答える。新憲法の最大の欠陥が、成立後わずか二ヵ月で白日のもとにさらされる。立法権と行政権とのあいだの協力こそ、立憲王政のこころみを可能にするのに、行政権には協力の意志さえもなく、しかもその手に停止的拒否権という武器が握られているのだ。

つづいて、国王にとってもっと大事な僧侶の問題が日程にのぼる。ここでもイスナールが、国民感情の恐るべき通訳となる。「フランス革命には結末が必要なのだ」。宣誓を拒否しつづける僧侶どもに寛大であることこそ、革命を裏切るものだ。

十一月二十五日、イスナールを中心メンバーとする監視委員会が設けられ、四日後には委員会の準備した法案が議会に提出され可決される。新体制に忠誠を誓う宣誓は一週間以内にすますこと、拒否する者は反乱容疑者として監視下におく、反抗する者は一年以内の禁固、反抗を煽動する者は二年の禁固――この苛酷さは逆効果、むしろ抵抗をよびかけるにひとしい。しかも、この法令の施行はおぼつかない。施行にあたる県当局には、大部分穏健なフイヤン派が公選されており、反革命派までまぎれこんでいたからだ。

ことにパリ県の当局は、フイヤン派で占められていたが、法令への抗議を国王にさしだし、拒否権の発動を懇請した。だが彼らは自分たちがすでに落ち目なのに無自覚だった。十一月十七日のパリ市長の選挙で、フイヤン派のかついだラファイエットは六千七百対三千で敗北を喫していた。市長にペチヨン、コミューンの助役にマニュエル、助役代理にはあの恐るべきダントンが選ばれていたのである。

パリ県の抗議文をうけとった国王は、なかなか態度をはっきりさせない。そのあいだにも対外関係が緊迫する。亡命貴族軍は国境に集結している。国王はドイツ諸侯にたいして、その解散を要求すべきではないのか。イスナールは十一月二十九日、この問題をとりあげて戦争問題にまで展開してゆく。

「国王に言おうではないか、憲法を守ることこそ彼の利益なのだ、……彼は人民によって人民のためにのみ統治し、国民は国王の主権者であり、国王は法の臣民なのだ、と。ヨーロッパに言おうではないか、大臣どもが国王たちを人民にたいする戦いにかりたてるならば、われわれは、人民を国王にたいする戦いに立ち上がらせる、と〔拍手喝采〕。言おうではないか、人民が専制君主どもの命令でたたかう戦いは、不実な煽動者にあおられて闇夜に組打ちしているふたりの友の喧嘩《けんか》さながらなのだ。もしさんさんたる陽光のもとに身を見いだせば、ふたりの友は抱擁し接吻し、自分たちをあざむいた者を罰するにちがいない。これと同様、敵軍がわが軍と戦火をまじえる瞬間、もし哲学の光明が彼らの目をうつならば、諸人民は、位を追われた暴君、安堵《あんど》した大地、満足した天空を前にして、たがいに抱きあうだろう」

十二月十四日、国王は議会にのぞみ、トレーヴ選挙侯にたいする宣言を読みあげる。もし一ヵ月以内に亡命貴族軍を解散させなければ敵とみなす、というのだ。国王の真意はつかめない。十九日、やっと僧侶にたいする法令への態度を明らかにし、拒否権を発動する。これで五日前の革命的行動も帳消しだ。国王の真意は、要するに革命フランスを内外ともに窮地に追いこむことではなかったか。

時とともに、国内の紛争よりも国外の紛糾が前面におしだされてくる。十二月十八日、ジャコバン・クラブは、戦争の予言者、ヨーロッパ十字軍の伝道者イスナールの司会のもとに、この問題ととりくむ。イスナールは叫ぶ。

「フランスは偉大な叫びをあげ、全世界の人民が答えるだろう。大地は戦士の死骸におおわれ、自由の敵は人類のリストから抹殺されるだろう！」

満場は拍手喝采でわれんばかり、その瞬間ロベスピエールが登壇して、この興奮に水をかける。感情にうったえる雄弁におしながされないようにしよう、必要なのは落ち着いた討論なのだ。この三ヵ月、議長の職を独占し、クラブを興奮にまきこんできたブリッソー、ヴェルニヨ、イスナールらジロンド派も、ロベスピエールの権威には敵しえない。

じっさい、ジロンド派は、ジャコバンでは異分子、無縁の存在だった。その精神の本質は反対のものだった。ジャコバンに根をおろすことは、ジロンドにはとうていできなかったろう。

この不一致が戦争問題で爆発した。ジロンドは外戦を望み、ジャコバンは国内の敵、裏切り者への戦いを望んでいた。ジロンドは宣伝と十字軍を望み、ジャコバンは国内の粛清、不良市民の懲罰、テロと糾問とによる抵抗の圧殺を望んでいた。

ジャコバンの理想、ロベスピエールの思想を完全に表現していたのだ。

ジャコバンの理想、ロベスピエールがこの同じ一七九一年十二月十八日の夜、つぎのように言ったとき、ジャコバンの思想を完全に表現していたのだ。

「嫉妬《しっと》が愛情のあかしであるように、不信の念は自由の心情のあかしなのだ」

立憲議会の議員を辞してのち、故郷のアラスに旅してきた彼は、地方の、ことにピカルディの好戦的感情に感染し、一度は戦争に賛成していた〔十一月二十八日〕。その彼が反対に転じたのはなぜか。不信のためである。軽率なジロンド派、フイヤン派に推されて陸軍大臣になったナルボーヌ、すべて信用できない。ジロンド派はフイヤン派と通謀しているのではないか。軍の充実に努力しない宮廷もあやしい。軍備の不足によって敵の勝利を招きよせ、フランスを旧体制にひきもどすためではないか。

ロベスピエールは自分の考えを全部さらけだすが、ブリッソーは半分しか言わない。前者は、宮廷、フイヤン、ナルボーヌはみなあやしくて、とうてい戦争遂行をまかせられないことをみごとに示したのにたいし、ブリッソーは、だれひとりとして異論のない一般論を述べたてるだけで、心の底の考えを言わず、言えもしなかった。その考えとは、ジロンド派は高まりゆく好戦の動きをひとたび手中に握ったら、きっとナルボーヌをしりぞけ、剣をみずからの手にとり、国内の敵、国王をくつがえし、挙国一致外敵にあたる、ということだった。

ジロンド派の国王にたいする政策は偽善に満ちていた。正面きって攻撃はせず、立憲的な国王としてふるまうよう要求する一方で、国王のうけいれられないような法令を連発し、その決定的失策を待って、国民の憤怒のもと、国王を打倒しようというのだ。

そして、ロベスピエールの反対にもかかわらず、戦争は、みずからの解放を他に分かとうという使命感に燃えたフランス国民によって圧倒的な支持をうけていた。この偉大な激情をおしとどめたら、みずからを傷つける恐れがあった。

開戦の遅延は全ヨーロッパの国王たちの望むところでもあった。トレーヴ選挙侯も亡命貴族軍を解散させていた。にもかかわらずジロンド派は戦争に突進する。人民を武装させるため槍の製造を促進し、挙国一致のしるしに赤いボネットをかぶる運動を推進する。そして一月十四日、外交委員会は、オーストリア皇帝にたいし、二月十一日以前に、フランスの敵か味方かを宣言せよ、回答のないばあいは敵意の証明とみなす、との最後通告を発した。

人民の戦意は、槍と赤いボネットとともに昂揚する。二月七日、オーストリアとプロシアのあいだにむすばれた攻守同盟が、最後通告への回答であり、かてて加えて、不決断な皇帝レオポルトが急死〔三月一日〕し、狂信的な革命の敵フランツ二世が帝位をつぐ。そして開戦への最後の一歩――ジロンド派内閣の出現。

三月十八日、ブリッソーは前外務大臣ドレッサールを告発した。議会の決定に抗して戦争をサボっていたというのだ。決定的な、しかも間接的に国王を目ざした一撃、ヴェルニヨがあとにつづく。

「廷臣どもは、憲法の規定によって不可侵なのは国王のみということを知っているはずだ。法は、罪ある者を、なんの差別もなしに裁くだろう。法の刃がふれえない犯罪者は存在しない」

宮廷は震えあがり、ドレッサールを見すてる。ナルボーヌもひとりだちできず、身をひく。三月末、宮廷はジロンド派内閣を甘受せざるをえない。

閣僚の選択はむずかしかった。ジロンド派の議員は、真の権力の座である議会を去ることができない。代理として選ばれたのは第二流の専門家だった。大蔵大臣にジュネーヴ人のクラヴィエール、外務大臣にデュムーリエ、内務大臣にはロラン。

内閣の中心はあとのふたり。ロランは実務の経験の豊かなだけでなく、啓蒙思想に忠実な原理の人だった。これにたいして、デュムーリエは、旧制度のもとでの軍人と秘密外交官〔それもスパイすれすれの」との経験が示すように、なんの原理にも道徳律にもしばられない野心家で、いま国王の敵から大臣に推されながら、国王に同情的で、ひそかに国王のために画策することになる。ふたりのあいだははじめから共感はなく、協力があやぶまれた。

だが、この内閣の真の中心はブリッソーだった。彼は行ったり来たり、書いたり話したり、党務と政務をひきうけ、いつでもなにごともブリッソー、といった調子だった。大事ができないわけではないが、小事にも首をつっこむ。どちらを向いても彼がいる、というので人々はしまいにはうんざりしてしまう。

ジロンド派内閣の出現は、ロベスピエールの疑念を強めるばかりだった。両者のあいだの対立はぬきさしのならぬものとなり、批判攻撃の、いや中傷の投げあいに堕してしまう。そのあいだに、ロベスピエールの権威はしだいに高まる。

ロベスピエールの権威の秘密は何か。それは革命の聖職者であったことだ。このルソーの庶子は哲学の衣をまとい、ルソーの創造した「サヴォワの助任司祭」の哲学的福音をかかげる。哲学によって男性を、宗教性によって女性と敬虔《けいけん》な連中を魅惑するのだ。

他の多くの政治家ほどの天才も心情も善意ももたなかったが、ロベスピエールは革命の継続性、連続性を代表し、ジャコバンの情熱的な執拗《しつよう》さを代表していた。彼がジャコバン・クラブの最大の化身たりえたのは、その輝かしい才能によるよりも、全ジャコバン派に共通な、いやさらにジャコバンでない当時の政治家の大部分に共通な、長所短所の完全かつ均衡のとれた平均値として存在しえたことによるのだ。

真相は、個人によって多かれ少なかれ割り引く必要はあるが、明確に若干きびしく定式化するならば、革命の政治家たちには二つのものが欠けていたということになる。上は、科学と哲学が、下は人民的本能が欠けていたのだ。彼らはたえず哲学を引きあいに出し、いつも人民について語ったが、二つながら彼らには無縁だった。彼らは哲学よりも下、人民よりも上の、ある中間に生きていた。この中間は雄弁と修辞、革命の戦略、議会の戦術だった。これ以上、哲学のうちにある高貴な光明の生に遠く、人民の本能のうちにある豊饒《ほうじょう》かつ真摯《しんし》な生に遠いものはない。

人民の武装

　ヴォルテールとディドロ、モンテスキューとビュフォンによって、満々と水をたたえて流れてきた十八世紀の大河は、いわばルソーにおいてたゆたい、その結論の多くを固定させ、結晶化させた。ルソーのこの固定性は救いであり、妨げである。彼の弟子は、あえて言えば、もはや流動する豊饒な素材を受容できない。彼らはルソーから、結晶化した、あえて言えばかたまった、柔軟さのない、修正のままならぬ形において、素材をうけとる。上も下も、この形以外のなにごとも、彼らは知りもせずできもしない。

彼らを死に運命づける一つの徴《しるし》がある。それは、十八世紀の最終の結論を認めつつも、この結論をもたらした偉大な伝統をしりぞけたことだ。なかんずく、ヴォルテールはルソーと対立するものでなく、ルソーの自然かつ必然的な、対称的な対応者であること、かわるがわる歌い、たがいに答えあうこの二つの声なしには合唱にならないことをみなかったことだ。才能の貧しい音楽家は、和音を知らず、一本の弦だけを弾いて琴を調律しえたものと信じこむ。音調の単一性、固有の意味での単調さ、この反文学的、反哲学的な、精神を不毛にするのに最適な単調さが、しかしながら、じつを言えば、ロベスピエールにとってきわめて有利な政治的手段であった。

この意味でロベスピエールは、革命の政治家の典型たりえた。そして、哲学の名において彼に対決したもの、それは最後の哲学者《フィロソーフ》であるコンドルセであり、その盟友であるブリッソーであり、ジロンド派だったのである。

そして戦争についてもまた、ジロンド派は人民の本能に従い、ロベスピエールはさからっていた。三月二十六日、すでに六十万の市民が義勇兵の募集に応じていた。四月にはいって、反革命にこりかたまった新皇帝フランツの通告がとどく。一七八九年六月二十三日まで時計の針を逆もどりさせ、王政と身分制とを復活せよ、というのだ。

オーストリア・プロシアの連合軍が刻一刻国境に近づく。中央にブラウンシュヴァイク麾下《きか》のプロシア軍がラインを目ざし、ホーエンローエのひきいるオーストリア軍は両翼に展開、右はネーデルランドを、左はフランシュ゠コンテを目ざして進軍中である。

四月二十日、国王は議会にでかけ宣戦布告を提案する。即日午後五時、議会の審議が開始される。フイヤン派のベッケが財政が苦しいのを理由に慎重論を述べ、ジャコバン派のバジールがロベスピエールにならって国内の裏切りの危険を指摘したが、甲斐ない抵抗だ。カンボンが主張したように、国有財産の売却で国庫はうるおい、全人民が国の守りに立ち上がっているではないか。

「そうだ、投票しよう」と勇敢なメルラン・ド・チヨンヴィルが言う。「諸国王にたいしては戦争、諸国民にたいしては平和に賛成の票を投じよう」

全議員が起立、すわったままなのはわずかに七人。嵐のような拍手のうちに、オーストリアにたいする宣戦布告が可決された。

六　祖国は危機にあり

国王はもともと戦争に乗り気ではなかった。勝っても立憲派の保護下からのがれられず、負けたら、人民の怒りの犠牲になるか、でなくとも弟たちや亡命貴族の保護のもとにはいるだけ。宮廷が望んでいたのは、戦火をまじえるにいたらずして、連合軍の威嚇によって、フランス人民が旧体制への復帰をうけいれることだった。

さて、デュムーリエの作戦の中心はネーデルランドの征服だった。皇帝の圧制に苦しんでいるネーデルランドは、最も革命に感染しやすく、敵の最も弱い環だ。勝利は確実と思われた。この勝利の栄光のもと、ジャコバンを押え、王政を守ろうというのだ。そして、この衝にあたるべく選ばれたのがフイヤン派の将軍、十万の中央軍の司令官ラファイエットだった。

だが、ラファイエットは防衛戦の主唱者で、攻撃には兵力不足だというので中途で軍をとめてしまう。たしかに陸軍省はほとんど旧制度下のままの王党派で占められ、彼らは革命十字軍に反感すらもっている。国庫は豊かなのに、前線の兵士は銃も食糧も不足するしまつ。将校も大部分は旧制度以来の貴族で、やはり戦争に熱をもっていない。

こんな状態で、北方戦線のモンで最初の戦闘がおこる。まだ敵もみえないのに、貴族の将校が叫ぶ、「各自かってに逃げろ！　裏切り者がいるぞ！」——全軍なだれを打って敗走。怒った義勇兵は隊長を殺害する。

戦死者は三、四百で小さな失策にすぎないが、緒戦だけに重大だ。ただ敵軍を慢心させてしまうという幸運な効果はあった。やがて使命感に燃えるフランス兵の前に敗北を喫する日のくるのも知らず、ブラウンシュヴァイクは、この戦争は「軍隊の散歩」同然だときめこみ、一気に戦局の決着をつけることを怠った。これがフランスには救いとなる。

フランス国内では、革命十字軍の勝利は容易かつ疑いなし、と主張してきたジロンド派にとって大きな痛手だった。敗報のとどいた四月三十日、ジャコバン・クラブでロベスピエールは、ジロンド派を決定的にたたきのめす。デュムーリエも、敗戦の責任をジロンド派の陰謀になすりつける。王党派とジャコバン派にはさまれて、ジロンド派はおしつぶされそうだった。

窮鼠《きゅうそ》かえって猫をはむ、ジロンド派はオーストリア委員会を目標に、反撃に出る。オーストリア委員会とは、宮廷がマリ＝アントワネットやオーストリア大使をとおして皇帝と通謀していることを非難するよび名だった。敗戦はそのせいだ。この陰謀に対抗するには、全人民の助力が必要だ。ジロンド派は、七月十四日を期して二万の連盟兵をパリに結集することを決定する。だが、国王がこの法令に拒否権をもってこたえるのは火をみるより明らかだった。

ロランとデュムーリエとの混合内閣は、敗戦責任のなすりあいで空中分解の運命にあった。フイヤン派の示唆《しさ》に従って、六月十二日まずロランたちジロンド派の大臣が罷免され、ひとりでは重荷に耐えかねるというので、デュムーリエもそのあとを追って辞任する。ジロンド派はわずか二ヵ月半で政権の座から去らねばならなかった。

議会の多数派の支持する内閣を罷免して、宮廷はどうしようというのか。クーデタをもくろんでいたのだ。ナンシーとシャン＝ド＝マルスの再現だが、これまでのようにフイヤン派の立憲王政派だけにまかせておかず、王党派も手をかしてやることにしよう。

前線のラファイエットがまず動く。国王に、議会への抵抗の継続を勧める手紙を書く一方で、六月十六日、ジャコバン派をはげしく非難攻撃した手紙を議会にとどける。意外なことに、この手紙は、二百五十人のフイヤン派以外にも、かなりの支持者を議会内に見いだした。みずからの多数の不安定に目をひらいたジロンド派は、十月六日の再現にふみきる。六月二十日の蜂起である。

蜂起の主導権をとったのはダントン、一にも二にも三にも行動、を原理とするダントンだ。彼の巨大な声を容れるにはクラブはせますぎた。大空のもと、広場で、大砲と警鐘とを伴奏にしてこそ、彼の雄弁は真価を発揮する。

すでに六月四日、ジャコバン・クラブで人民主権の行使としての蜂起を説いた一労働者の背後にダントンがいた。彼は言う。

「諸君、われわれは半ズボン《サン゠キュロット》をはいていないが、感情をもたないのではない。……ジャン゠ジャック・ルソーに従って諸君に言おう。人民の主権は譲渡すべからざるものだ、と。人民の代表がその義務を果たすかぎり、われわれは彼らを支持する。義務を果たさないなら、われわれのなすべきことをお目にかけよう。……そしてわたしもまた、諸君、主権者のひとりなのだ！」

六月十四日、ダントンの忠実な部下、肉屋のルジャンドルが、サン゠タントワーヌ地区にでかけサンテールに会う。ビール醸造をやっているこの大男は、才能はないが、大衆をひっぱってゆくあの勇気と善意にあふれているようにみえる。カンズ＝ヴァンの国民衛兵の隊長に選ばれ、ひそかに武器を民衆に分配している。この男なら、サン＝タントワーヌを蜂起させることができるのだ。ルジャンドルは、サン＝ジェルマンその他の地区からの援軍を、彼のもとに案内してくる。協議のすえ決定されたのは、サン＝タントワーヌ、サン＝ジェルマンの両地区の名で国王および議会に、拒否権撤回の請願を提出することだった。六月二十日の早朝、五時にはもう群集が集まりはじめる。自衛のためにピストル、サーベル、槍、棒で武装し、女こどもも混じった千五百人ほどの一団がサンテールを先頭に出発、市内を通ってゆくうちに人数は一万までふくれあがる。

パンの値段は安かったが、不景気で失業者が多く、文字どおり飢えている者も多かった。彼らは、情勢に通じてはいなかったが、すべての悪の根源は、国王の拒否権、その消極的な意志であることを知っていた。この悪をとりのぞかねばならぬ。どういう手段でか、群集は知らない。宮殿におしいろうという意図をもっていたのは少数の指導者だけだった。

「愛国者万歳！　サン＝キュロット万歳！　拒否権殿〔国王のこと〕を倒せ！」の叫びとともに、群集がチュイルリーに到着したときはもうかなり遅かった。宮殿の柵はとじられており、うしろからはおしてくる。行きどころがない、窒息しそうだ。サンテールが叫ぶ、「なぜはいらないのか」。彼を先頭に、群集は宮殿に乱入する。時に四時。

数の力は抗すべくもない。ついに群集は国王一家の部屋にまではいってゆく。「拒否権殿を倒せ！　ジロンド派内閣をよびもどせ！」の叫びが繰り返される。ルジャンドルが進みでて、国王に「ムシュー」とよびかけ、嘘つき、裏切り者と攻撃し、猛烈な請願文を読みあげる。

国王はすこしも動じないで、答える。「朕は諸君の王である。憲法と法律とが朕に命じていることを行なうであろう」

この最後の一言は彼の十八番だった。全政治機械の運転をとめることを王に許す一七九一年の憲法は、彼には不活動の認可書であることを完全に見ぬいていた。これを利用して、フランスをしばりつけ、内もしくは外の情勢、無秩序な連中の行き過ぎか、外国軍の侵入かがあたえてくれる予想外の救いを待っておればよいのだ。

国王の真意は群集にもみてとれた。群集は国王に襲いかからんばかり。殺そうと思えば殺せたろう。まだ殺す気ではなかったのだ。国王をおどしつけて改宗させることだけが目的だった。そして二時間、国王はすばらしい無感動さで、群集の威嚇に耐えた。信仰が彼をささえたのか、殉教者となるのは彼にはむしろ大歓迎だったのかもしれない。

国王は、群集のひとりのさしだした赤いボネット〔「平等のボネット」〕をとって、三色章までつけてかぶる。群集は感激し、「国王万歳！　国民万歳！」の歓声。国王もボネットを高くあげて、「国民万歳！」と唱和する。だが、拒否権の撤回は頑固に拒絶する。ヴェルニヨとイスナールが議会からかけつけ、調停をこころみるが効果はない。

王妃は別室にのがれ、王太子はじめ子どもを抱いて身じろぎもしないでいる。この母には群集も敬意をもたざるをえない。王太子は群集の同情をよび、彼もまた赤いボネットをかぶらされる。

六時――パリ市長のペチヨンが到着。そして、国王は、請願文について熟考されるにちがいない、「人民の願いに同意なさらないはずはない」と保証する。そして、武装しての請願は行き過ぎだ、もう退出するように、と群集を説得する。自分たちの選んだ市長の説得には従わざるをえない。群集は退出してゆく。あとに残された国王は、部屋にもどって赤いボネットを足下に投げすてた。

人民はふさぎこんでチュイルリーから出ていった。みなが言う。「何も獲得できなかった。……もう一度来なければなるまい」・

たしかに、新と旧との対決はもう一度おこらねばならない。なぜなら、いまや――

二つの思想、二つの信仰、二つの宗教が向かいあっている！　未曾有《みぞう》の戦慄《せんりつ》すべき事態、あたかも昼の日中に、二つの太陽をみるようだ。

天に二日のあることとなし。どちらかが消えゆかねばならぬ。革命の太陽の前に中世的王政の太陽が光を失うのは必然であった。そして、内なる敵への打撃は外敵との戦闘の前奏であり、パリの群集は全フランスの連盟兵――八月十日に王政を打倒し、祖国と革命とを防衛し、全人類の解放戦に身を挺《てい》すべき、あの歴史に名も高い九二年の義勇兵——の前衛にほかならない。

連盟兵はいま全フランスからパリへ馳《は》せつけつつある。そのなかから一つの歌がわきおこる。

——マルセイエーズ。

それは、敵軍からわずか一歩のストラスブールでつくられた。作者（詞も曲も二十歳の工兵士官ルージェ゠ド゠リール）がつけた名は、「ライン軍の歌」。戦争の初期、三月か四月につくられ、全フランスに浸透するのに二ヵ月とかからなかった。力づよいこだまさながら、南フランスの果てにひびきわたり、マルセイユがラインにこたえる。この歌の崇高な宿命！ 八月十日にチュイルリーを襲うマルセイユ連盟兵によって歌われ、王権を打ちくだく。かくて「マルセイエーズ」の名が生まれる。

「行け、祖国の子ら！」——それは、戦いの歌にとどまらなかった。「自由の歌」「友愛の歌」「戦いのさなかにも平和の心を失わない歌」、さればこそこの歌は全ヨーロッパ、全世界にとどろきわたることができるのだ。

さて、全フランスから高まってくる大波に無分別な者も多かった。ジロンド派は、六月二十日を黙認しておきながらその行き過ぎに震えあがり、一歩後退する。翌二十一日、武装請願を禁止する法令を議会に可決させ、ラファイエットに味方につくようよびかける。これまた全国の高ま

「ラ・マルセイエーズ」を歌うリール工兵大尉

りに無分別なラファイエットは、これをはねつけ、宮廷の側につく。
それればかりか、前線からかけつけたラファイエットは、六月二十八日議会にのぞむ。彼の戦線離脱をとりあげて、日の首謀者を追及し、あの危険なジャコバンをおしつぶせという。六月二十その行動を査問しようというジロンド派の提案は三三九対二三四の票で否決される。この票数は重大だ。ジロンド派の一歩後退が、その多数派の優位からの転落を招きよせたのだ。

この事態は八月十日の直前にも再現されるのだが、強力な多数派の不在は議会の無能の証明にほかならない。祖国の、そして革命のこの危機にあたって、危機の源泉たる宮廷、そしてラファイエットに対決する能力を、議会はもたない。そうかといってラファイエットの強硬策にもふみきれない。強硬策は歴史を逆もどりさせ、王権を強化し、旧制度を復活させる恐れがある。いずれにもせよ、議会はにっちもさっちも動きがとれない。

しかも危機は内外ともふかまるばかり。外国軍は国境に迫り、国内では、中央政府の無力に乗じて反革命が蠢動《しゅんどう》しはじめる。六月末、議会では、「祖国の危機にあたってとるべき方策」の審議がはじまり、「祖国は危機にあり」の声が全フランスの町に村にひびきはじめる。この声にこたえて立ったのがヴェルニヨだ。

七月三日、ヴェルニヨ畢生《ひっせい》の大演説は国王の形式的合法主義への攻撃だった。拒否権その他、国王の不活動は、たしかに憲法の条文には違反していないかもしれない。だがそれは憲法の精神そのものをくつがえすものだ。

「憲法が閣僚の選任をあなた（国王）にゆだねているのは、わがフランスの幸福のためなのか、それとも破滅のためなのか。憲法があなたに三軍の大元帥の職をあたえているのは、わがフランスの栄光のためなのか、それとも汚辱のためなのか。最後に、憲法があなたに拒否権、王室費、その他の大権をあたえているのは、憲法と国家とを合憲的に滅亡させるためなのか」

この荘重な雄弁は全議会を圧倒する。ジロンド派はいわずもがな、フイヤン派の議員までも熱情の嵐にまきこまれる。「雄弁の圧制」というべきか、いや「祖国の声」の勝利なのだ。

だが、ことばを実行に移すのはむずかしい。国王から大権を奪って、議会が全権力を掌握する以外に、祖国の危機は救えないのだが、議会はまたもぐらつき、ふみきれない。ヴェルニヨの雄弁でふたたび議会の多数を制したジロンド派自身がふみきれないのだ。王政を倒せばジャコバン派の天下になるのではないか。

議会はためらい、ぐらついている。国民はわきたち、妨害に怒り、どう対処すべきかを知らず、みずからの力を知らず、手さぐりでみずからの力をさぐり、力あふれる自己をさぐりあて、議会にうったえかけ、一つの合図のみを要求する。

その合図とは、祖国は危機にありの宣言。

七月十一日、宣言は議会で可決され、七月十四日、嵐の前の静けさながらのバスチーユ攻略三周年の祝典を経て、二十二日の日曜、全フランスに布告される。挙国一致、国難におもむけ。

この宣言は、それ自体なにものか。ロベスピエールが正しくも言ったように、権力の発した自己の無能の告白であり、無能が招きよせた恐るべき危機状態の告白であり、国民にあてての、力をかしてくれ、国民を救いうるのは国民のみ、といううったえであった。

たしかに、議会は、ジロンド派は無能だ。だがロベスピエールも、ジャコバンも同じことだった。彼らが主張していることといえば、選挙を行なって、新憲法を制定すべき国民公会を召集することであった。望みどおり、うまく事が運べばよいが、新憲法のできあがらないうちに敵軍はパリに到着するはずだ。
ブリッソーもロベスピエールも、ジロンドもジャコバンも無能、たよりうるのは人民のみ。そこで八月十日の蜂起は必至となる。

八月十日は、七月十四日、十月六日と同じく人民の偉大な行為だ。力と献身と絶望的勇気の行為。二つの先例ほど全国民的ではないが――しかし、これをよびおこした全般的な憤激の感情を考えるとき、人民の偉大な行為とよぶことができよう。数百万の人間が望み、二万の人間が実行した。個人はほとんど何もしていない。しかしながら、認めなければならぬことがある。ダントン以上によくこの動きを追っていた者はなく、ダントン以上に巧みにこの動きとむすびついていた者はなかった。

ダントンの行動をたどろう。七月十三日、全国から集まってくる連盟兵が、七月十四日の祝典後もパリにとどまることを提案。十七日、彼が代理をしているパリ・コミューンの助役マニュエルをとおして、すでに常時集会中の区会《セクション》の中央連絡局を市役所におくことを決定――偉大なパリ市民の統一司令部の創設である。
七月二十六日、連合軍司令官ブラウンシュヴァイクの宣言。フランス国王に万一のことがあれば、パリをはじめ全フランスを灰にするとの威嚇である。この報が二十八日パリにつくや、蜂起の導火線に火がつく。祖国を救うには王政を打倒しなければならぬ、とモウコンセイユの区会が宣言する。宣言への六百の署名者はすべて名もない者ばかり。蜂起はこれら無名の人民の行為なのだ。これに呼応して、四十八の区会のうち四十七までが、ルイ十六世廃位の決議をする。

武力衝突を恐れた議会は、首都にいる正規軍や国民衛兵を前線に送りだす。王権の武装が解除されるあいだにも、全国から連盟兵が、革命の軍隊がぞくぞくと到着してくる。そしてパリの沸騰のなかに投げこまれ、沸騰を爆発にまで高める。ジャコバン・クラブに連盟兵の中央委員会がおかれ、十七日、ロベスピエールの筆になる大胆な請願書を議会に送る。祖国の危機を叫ぶだけではだめだ、裏切り者を罰せよ、ラファイエットを起訴せよ、行政権を停止せよ……。この越権に怒った議会は、請願書を無視する。だが、連盟兵こそ全フランス人民を真に代表するものではなかったか。

七月二十五日、バスチーユの廃墟《はいきょ》で連盟兵歓迎会がひらかれ、その夜、近くの居酒屋で蜂起指導部の集会がひらかれるが、発覚して解散させられる。マルセイユの五百の連盟兵を待とうではないか。

七月末マルセイユ連盟兵の到着、パリに集まった連盟兵の総数は五千、蜂起は目前だ。八月三日、ペチヨンがコミューンを代表して〔ダントンの後押しは明白だ〕議会に請願する。

「コミューンは議会にたいし行政権を告発する。……フランスの病をいやすには、その根を絶たねばならぬ。一刻といえども遅滞は許されない」

国王を廃位し国民公会選挙によって主権者たる人民の意志を問うべきだ。請願文の朗読が終わった瞬間、全議場は水を打ったよう。議会はまだふみきれない。請願文を委員会にまわし、廃位問題の審議を九日までのばす。それだけではない。四日、モウコンセイユの区会の蜂起文書を非難する決議を採択したが、それはコミューンによって無視される。八日、前線離脱のかどでラファイエットを起訴する決議案が四〇六票対二八〇票で否決された。ジロンド派はふたたび多数を失った。翌日ジャコバン派の議員のシューデューは言う。

「祖国の危機は、議会の弱さのうちにある。この弱さは、ラファイエット問題についての、昨日の諸君の恥ずべき行為をみれば明白だ。この議場には、意見をもつ勇気のない連中ばかりだ。……お望みなら、わたしを監獄にお送りなさい。だが、議会が祖国を救いえないことを宣言すべきだ」

これはパリの考えそのものだった。その夜のうちに四十八の区会が集合し、コミューン総会にとって代わるべき委員を任命し、これに国家を救うための無制限、絶対の権限をあたえた。

蜂起のコミューンの成立である。

宮廷はといえば——蜂起の動きを知らぬわけではなかった。だがしかし議会は無能を暴露していたし、こちらの防備は万全だ。精鋭のスイス人傭兵隊もおれば、王権の急にかけつけた貴族もいる。国民衛兵隊総司令官のマンダも宮廷に同情的で、いざとなれば部下をひきいてかけつけるはずだ。戦闘に慣れないにわか兵士など、ひとたまりもなく撃退できる。宮廷は落ち着きはらっていた。

第五巻　王政との闘い

一　蜂起前夜

八月九日の夜は月が淡く照らす美しい夜であった。真夜中まで、いやそれをすこし過ぎても平静だった。この時刻には、街頭にはまったく、いやほとんど人影はなかった。とりわけサン＝タントワーヌ地区は静かだ。町の人々は眠っていた、戦いを待ちつつ。

しかしまだ宵《よい》のうちから、噂《うわさ》が流れていた。チュイルリーから派遣された一隊が市役所のほうへ進撃中だ、と。人々は不意打ちを恐れた。国民衛兵のパトロールが地区を行ったり来たりした。すべての窓には明りがともされていた。こんな美しい夜にかくも多くの燈火。だれを照らすわけでもない孤独の燈火。それは異様で不吉な印象をあたえた。これはお祭りの燈明じゃない。人々はそう思った。

人民がいだきつつ眠った強力で平静な思念とはなんであったか。この夜が最後の夜となった多くの人々が枕《まくら》とした思念とはなんであったか。八月十日の戦闘者で生き残りのひとりは、わたしにきっぱりとこう説明した。

「公共の敵とはっきり決着をつけたかったのです。共和政とか王政とかいったことは問題になりませんでした。ただ、外国軍のことだけが話題になったのです。国内にそれをひきいれようとするオーストリア委員会のことだけが話題になったのです。近所に住むマレ地区の金持のパン屋は、チュイルリーの中庭の雨あられとふる砲火の下でわたしにこう言いました。『ともかく、こんなぐあいにキリスト教徒を殺すのは大罪だね。だが、オーストリアをひきいれたんだから、これくらいはしかたがない！』」

繰り返して言う、八月十日はフランスの偉大な行為であった。もしフランスがチュイルリーを攻略していなかったら、まちがいなくフランスは滅亡していたであろう。

事はたいそう困難であった。世上言われたように、それは賤民の寄せあつめのやったことではない。ほんとうに人民がやったのだ。つまり、あらゆる階級の男たちの混成集団がである。軍人も民間人も、労働者も町人も、パリっ子も地方人も。パリの多くの地区は戦闘能力のあるすべての男を例外なく送ってきた。たとえばミニーム区では、登録された千人の男のうち六百人が出てきた。これはパレードに行くのでなく生命にかかわることなのだから、そうとうな割合といわねばならない。朝早く宮殿の前にあらわれた最初の部隊は、ほとんどが槍《やり》をもった男たちであった。しかし、じっさいに宮殿を占領した蜂起軍《ほうきぐん》には槍の男はほとんどいなかった。たいていい小銃を武器としていたのである。七時から八時にかけて集合し、バスチーユからグレーヴ広場までならんだその主力部隊は、八十から百の中隊からなり、各中隊は百人の正式の武装した者で構成されていた。つまり約八千から一万の国民衛兵であった。二、三千の槍部隊がこの一万の銃剣部隊のあいだに整列した。以上が、八月十日の生き残りの証人ならびに立役者がわれわれに確言する事実である。最初に危険を冒し、宮殿の門をこじあけ、苦しくあぶない仕事をやってのけた前衛としては、周知のとおりマルセイユの五百の連盟兵がいた。在郷軍人から注意ぶかく選ばれ、召集されてきた兵隊だ。それから誇りと勇猛そのもののブルターニュの三百の連盟兵。その多くは軍隊経験をもっている。そして、これはだれも言っていないことだが、まずまちがいないと思われるのは、この勇者たちが、彼らよりもっとはりきっている別の勇者、大勢のフランス衛兵たちに支援されていたらしいという事実である。このフランス衛兵たちは、ラファイエットのもとで有給国民衛兵となり、ついでまもなく解雇されていたのだ。これは軽率でもあり、忘恩でもあった。いずれこのことにふれることとなろう。

これらすべての軍勢が、ひとしく憤激と愛国心の波にさらわれた。人がなんと言おうと、準備はいっさいなかったし、いかなる指導者もいなかった。この時期には、人民を蜂起させるほどの力をもった個人のいなかったことはもちろん、クラブでさえもほとんど無力だったのである。八月はほかの時期よりも、クラブの入りは悪かった。それに、一つはクラブの果てしないおしゃべりにうんざりもしていたのだ。人は実行の必要を感じていた。クラブの大雄弁家たちは砂漠で演説していたわけである。

蜂起を激発したもの、めずらしいことに金曜日という日にそれを爆発させたもの、それは、パリで文なしとなり、ここで戦うかそれとも前線に出発するかの分かれ目に追いやられたマルセイユ兵であった。警鐘はまず、コルドリエ地区で鳴ったようだが、そこはマルセイユ兵のいたところだ。サン＝タントワーヌ地区が、ついで残りの全市がそれに応じた。すでに述べたとおり、各地区は意見の一致をみていた。四十八の区会《セクション》のうち四十七までが国王の廃位に賛成投票していた。八月九日、夜の十二時前、各地区はそれぞれ三人の委員を指名し、コミューンに集合し、祖国を救うという重大な決議を行なった。これが委員らにあたえられた漠とした一般的権限であった。委員は大部分が無名の人物、あるいは、すくなくとも二流以下の人物だった。マラーもロベスピエールも、偉大な世論指導者のだれひとりとして指名されてはいなかった。ダントンについていえば、彼はマラー同様、すでに旧市当局の一員であったのである。この委員たちはひとりずつ、武器をもたずに市役所へでかけていった。彼らはなかへはいることを許される。旧コミューン総会は審議をつづけていた。しかし、たえず数が減ってゆき、いまではごく少数である。市役所の下のサン＝ジャン拱廊《アーケード》は、サン＝タントワーヌ通りへの主要出口で、そこからさらにグレーヴ広場へと通じているのだが、その拱廊のところに、国民衛兵軍総司令官、熱心なラファイエット派、立憲王政派のマンダの命令で、かなりの軍勢が部署についていた。この軍勢が市役所を担当し、その通路を守っていた。もしも場末の連中がこの道をくだってくれれば、いったん通したあとでその後尾を襲うようにとの指令をこの軍はうけていた。マンダはさらに、ポン＝ヌフに大砲をすえ、連中がおしよせてくれば、ここで粉砕され、コルドリエ地区やサン＝マルソー地区と合流できぬよう、たくらんでいた。

こうしたことすべては、市役所へ派遣された地区の委員たちにとって、あまり明るい材料ではなかった。どのようにして王党派の旧コミューンにとって代わったものか。どのようにしてパリの最高権力を握ったものか。そこに問題のすべてがかかっていた。警鐘はいたるところで鳴っていたが、たいした効果は生まなかった。宮廷の軍隊はずっと前から、武器を手にして戦闘配置についている。蜂起の軍隊は寝床のなかで眠ったままである。カンズ＝ヴァン地区周辺には千五百人の人間しか集まっていない。もっとも、サン＝タントワーヌ地区の街路へ通じる奥ぶかい袋小路のなかをみると、明りがゆれうごき、人々の往来がしげくなりそめている。とりわけ熱心な何人かは、準備をととのえ、武装して戸口に立っている。そうして他の連中を待っている。のんびりしている者も多い。鐘の音はじゅうぶん聞こえていた。しかし、真夜中に暴動をはじめるのは慣習に反する。それには、できあがった伝統があったのだ。

こんなにぐずぐずしているのは恐ろしいことだった。市役所に集まった地区委員の何人かは、警鐘を鳴らさせたことを後悔するようになっていた。旧コミューンは崩壊した、あるいはほとんど崩壊した。ところが新しいコミューンをつくるための十分な支持を、委員たちは得ていないのである。かてて加えて彼らを困惑させたのは、宮廷がこのとき大きな人質、大衆的人気のある市長ペチヨンを掌中に握っていたことである。宮廷は、パリ県知事のレデラーもおさえていた。それで、必要とあれば、市と県とのふたりの首席権威者にものを言わせることもできたわけである。ペチヨンは、十一時ごろ宮殿に召されたが、伺候をことわる勇気は彼にはなかった。ここ数日間、彼の最初の動きはじつに奇妙だった。三日には、すでにみたごとく、彼は王政に宣戦布告をした。八日には、この王政になお関心をもっていたようで、宮殿の安全は保障しえないむね、県に通告した。九日には、チュイルリー宮殿を守るためカルーゼル広場に兵を配置するよう要求した。広場をうずめたこの国民衛兵の配置は、はたして宮殿を守るのか、それとも逆に、防衛を不可能にするものなのか。それはどちらとも言いきれない。宮殿の窓から発射すれば、まずこの防衛者に弾丸は当たるのである。九日には、彼は宮廷を籠絡《ろうらく》するためか、それともうんざりしたのか、蜂起はおこるまいと信じたからか、マルセイユ兵を送還する二万フランという金を県に要求した。マルセイユ兵は、がっくりきて、パリを離れたいと願っていたのだ。

　ペチヨンはこうして、否も応もなく、ライオンの穴へはいっていった。宮殿がかくも陰鬱な表情を示したことはかつてなかった。ありとあらゆる武器を手にした大勢の軍隊、中庭にあふれる恐ろしげな砲兵隊——これらはべつとしても、ペチヨンは、彼をあまり友好的ではない目つきで眺《なが》めているフランス衛兵の、スイス人衛兵の士官の人垣を分けてゆかねばならなかった。国民衛兵はどうかというに、彼らの態度もけっして安心できるものではなかった。ここにいる国民衛兵は、王党主義で知られた大隊のなかでも最も過激な王党派、フィユ＝サン＝トマ地区、プチ＝ペール地区、ビュット＝デ＝ムーラン地区の大隊から、もっぱら選ばれてきた連中なのだ。裏切り者だのユダだののよび名が声高にパリ市長の周囲で言われていた。ペチヨンはいつもどおりものに動じない。彼は、さしたることもなく国王の居室についた。ここは人がいっぱいで、陰鬱である。この同じ部屋で、六月二十一日の夜、ルイ十六世はペチヨンにひどいことばをあたえたものである。※6その同じ文句が、この夜にもう一度口にされたなら、それはペチヨンにたいする死刑宣告にもひとしかったろう。その場には顔の青ざめた貴族が大勢いた。パリ市長の姿をみただけで、彼らは神経的な発作みたいなものをおこした。国民衛兵隊の司令官マンダは、こんなことを言えばペチヨンを殺害の危険にさらすかどうか、たいして計算もせずに、訊問《じんもん》みたいな格好で問うた。「市警察当局はなにゆえにマルセイユ兵に実弾を配給したのか。なにゆえ、余、マンダにたいしては、国民衛兵ひとりあたり三発の実弾しかくばらなかったのか……」。——宮廷は国民衛兵にたいしてそうとう警戒的だったので、武器弾薬のたぐいをそれに支給せよとは要求していなかったのである。そのかわり、スイス人衛兵はひとりあたり四十発の弾丸をもらった。

ペチヨンは、すこしも騒がず、いつもの冷静な態度で答えた。「あなたは火薬を請求なすった。しかし、それをもらう手続きをふんでいなかったのです」。この答えは、あまり誠実ではなかった。市当局に事を判断させ、司令官に権能をあたえるのは、市長たるペチヨン自身の仕事だったからである。もし、司令官がちゃんと手続きをふんでいないとしたら、それはじつは市長の責任だったのである。

会話は妙なぐあいにこじれてきた。一座の者はみな興奮していた。たぶん、王ひとりが例外だ。王は聴罪司祭に会ったばかりで、良心を浄めたところだ。何がおころうとたいして気にはしなかったのである。ペチヨンは気持がよくなかった。部屋はせまく、大勢の人がぎゅうぎゅうづめになっている。空気は稀薄だ。「ここは息苦しい」とペチヨンは言った。「空気を吸いに降ります」。だれひとり彼をおしとどめようとする者はいない。彼は庭へ降りていった。

彼の散歩は長くなった。彼の思ったより長くなった。庭の出口はぴったりとじられている。ペチヨンは身のまわりに護衛ではないたくさんの人影につきまとわれた。王党派の国民衛兵が行ったり来たりして、ペチヨンに呪《のろ》いのことばや脅《おど》し文句を投げつける。ペチヨンは県知事のレデラーの腕をとり、ふたりは、宮殿に沿うたテラスにすわってしばらく話

※6　六月二十一日、宮廷は議会に強制して戒厳令を出させようとしたのを、ペチヨンによって妨害された。その夜、チュイルリーに報告にきたペチヨンに、国王は「お黙り！」と言った。

をした。月光が庭を照らしている。しかし、このテラスは建物の陰になっており、もともとは一列にならんだランプで照らされていたのだ。ところが、フィユ＝サン＝トマ連隊の擲弾兵《てきだんへい》がそれらをひっくりかえし、明りを消してしまった。数名の兵が言った。「やつをつかまえたぞ。あいつの頭が全責任を負ってくれるだろう」。もっと若い連中や、酒と危険とに酔っている連中は、こんなに尊い頭脳をたいせつに扱うことがいかに大事なことか、あまりよくわかっていないようだった。ときおり、司法大臣がやってきてこう言った。「上へおあがりなさい、市長。王さまに話をなさらずに行ってしまうのはよくありません。王さまはどうでもあなたに話したいと仰せられております」。これにたいし、彼は冷静に答えた。「よろしい」。こうして、彼は時間をかせいでいたのだ。

ペチヨンをとりかえさないかぎり、市役所は手も足も出ない。一策を案じて、国民議会に彼をよびだすよう使者を送った。警鐘の音で何人かの代議士が集まっていた。その数はわずかだったが、それでも、国民議会の名において、市長は議会に出頭すべしと決議した。国王の名においてはとどまれと勧告され、議会の名においてはひきあげよと勧告されたペチヨン。彼は、喜んで議会のほうを選ぶ。そして議会にちょっとたちよっただけで、自分の家へ歩いて帰っていった。ただしそのあいだ彼の代理をつとめるかのように、彼の馬車はチュイルリーの中庭に残っていたのである。四時になるまで、宮殿の連中は単純にも、いずれペチヨンはもどってくるだろうと信じていた。敵の手中に舞いもどってくるものと信じていたのであった。

　ペチヨンの友人たちは彼を暖かく迎えはしたが、彼を禁足にし、門をとじさせた。いまのような行動のときには、この民衆の偶像はこうしておくのがいちばんいい、と正当にも判断したからである。この人物をしっかりつなぎとめておいてこそ、自分らは自由に行動できるのだ。地区の委員たちは、人民の名において旧コミューンを更迭し、コミューン助役のマニュエルとその代理のダントンだけはもとの地位にとめておいた。そしてマニュエルに、国民衛兵隊司令官が配置していた砲兵隊をポン＝ヌフから撤去させる命令を出させた。こうして彼らは、セーヌ両岸の連絡を回復し、サン＝マルソー、コルドリエの両地区やマルセイユ兵たちに通路をひらいてやったのである。

　これはまさに、蜂起にとって決定的な行為であった。これまで市役所にいたダントンは、平然として家へもどり、妻を安心させた。骰子《さい》は投げられた、一か八かである。あとは運命にゆだねるのみ。

　このとき、宮殿のなかは滑稽《こっけい》ですさまじい光景を呈していた。そこでは、ただ不決断、優柔、無知あるのみ。宮殿にいる人民側の当局筋はただひとり、県知事のレデラーだけである。ひとりの大臣が彼にたずねた。「憲法によって戒厳令を布告する権限をあたえられているのではないか」。知事はポケットから憲法をとりだし、該当する条文を捜したが見あたらない。だが、たとえ戒厳令を布告したにせよ、いったいだれがその法律を執行するのか。

マニュエルがポン＝ヌフの武装解除、つまり蜂起軍の通路の確保を命令したと知ったとき、大臣たちもレデラーも、それを阻止する命令を自分の責任において発しようとはしなかった。マニュエルの行動が市当局の許可を得たのでないと判明しないかぎり、いっさい手出しはできぬとレデラーは言う。この問題を討議するには、県当局の全員をチュイルリーへ集める必要がある、というのだ「この時刻には、そんなことはむずかしい」。県からやってきたのはただふたりだけであった。レデラーは全員来させたいのだ。そのためには、王の勅令がいる。王の言うには、憲法に照らすと大臣の手によってしか勅令は出せぬ。ところが、その場に大臣はいなかった。大臣がもどってくるまで、事は延期された。

四時ごろになっていた。中庭に馬車のひびきが聞こえる。鎧戸《よろいど》をすこしあけてみた。これは市長の馬車で、待ちくたびれて、からのままたちさっていったのだ。夜が明けそめる。エリザベート王女は窓ぎわへ行き、王妃に言った。「お姉さま、太陽の昇るのをごらんなさいませな」。王妃がそちらへ行ってみると、すでに陽は輝いている。空は血の色に染まっている。

夜が明けたのだから、広場の様子をみてみよう。宮廷側の軍隊の数をかぞえてみよう。まだまだそうとうな数だ。だがたしかに、真夜中よりは減っている。国民衛兵の一部が消えてしまっているのだ。

守備隊の中枢、それは千三百三十人のスイス人衛兵だ。勇敢で訓練のゆきとどいた、死んでも命令を守る優秀な兵隊たちだ。千三百三十という数字は、スイス人衛兵隊長フィフエルがその著書で示したものである。だが、この数に相当数の立憲衛兵を加えねばならない。これはすでに解散した軍隊だが、スイス人衛兵の赤服を着用し、その偽装のもとに戦闘に加わりにきたのだ。戦いが終わり、死体をしらべると、彼らは良い下着をつけ、優美な髪かたちをしており、すぐにそれと見わけられたのである。スイス人衛兵の髪はあっさり丸く刈りこんである。その下着はお粗末なものだった。ほんもののスイス兵は、自分たちの隊列にこうして偽《にせ》のスイス兵が混じっているのをみて、おそらくびっくりしたことであろう。そして、彼らは不安をいだかずにおられなかった。この戦いは内乱である。フランス人同士の争いである。外国人がこれに加わるのにはよほど慎重にせねばならぬ。そんなことを彼らは読みとったにちがいない。スイス人衛兵隊の古参の大佐ダフリは、はっきりと手をひき、発砲をこばんだ。他のスイス兵は、ただ国民衛兵のするだけのことをする、それ以上もそれ以下もやらないと約束した。

国民衛兵にはなおさらのこと、同じ考えがしみとおっていた。たしかに、この国民衛兵は王党派の三大隊のなかから入念に選抜された兵で構成されている。たしかに、今夜の最後の訴えにこたえて国王を守るという断固たる考えをもって馳《は》せ参じた兵ばかりである。とはいうものの、宮殿を守るこのブルジョワたちは、貴族の騎士たちを嫉視《しっし》しないわけにはいかない。危険を彼らと分かたせようと、これら貴族の騎士たちをよびよせた宮廷が、宮殿防衛の功を騎士たちにひとりじめさせるだろうことはまちがいない。これら貴族は、かつてはラファイエット時代、九〇年四月に国民衛兵が宮殿から追っぱらった例の「短刀の騎士」とほぼ同じ人々である。彼らは、にもかかわらず、危難をひきうけ、九二年八月十日、国王の守護に馳せ参じたのである。危難、それは一つにとどまらなかった。彼らが宮殿に到着するには、敵意に満ちた民衆のあいだを、短刀やピストル以外の目だった武器は何ももたず、黒の平服のままで、くぐらねばならなかった。宮殿に来てみれば、国民衛兵たちのむりからぬ悪意、嫉妬にぶつかったというわけだ。彼らがためらうだけのことはあったのだ。しかし、すでに自宅あてにひとりひとりの入門許可証が送られてきている。六百人がよびかけに応じた。さらに王宮の名誉ある侍僕たち、長年の奉公人をこれに加える必要がある。彼らも危難の日にずらかるような人間ではなかった。これらすべてで、宮廷はごくいかめしく塗りかえられていた。なるほど礼節はないが、しかし堂々たる、武断的な宮廷だ。黒っぽい平服を着たこの人々は、すべて四等か五等のサン゠ルイ勲章をおびている。これと奇妙な対照をなしたのは国民衛兵として軍服を着ている連中で、彼らはじつは町の商人、雇人、出入り商人であった。こうしたブルジョワたちの顔をみて、ほんとうの軍人たちは、彼らをちょっぴり激励しても悪くはあるまいと考え、肩をたたいてこう言った。

「よう、国民衛兵の諸君。勇気を示す時がきたね」

「勇気だって？　まあ、あわてなさんな」と国民衛兵の中隊長が応酬した。「たしかに勇気は示そう。だがそれはあんたたちと肩をならべてではないよ」

じじつ、人々は国民衛兵にはあまり信頼を寄せていなかった。いちばん奥の部屋、大事な部署は貴族たちが占めていた。スイス人衛兵は各人、四十個の実包をもっていたが、国民衛兵は三個しかもっていない。とりわけ、国民衛兵の砲兵隊には、極度の不信の目が向けられていた。そういう目でみられると、よくあることだが、砲兵隊はしだいしだいにそれに値するようになっていった。各砲の砲手のうしろには、スイス人衛兵の歩兵隊かフィユ＝サン＝トマ地区の擲弾兵隊が配置されていた。これが衛兵たちを抜き身のサーベルで監視し、いざというときには一挙に襲いかからん態勢だ。そのうえ、この砲兵隊はバルコニーの下におかれており、バルコニーから撃ちだす銃弾は彼らの上に落下する。彼らは何度か、砲列をこの場所から遠くへ移動させようとした。そのたびに司令部は、意のままに彼らを粉砕できる場所へつれもどしたのであった。

宮殿の指揮をとっているのはだれか。国民衛兵が司令官として認めるのはマンダのみである。ところが、コミューンが彼を召喚してきた。彼の本能は、行ってはならぬと告げた。二度の呼び出しにあい、彼はためらい、周囲の人に相談した。大臣たちはその命に従わぬよう勧めた。立憲派のレデラーは、法の条文によると国民衛兵隊司令官は市当局の命令に従うことになっていると言った。そこで彼もあきらめた。じつはポン＝ヌフの大砲の事件を明らかにせねばならぬし、それに、町の連中の通るところを攻撃し粉砕するため、グレーヴ広場に配置しておいた部下をかためておく必要がある。おそらくはそうも彼は思ったのである。こうして自分で自分を納得させ、いやな予感をおし殺し、努力して出発した。彼の出発は宮殿の防衛態勢を動揺させた。彼は指揮をしごくたよりない士官にゆだねていったのである。王妃もいやな予感がせぬでもないので、レデラーをかたわらによびよせ、いま、何をなすべきだと考えているのか、たずねた。

ちょうどそうこうしている間に、王妃の相談役たちは大臣たちにも知らさずに、世にも無謀なことをやってのけていた。なぜ砲火をまじえようとするのか、なぜ貴族連といっしょになって同僚の国民衛兵に発砲するのか。これはばかげたことではないか。こんなことを考えて、さなきだに動揺し不機嫌になっている国民衛兵にたいし、この相談役たちは、彼らの狐疑《こぎ》逡巡《しゅんじゅん》がまことにむりからぬということをわざわざ証明しようとしたのである。もはや王政の維持は不可能だと万人に確信させるには、ただ一事でたりた。すなわち、王の姿をみなにみせること。

鈍重で柔弱な、このあわれな男は、君主政の最後の夜でさえ、しまいまで徹夜しとおすことができなかった。彼は一時間ほど寝て、いま起きたばかりである。その頭髪は片方だけぺちゃんこになり、乱れている。もう革命がはじまっているというのに、まだ偽りの流行を守っているのがいかに危険か、いまこそわかったはずだ。それにしても、この危急のときに、結髪の侍僕をまちがいなくしかじかの時刻によびよせることができただろうか……。王がこういった姿をしているときに、粗忽者《そこつもの》どもは王を導いて階下へおりさせ、姿をみせさせ、散歩させたのである。さらにしごく縁起の悪いことには、王の服装は紫色だった。これは国王の喪の色である。このばあい、これは王政の喪を意味していた。もっとも、これだけならまだしも人にあわれをもよおさせるものがあった。ところが彼らは、なお小細工を弄《ろう》し、悲劇的な場景をすっかり滑稽なものとしてしまったのである。髪をかき乱したこの王の足下に、老マイイ元帥がひざまずき、剣をひきぬき、いならぶ貴族たちの名において、アンリ四世の王孫のため勝ちぬくか、さもなくば死と誓う。とてもグロテスクな感じで、一八一五年の古手の亡命軍人（王政復古期に軍籍にもどった亡命貴族の軍人のことを voltigeurs という特殊の名でよんでいる）を描いた漫画より、はるかにおかしげだった。青白い顔の肥えふとった王は、だれをみるわけでもなく、どんよりした目をうつろにさまよわせている。貴族たちのなかにあって王は、彼がじっさいそうであったところのもの、すなわち過去の亡霊、過去の無そのものと見うけられた。

国民衛兵、およびあらゆる種類の人々がこぞって、この無から一挙に生きた現実につれもどされ、「国民万歳！」と叫んだのは、まことにむりからぬ心の動きであった。

明らかに国民は、自分で自分の首を絞めるようなことは望んでいなかった。こんな不道徳な虐殺は不可能であった。すでに市の役人の徴集令にたいして、国民衛兵は「同胞に向かい発砲できるだろうか」と答えていた。王と貴族たちの姿をみて、彼らの決心はもう動かぬものとなった。これは一斉脱走であった。砲手らは、自分が逃げだすだけではなく、できれば大砲もいっしょにもちだしたいところだ。バルコニーから銃火でにらまれており、やむなく砲を使用不能のものとするにとどめた。火薬を入れずに弾丸をむりやり砲口につめこんだのである。この弾丸をとるには長い困難な作業が必要であり、戦闘がいまはじまろうとするときに、それは不可能なことであった。

体を動かしたので息を切らせ、顔を赤くしながら王は階段をのぼり、寝室へもどって腰をおろし、一息ついた。王妃はひとこともものを言わず、涙を流していた。だが、すぐに彼女は気をとりなおし、王太子をつれて姿をあらわした。度胸のすわった、平然たる態度。目はすでに乾き、文字どおり頰《ほお》を紅潮させている。いあわせた連中は玉突の間に集まっており、さて何がおこるかと長い腰掛の上にあがってみている者も多かった。デルヴィリは抜刀し、大声で言った。「取次役、フランス貴族のために扉《とびら》をあけよ」。このせりふのあたえた演劇的効果はきわめて稀薄であった。その声で、二百人がこの広間にはいり、その他の人々は次の間などに列をなしてならぶ。貴族というが、その相当部分はじつはブルジョワである。なかには滑稽な武装をしている者も多く、おたがいの格好をみてふざけあっていた。たとえば王の小姓と従者とは、火かき棒を一本ずつ分けあい、火縄銃《ひなわじゅう》みたいにして肩にかついでいた。とはいうものの、大多数の者の武器はさほど無邪気ではない。短刀、ピストル、狩猟用ナイフ。らっぱ銃をもつ者も何人かいた。

こうした人々が各部屋に戦闘隊形をなして整列している。宮殿を守るべくまだ残っていた国民衛兵たちは、突然貴族が呼び集められ、こんなものものしいことをやっているのは、自分たちをやっつけるためではないかと思った。国民衛兵隊司令官は命令受領にでかけたが、なんの命令も得られなかった。司令官の不在を好機として、その部隊は両分され、二十人ばかりは別の部署に配置された。国民衛兵は明らかに疑惑の目でみられており、したがって、彼らに守ってほしくないといっている連中をどうでも守りたいという気持は、もうなくなっていた。彼らは目にもとまらぬ少数を例外として消えてしまった。その例外のなかに、王妃の乳兄弟ウェーバーがいた。王妃の身が案じられ、苦悩に打ちひしがれて彼がとってかえすと、部屋では王妃が涙にくれている。

「おや、ウェーバー、どうしたの」と彼女は言った。「ここに残ってはいけません……。ここに残っている国民衛兵はあなたひとりですよ」

チュイルリーの孤立は、王妃の想像をはるかにこえた重大事であった。宮殿はすでに見すてられ、パリのなかの離れ小島のごとくであった。町じゅうが、敵意をもっているか、あるいは同情的とはいえない中立を守っているか、どちらかである。市役所では、たったいま、革命が行なわれた。最初の血が、国民衛兵隊総司令官マンダの血が、流された。

マンダがグレーヴ広場に来てみると、様子がすっかり変わっている。恐ろしい数の群集が、市役所と広場をすっかり埋めつくしている。サン＝ジャン拱廊《アーケード》に彼が配置しておいた守備隊は、遠くへ追いやられている。進むはあやうく、退くは不可能である。運を天にまかせ、彼は市役所の階段をのぼった。新コミューンの前に出頭した。彼が粉砕すると約束していたその当の蜂起コミューンと対面したのである。罠《わな》にかけてやろうと思ったその連中の罠に、こちらがかかってしまったのだ。いったいだれの命令で宮殿の守備兵の数を倍増したのか、と訊問される。マンダは市長の命令だと言いはった〔すでに古い命令で、八月十日とはなんのかかわりもない〕。ついで、ペチヨンが県に出した徴集令のほかは、いかなる文書ももちだせないと認めた。最後は返事に窮し、司令官には不測の事態にたいし緊急の措置をとる権限があると主張した。マンダが宮殿でペチヨンについて言ったつぎのことばがもちだされた。「いささかでも不穏のことがあればペチヨンの首に責任をとらせよう」。ところで、いまはマンダの首がぐらぐらしているのだ。彼の運命を決したのは、サン＝ジャン拱廊の守備隊司令官に彼があたえた命令、すなわち人民の隊列のうしろから襲い砲火をあびせよというまさにその命令書を、机の上に人がたたきつけたときである。彼を非難する喊声《かんせい》が、いっせいにわきおこった。人々は彼の襟首《えりくび》をつかみ、彼を市の牢獄にひきずっていった。だが、そこではすぐに殺されてしまうだろうと注意する者がいた。身柄をアベイ監獄に移そうとした。

ここまでのところ、蜂起の指導者たちのあいだには、人民がほんとうにどういう気持でいるのか、不安とためらいと、恐れと模索とがあったようである。警鐘作戦ははじめどうやら失敗のように思われ、一時は中止させようかと彼らは考えた。できればたぶん、そうしたことであろう。だが、中止命令がパリじゅうに行きわたるには手間どることだろう。鐘は鳴りつづけた。マンダが市役所にあらわれ逮捕された六時ごろ、コミューンはこの行動の弁明をこころみた。コミューンは国民議会に使いを送ってマンダを告発し、警鐘を鳴らさせたのはマンダひとりの責任である、その責任を問うため彼を懲戒したのであると断言した。こうした政治的駆け引きは、一事件の突発でつぶされてしまった。手荒い連中は、マンダが生きながらアベイ監獄につくことを承知できなかった。マンダが市役所を出たとたん、彼らはピストルの一撃でマンダの頭を打ちくだいたのだ。

こうして、コミューンは、世にも貴重な人質を失った。もううしろに引くわけにはゆかない。のっぴきならずコミューンは蜂起の渦中《かちゅう》にとびこんだ。そして非常の太鼓を鳴らした。

二　八月十日

朝の七時だった。そして早くも、バスチーユからサン゠ポール教会にいたるこのサン゠タントワーヌのひろびろとした地域には、すでに述べたように八十から百の部隊が集まっていた。部隊はそれぞれ小銃で武装した百人の兵隊からなっているから、約八千ないし一万の国民衛兵がいたわけだ。彼らの敏活さは驚くべきもので、夜のあいだののろさかげんからは想像もつかぬことだった。大河のように流れるこのサン゠タントワーヌ通りへ横道からぞくぞくと人が流れこみ、そうしてふくれあがった群集は、難なく問題のサン゠ジャン拱廊を通過した。マンダが、この場所で群集をひねりつぶしてくれようとうぬぼれていたところだ。群集は命令がこないのでグレーヴ広場で一時間もじっとしていた。ある者は、コミューンはまだ宮廷側の譲歩を待っているのだと言い、他の者は、サン゠マルソー地区がぐずぐずしていて、ポン゠ヌフでの合流にまにあわない恐れがあるのだ、と言った。

八時半。槍をもった千人ばかりの男たちは辛抱しきれなくなり、肚《はら》をきめた。国民衛兵の力などかりないと言って、衛兵の隊列を分けて彼らは前進した。彼らはろくに武装をしていない。全部で一ダースの小銃もないくらいだ。槍をもたぬ者も多く、焼きぐしか、それとも商売道具をたずさえているのみ。マルセイユその他から来た歴戦の連盟兵たちは、この連中が勝つ見込みのほとんどない戦いにでかけてゆくのを座視するに忍びなかった。彼らを先導し、彼らの先頭に立ってまっさきに砲火をあびようとした。

つい先刻、王の一家はチュイルリーを離れた。なんとしてでも王を危難の外におこうとしたのは忠臣どもだが、知事のレデラー自身も、その声に和していた。両軍から人が出て膝づめ談判が行なわれている。攻撃側の代表としてやせた青白い顔の若い男がやってきて、宮殿に二十人の代表を入れる許可をレデラーからとりつけた。もっとも、何人かは不作法に壁の上にまたがり、まだ中庭に残っている何人かの国民衛兵と談笑している。

レデラーは危険がさし迫っていると判断した。蜂起軍の代表をなかへ入れるということで若い軍使をごまかし、全速力で宮殿へ走り、広間にむらがる群集をすばやくかき分けた。彼は王に言った。「陛下、もはや五分もむだにはできません。国民議会に逃げこむ以外に、陛下には安全な場所はないのです」。県の行政官（王妃御用のレース商人、熱心な立憲派）も同じ意味のことを言った。「お黙りなさい、ゲルドレさん」と王妃がこの男に言った。「人は悪事をはたらいているときには、発言する資格はないのです……。ここであなたがものを言うことはできないはずです」。——そう言ってからレデラーに向きなおり、「でも、こちら側にも軍隊があることだし……」。——「パリ全部が行進してきているのです、陛下……。わたしどもの申しあげているのは懇願ではございません……。残された道はただ一つなのです……。陛下をひきずってでもおつれ申したいと言っているのです」

国王は頭をあげ、じっとレデラーを見つめた。そして王妃のほうに向きなおり、言った。「いっしょに行こう」。そして立ち上がった。

このことばを国王が王妃に言ったことで、ごたごたしたかもしれぬ微妙な問題が一気に解決されたのである。国王ひとりで議会に行くか、それとも大衆からはげしく憎まれている王妃をつれてゆくか。おそらくは、この瞬間のこの問題こそ、王政の運命を決するものであったのだ。ラリ＝トランダルは『ウェーバーの覚え書』とか称する本のなかで、ほかの歴史家がつつみかくしていることを正直に言っている。つまり、噂《うわさ》がひろまっていたとおり、県も市も、国王ひとりがチュイルリーを脱出し、ひとりで国民議会に来るよう王に約束させたという事実である。この案は、王政にいくらかでも救いのチャンスをあたえるものだった。たしかに王妃は危険のうちにとり残される。たぶん殺されることはなかろうが、とらえられ裁きをうけるであろう〔これこそ王妃が死よりも恐れていたことだ〕。醜聞でいっぱいの裁判をうけ、その結果、名誉も位階も奪われて、修道院にでもおしこめられるであろう。

国王といっしょに王妃もつれてゆく羽目になったレデラーは、せめて宮廷の人間はほかにだれもつれてはゆかぬよう主張した。だが王妃は、ランバル夫人と養育係のトゥールゼル夫人をどうでもつれてゆくと言った。ほかの見すてられた貴婦人たちは、絶望的になり、震えあがっていた。

レデラーは言っている。「われわれが階段の下まで来たとき、国王がわたしにことばをかけられた。『上に残っている連中はどうなるのかね』。――『陛下、彼らは平服を着ておりますす。彼らは剣を捨てて、庭を通ってあとを追ってくるでしょう』。国王は『なるほど……』。だが、それにしても、カルーゼル広場にはたいして人がおらぬが』。『陛下。十二門の大砲と、たいそうな数の人民がやってまいります……』」

この最後の未練、この思いやりの一言、このためらい。これが、ルイ十六世が自分を守りに馳せつけた人々にあたえたすべてであった。彼は人にひきずられていった。そして彼らを見殺しにしたのである。

スイス人将校のダフリの言によると、スイス兵に発砲させるよう、王妃が彼に命令したとのことである。もうひとり、フィフェル大佐の、一八二一年出版の書物によると、ノワイユ老元帥は国王が自分に指揮権をゆだねた、手をつかねて敵襲を許すことはないと言ったとのことである。――王妃は、この防衛戦が勝利に終わることを信じて疑わなかった。でかけるとき、あとに残る女たちに、王妃はこう言った。「わたしたちはやがてもどってきます」

国王の出発が居残った人々にあたえた影響はさまざまだった。あるスイス人衛兵の将校はレデラーに向かい、なさけなさそうにこう言った。「あなたは、王さまを議会へおつれして、それでお救いできるとお思いなのですか」。こんなふうに見すてられて、絶望的になった者もいた。何人かはサン゠ルイ勲章を胸からはぎとったり、剣をへし折ったりした。これとは逆の気分になった者もいる。もう遠慮する必要はない。国王も女たちも、子どももも保護しなくてよい。死ぬまで戦おうと喜び勇んでいるのだ。この連中は、スイス兵になみなみとついだブランデーを飲みほさせ、門衛には王門の扉の柵をひらくよう命じた。

宮殿の庭とカルーゼル広場とを区ぎる長い城壁を守ってはおられぬ気分だったのだ。門衛はそのとおり柵をあけ、雲をかすみと逃げてしまった。この門扉をたたいていた群集は、お人よしにも安心しきって、この門からなだれこみ、せまい中庭にとびこんできた。正面の窓にはびっしり銃口がならび、兵舎が庭の左右をとざし、いやな目つきでにらんでいるのに、群集はいっこう気づかない。

さきほど述べた気みじかな連中がここにはいってきたのである。先頭に立って進んできたこの槍の男たちは、途中で人数がふえ、二、三千人にもなっていた。彼らはたちどまらず、一目散に駆けて車寄せまでやってきて、やっとあたりを見まわした。宮殿のこの車寄せは今日よりずっとひろく、まことに威圧的であった。堂々たる大階段が上へつづき、礼拝堂にいたる。そこで折れて各部屋へ行く。その階段の各段にスイス人衛兵が列をなして立っている。階段の上から下まで、彼らはものも言わず、ぴりとも動かず、攻撃側の群集に銃の狙《ねら》いをつけてかまえているのだ。このスイス人衛兵たちはいったいどんな気持だったのか。種々さまざまで、ひとことで言いにくい。もちろん、発砲を望んでいないのが大勢いる。大部分の兵士はフリブール州の出身、ある者はひょっとするとヴォーの人間、つまりフランス人なのだ。ことばもフランス、性格もフランスである。彼らのほんとうの祖国フランスにたいして発砲することは、おぞましく、神にそむくことと思えたこと、疑いもない。

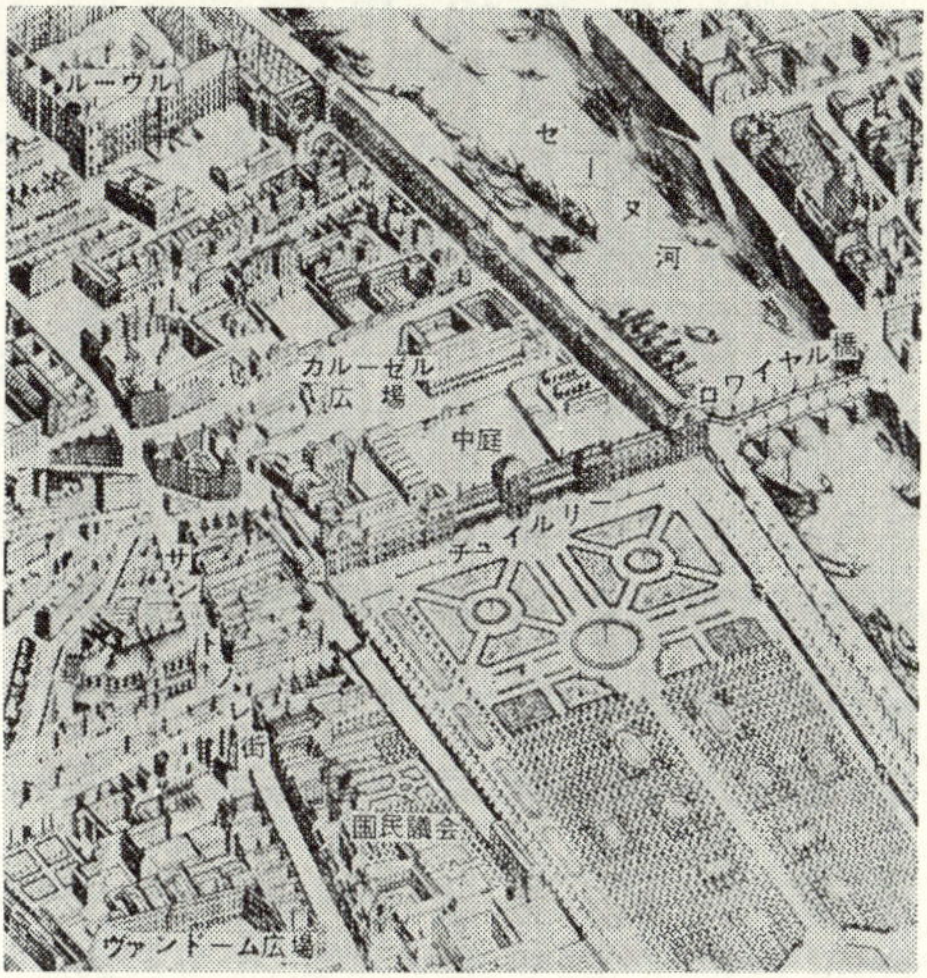

チュイルリー周辺図

群集がなだれこむ寸前、国民衛兵の砲兵がやってきて、このあわれなスイス人衛兵たちに会った。スイス人衛兵は涙をこぼして砲兵の腕にとびこんだ。二名の兵士は断然、宮殿を見すてて砲兵らのあとを追おうとした。スイス人衛兵の将校たちは彼らをバルコニーの上から見おろしていた。兵士は撃たれた。正確な射撃だ。二名の兵士のみが倒れ、フランス人にはかすりもしなかった。

他の兵士たちへのきびしい見せしめ。それにおそらく軍規が、軍旗にたいする忠誠心が、誓いなどが彼らの足をとどめた。石のように不動のスイス人衛兵らをみても、攻撃側の群集はいささかも恐れをいだかず、むしろ笑いだしたのである。群集は彼らを嘲弄《ちょうろう》したが、スイス人衛兵は笑わない。このスイス人衛兵らは真実生きているのかどうか、疑わしいくらいだった。子どもというものはすぐに慣れて大胆な行為に出る。こうしたばあい、パリの人民はみな子どもだ。ボロの十二梃の小銃、槍、焼きぐししかもっておらぬパリ人民は、完全武装したスイス人衛兵の軍隊とまともに戦えるはずがない。スイス人衛兵が数名、国民衛兵の側へ走ろうとしたことをパリの人民は知っていた。彼らの善き意志に手をかそうと決心した。鉤《かぎ》のついた棒をもった連中が数人、これを釣針《つりばり》みたいにして兵士らに投げかけ、軍服にひっかけて、ひとりまたひとりと釣りあげようとした。こうして手もとにひきよせ、彼らははぜるように大笑いした。スイス人衛兵釣りは成功した。こうして五名の衛兵が、なんの抵抗もなくひきよせられた。防御側と攻撃側とのあいだに一種のなれあいができるのではないか。将校たちはそれに恐れをもちはじめた。そして発砲を命じた。

軍規の力というものをまざまざとみせつけられた。即座に銃は火をふいたのである。階段の上から下までずらりとならんだ銃は、銃口をひとかたまりの生き物の胸元につきつけ、いっせいに火をふいた。恐るべき結末。こんなせまい場所でこんなむごい殺戮《さつりく》の行なわれたためしはない。弾丸はすべて致命傷をあたえた。群集全体がよろめき、折り重なって倒れた。この車寄せをくぐった者で、生きて外へ出た者はひとりもいなかった。今日この話の伝わるのは、階段上にいた王党派の人々の口を通じてのみである。二時間ののち、攻撃側のひとりがこの車寄せに来た。その証言によると、死人の山で、においがたちこめ、むっとして息もできなかったという。

中庭にいた連中が急いで脱出したかどうか、言うまでもないことだ。急にはそんなことはできない。中庭の左右に兵舎があって道をふさぎ、兵士がいっぱいそこにつめている。そこから撃ちだす銃火でふるいにかけられた。文字どおり待ち伏せされた獲物である。狩人らは筒先に獲物がいるのだから、よりどり見どりである。この死の隘路《あいろ》を通る人々は、敵に一矢むくいることもできない。こうして三百ないし四百の人々が非業の死をとげた。

この死の宮殿から二つの軍隊が同時に出撃してきた。一つは、中央の時計館から出撃したスイス人衛兵である。他は貴族の軍隊で、これはフローラ館からおどりでて、潰走《かいそう》する群集を河岸から遠く、ルーヴルの小路やサン＝トノレ通りまでおしかえした。カルーゼル広場で敵前展開したスイス人衛兵らは、敗走する人々の末尾をとらえて四方から銃火をあびせた。この広場もまた死骸の山を築いた。

宮廷側はこれで勝ったと思った。蜂起軍を粉砕したように考えたのである。だが、これは前衛部隊にすぎなかった。スイス人衛兵らが、せまい通路でひしめいている群集に銃火をあびせているそのさいちゅう、すでにデルヴィリはスイス人衛兵のなかへ、帽子もかぶらず徒手空拳のままとびこんできてこう言った。「こんなことをしているときではない。議会へ、王さまのもとへ行け」。老ヴィオメニルは叫んだ。「行け、勇敢なスイス人衛兵らよ。行って王を救え。一再ならず君らの祖先も国王を救ったのだ」

こうなることは計算ずみ、宮廷はこれを期待して、すすんで戦闘をもとめたのだ――レデラーはこのときこう考えた「八月十日の立役者の何人かはいまでもそう考えている」。

蜂起軍は粉砕された。すくなくとも出鼻を強く打ちくだかれ意気沮喪《そそう》してしまった。そこで守備隊は国民議会へ向かう。国民議会の解散を宣言する。国王は軍隊に護衛されつつ、パリをのがれる。ルーアンには王を待つ人々がいる。そこへ走ってそれらの人々と王は再会する。王妃は、自分の行動に自信がもてぬのなら、多くの忠臣たちをチュイルリーに残してはこなかっただろうとわたしは思う。大革命にたいするこの激烈な不意打ち。その吉報を待ちつつ、王妃は国民議会で青ざめ、胸をどきどきさせていた。議会も、一時はもうおしまいだ、やがて虐殺されることと思った。すくなくとも国王にとらえられてしまうだろう。その国王を救って胸に抱いてやったのに。

しかし、反革命は勝利したのではなかった。それどころか、大革命はその歩みを進める。サン゠タントワーヌ地区とサン゠マルソー地区とは、ポン゠ヌフで合流を成しとげていた。フローラ館からは、レヴァント通り、いやすでにルーヴル河岸まで進んできた復仇心《ふつきゆうしん》に燃える人民の軍隊、朝日に燃えたつ銃剣の森が望見されたのである。

いろんなことで手間どっていたのだ。訓練不足の軍隊は時間をつぶした。当時は河岸がごくせまく、ここで縦隊をつくるのにとりわけ時間がかかったのである。先頭の名誉をになったのは、五百のマルセイユ兵、三百のブルターニュ兵やその他の連盟兵である。このきわめて勇敢な部隊がまっさきに銃火に向かっていった。彼らは、ロワイヤル橋のそばのいくつかの小門をくぐってカルーゼル広場にはいる予定。マレやその他右岸地区の人々は、ルーヴルの小路からはいりこむはずだ。サン＝マルソーその他左岸の人々は、宮殿を砲火で挟撃《きょうげき》するべく、ロワイヤル橋、チュイルリー河岸、コンコルド河岸と広場とをひきうけた。サン＝タントワーヌは二門の小さな砲をもつ。サン＝マルソーも同数。これが砲のすべてである。

もしも敗走する群集がこの河岸のほうへおしもどされていたなら、これらの部隊に混乱と挫折感とをあたえていたことであろう。しかし、すでにみたように、彼らがおしもどされたのはサン＝トノレ街やルーヴルの小路のほうである。マルセイユ兵とサン＝タントワーヌ地区とは、例のいたましい光景は何一つみなかった。彼らは潑剌《はつらつ》としてやってきた。頭を昂然ともちあげ、楽観的であった。彼らの同胞が撃たれ、虐殺されたという大ざっぱなことしか知っていない。憤然として彼らは歩を早めた。ルーヴルの小路を通ってカルーゼル広場にやってきたマレ地区の人々は、たくさんの負傷者を目撃した。しかし、これらの負傷者は憎しみと怒りで燃えあがっている。裏切り者のスイス人衛兵に復讐《ふくしゅう》してくれと彼らはたのんだ。「やつらの頰に接吻《せっぷん》しているさいちゅうに、おれたちの血を流しやがったんだ」

マルセイユ兵らは河岸の小門を通りぬけ、カルーゼル広場で展開しているスイス人衛兵をみた。ただちに攻撃開始。小さな砲の被《おお》いをとり、だしぬけに連続二発の散弾を発射した。スイス人衛兵はその二発目を待たず、負傷者をその場に残したまま退却した。息の根をとめたと思っていた蜂起軍が、こんなにぴんぴんしてあらわれたことに驚いたにちがいない。連盟兵とサン＝タントワーヌは突撃歩調で前進し、三つの中庭のうち二つまで占拠した。すなわち、王宮の庭、あるいは中央の庭とよばれる中庭と、フローラ館と河岸の近くの諸侯の庭といわれる中庭とである。ルーヴルの小路を通ってやってきた地区の人々はカルーゼル広場を埋めた。このころの広場は今日よりも小さかった。彼らは先着の兵士らをうしろからおし、そしてできるかぎりは、中庭に闖入《ちんにゅう》した。巨大な暗い建物の正面にはたくさんの窓がひらいており、銃火がきらめいている。正面からの銃撃のほかに、フローラ館やルーヴルの広廊の窓ぎわにかくれた貴族たちが、側面から弾丸を撃ちだしてくる。こうした十字砲火の網目が攻撃側の足をとどめた。これに助けられ、スイスの擲弾兵は時計館のうしろでなおがんばっていた。彼らは一斉射撃でもって、蜂起軍の狙撃兵に応酬してくる。天候は穏やかで、煙が濃くたちこめる。そよとも風が吹かぬので煙が散ってくれないのだ。闇夜に鉄砲みたいなもので、攻撃側には不利な状況である。窓がはっきりとみえないし、弾丸はむなしく壁に当たる。これに反し、敵は生き物の壁、つまり人間の群れをねらうのだから、引き金をひきさえすればいやでも当たるというわけだ。一発ごとに死者が出、あるいは負傷者が出た。なぐられっぱなしという状況に我慢できなくなった連盟兵は、雨あられと降る弾丸のなかを走って大門に四インチ砲をすえた。そこから撃ちだした二発の弾丸が、スイス兵をして中庭の放棄を余儀なくさせた。彼らは整然と車寄せへ退

8月10日，チュイルリー宮前の凄絶な死闘

却した。そしてときおり、分隊ごとにそこから出てきては、また撃ってくる。

　連盟兵がカルーゼル広場から中庭へと進撃してきたとき、宮殿と平行してならんでいる兵舎から、彼らの背後に銃火をあびせてきた。一時間前と同じ戦果があげられると、敵は信じて疑わなかったのだ。だが、射撃がはじまるやいなや、マルセイユ兵は怒りくるって兵舎の戸口に殺到した。こじあけられない。弾薬筒を投げつける。轟然《ごうぜん》と爆発し、屋根は吹っとび、壁は崩れ、たちまち火をふく。火炎は一瞬のうちに端から端まで走り、一帯をつつみこむ。炎と煙の渦巻のうちにすべてが没した。攻撃側ですらぞっとして目をおおうたほどの惨状であった。

　スイス人衛兵の隊長のひとりチュルレル

が、武器をおくべきかどうか、王にうかがいにきたというのはこのころか、それとももっと前のことであったか。歴史的に重大な問題である。前か後かの答えによって、ルイ十六世の性格についてのわれわれの考えは変わらざるをえない。

王党派の伝承によれば、一時優勢だったスイス人衛兵が議会に進撃しようとしたとき、一議員がそれをおしとどめ、武器を捨てよと勧告した。そこであの隊長が国王にうかがいをたてたところ、武器を国民衛兵にひきわたせという以外の、なんの答えも得られなかったという。

もうすこし確かな説もある。こちらのほうは、議会の議事録で確かめられるのだ。それによると、宮殿が奪取されたとのレデラー知事の報告を王が聞いたのち、はじめてそういうことになったという。そのときになって、いや、議会に恐怖の情がひろがってのちはじめて、国王は議長に告げたのである。ただいまスイス人衛兵に発砲停止の命令を出した、と。

この説は、従来の人が曖昧《あいまい》にしてきた点を明らかにしている。国王がこれ以上の流血の惨を避けようと決意したのは、宮殿が奪取されたと知ってからのことである。もはやいっさいの希望を失ってからのことである。この命令には二つの利点が見こまれていた。一つは、勝利者の激昂をなだめること。もう一つは、敗北者の名誉を救うことである。王の命令だからしかたなく勝ちを譲ってやったのだと敗北者は言えよう。いや、じっさい彼らは抜からずそう言ったのである。

このとき、宮殿は奪取されていた。階段の一段一段を、礼拝堂を、廊下を守っていたスイス人衛兵は、いたるところで打ち破られ、追いまくられ、殺された。幸運なのは貴族らで、ルーヴルの広廊を占拠していたが、いつでも逃げだせる出口をもっていた。そこにとびこみ、行きどまりにカトリーヌ・ド・メディチの階段を発見した。おかげでこれをつたって無人の場所に逃げおおせたのである。全員、あるいはほとんど全員が脱出した。死体のなかから貴族のそれはまったく見いだせなかったのである。赤い服を着ているなかには、上質の下着をつけているのもあった。しかしこれは、偽《にせ》のスイス人衛兵、旧立憲衛兵であって貴族ではなかった。

赤服の数はおびただしい。スイス人衛兵の隊長が白状している千三百三十のスイス人衛兵の数を大幅にこえていた。スイス人衛兵か否かにかかわらず、これらの兵はみな讃《たた》うべき勇者であった。彼らはゆっくり庭を後退し、老練部隊の沈着冷静さで戦友を待ち、まとめていった。まるで閲兵式の演習をしているかのようであった。一斉射撃で明るく照らしだされると、静かに隊列をせばめていったのである。庭を横断するのに、たぶん十回もたちどまった〔目撃者の証言〕。そしてそのたび、正確な連続射撃で攻撃側をおしかえした。ただし、彼らをひどく驚かせたと思われる一事がある。それは、庭に満ち満ちたおびただしい数の国民衛兵である。しかも、その数はふえる一方だ。戦闘のはじまる前、八時にはグレーヴ広場に銃をもった八千ないし一万の国民衛兵がいた。戦闘の直後、正午から一時にかけて、同じ目撃者がチュイルリーにおいて三万から四万にのぼる数をかぞえている。勝ったとなると救援にとんでゆく数は、ふつうかなりにのぼる。そのことを考慮に入れるとしても、それでもなお明らかなことは、八月十日が人民の総体によって成就《じょうじゅ》され、承認され、いわば批准されたということである。人民の一部分ではない。従来しつこく言われたように、ひとつかみの人々の仕業では断じてない。宮殿を攻略した人々のなかには、軍服を着た者が大勢いた。この軍服がまたひどい侮蔑《ぶべつ》のもととなったのである。ブルターニュの連盟兵は、赤の軍服を着ていたが、そのため宮殿の将校たちから、敵に寝がえったスイス人衛兵とまちがえられた。そこでまっさきにねらわれ、最初の射撃で八名が倒れた。

国民衛兵の恐るべき一致団結。それはようやくスイス人衛兵の目にも明らかになってきた。この団結がついにはスイス人衛兵の士気をくじいたのである。ルイ十五世広場のあたり、大泉水の近くまで来たとき、その隊列は浮き足だち、ゆるみはじめた。自分だけが救われたいという、ほとんどつねに人々を破滅させる致命的な考えが、彼らのうちに目にみえて忍びこんできた。勇敢ですばらしい軍規を守るあまり、後退に時間をかけすぎて、自滅を招いている、と思いこんだ。何百人かは、猛りくるった鹿のように大きな木蔭にかけこみ、敵の狙撃兵を打ち倒し、サン゠フロランタン街の正面にある城門にたどりついた。こうして、約三百名が脱出した。追いつめられた一群は海軍省の建物に逃げこんだ。そこを探索され、殺された。まだしもまとまっていた部隊は、チュイルリーからシャン゠ゼリゼのほうへ移動しようとこころみた。だが、チュイルリー広場へ足をふみいれたとたん、橋の下り坂に二門の砲をすえていたサン＝マルソーの一隊が彼らに散弾を一発見まった。ただの一発で、三十四人が敷石を血で染めた。ほかの連中は、この恐るべき砲撃でちりぢりとなり、銃を捨ててサーベルを手にした。仮借ない敵の槍にたいしてはこの武器では役にたたぬ。三十人ばかりは、ルイ十五世の像〔いまはここにオベリスクが立っている〕のそばでしばらくささえた。彼らの忠誠と献身とに値せぬ君主政の、このあわれな記念碑の足下で――。

幸運にしてシャン＝ゼリゼにたどりついた幾人かは、善良な人々にかくまわれた。そしてその人たちのおかげで変装し、夜にまぎれて脱出したのである。流血の一日においては、おおむね、中間というものがなかった。敗者の見いだしたものは死か、さもなくば英雄的といってもいいほどの寛大で献身的な歓待である。彼らを救うため、人は必要とあればわが身を死地にさらしたのである。そしてこのことは、政治的な意見とはいっさい無縁であった。猛烈な革命派もこの点では、まるで王党派のごとくふるまったのである。

宮殿においても群集は、莫大な被害と、それにスイス人衛兵の裏切りと信じていたことにひどく立腹はしていたが、想像されるほどやみくもに野蛮なふるまいにではしなかった。だれにもましてふかく憎まれていた王妃側近の貴婦人たち、たとえばオーストリア女の入知恵女や相談相手といった人々も、すこしも侮辱はうけなかった。タラント公爵夫人は扉をあけさせておき、最初に部屋にはいってきた者に、ごく幼いポーリーヌ・ド・トゥールゼルを託した。何人かの婦人、なかでもカンパン夫人などは一時とらえられ、殺すといっておどかされた。彼女らはただ怯《おび》えるばかり。人はつぎのように言って釈放した。「あばずれ女ども。国民がおまえたちに恩赦をめぐんでやるのだぞ」。勝利者が自分の手で彼女らを護衛し、逃がしてやったのである。口の悪い女たちの群れが、「殺してやればいい」とののしりながらあとを追うのを、貴婦人らを救うため手をかして変装させたのである。

攻撃側のひとり、サンジエ〔のちに舞台監督として名声を得た〕の語るところでは、王妃の部屋にはいると、群集が家具を打ちこわし、窓の外にほうり投げている。高価な絵のついたすばらしいクラヴサンも同じ運命にあおうとしていた。サンジエは時を移さず、ただちにクラヴサンを弾きつつ、マルセイエーズを歌った。その瞬間、血なまぐさく猛りくるった人々は怒りを忘れた。彼らは、クラヴサンのまわりに集まり、合唱し、輪になって踊りはじめた。そして国歌を繰り返し歌うのだった。

否、八月十日に勝利を得た種々雑多の群集は、よく言われるように山賊や野蛮人の群れでは断じてなかった。それは全人民であった。なるほど、あらゆる境遇、あらゆる性格、あらゆる人柄がそこには存在した。世にも恐るべきさまざまの情念がそこにはあった。しかし、この英雄的昂揚の瞬間、低劣とか卑賤とかのふるまいは、なんぴとにもみられなかったのである。寛大のふるまいはたくさんあった。はじめて危険に直面した人々はしばしば凶暴となるものだが、しかし、前章のはじめにかかげたパン屋の感動的なことば（三八五ページ参照）をみると、攻撃者の心から人間的な感情のけっして消えさりはしなかったことがよくわかるのである。

国民議会では、異常な光景、最高に感激的な光景が展開された。八月十日の寛大仁慈、勝利の熱狂にあってなお失われなかったフランスの高貴な精神の永遠のあかしとして、この光景よ、後世ながく語りつがれんことを。

勝利者の一群がスイス人衛兵とごっちゃになって国民議会になだれこんできた。そのひとりが代表としてこう述べたのである。「体は血と埃《ほこり》にまみれ、心は悲しみに打ちひしがれつつ、われらはわれらの憤激を聞いてもらうためにここにやってきました。久しい以前から裏切り者の宮廷はきょうの破局を準備していたのです。われらが宮殿にはいりこむには、虐殺された同胞の屍《しかばね》の上をふみこえねばなりませんでした。裏切りのあわれな道具となったこの連中を、われらは捕虜としました。武器を投げすてた者も何人かおります。われらは彼らにたいし、寛大という武器しか用いなかった。われらはこの連中を兄弟として扱ってやるつもりなのです」。〔彼はスイス人衛兵を抱擁し、そして感動のあまり気を失った。議員たちが彼を助けた。そこで彼は、ようやくふたたび口をひらき〕「わたしは復讐したいのです。議会にお願いいたします。このあわれな者をつれてゆかせてください。

この男に住居と食事とをあたえてやりたいのです」

三　議会とコミューン

チュイルリーで革命が巨歩を進めたこの日、議会はどうふるまったか。――八月十日以前もそうだったが、この日にもあらためて、議会はみずからの無能を白日のもとにさらけだした。ラファイエットを無罪放免した点で、議会は王権におとらず人民から憎まれていた。ブリッソーの口をとおしてラファイエットを弾劾していたジロンド派は、共犯の罪を問われるはずはなさそうだが――

ジロンド派が、王権を利用できるとまだ思いこんでいるのは、明々白々だった。ラファイエットの敵だろうと味方だろうと、この点では同じことだった。彼と同じく原理では共和派、しかも彼と同じく政策では王党派、状況に応じての王党派であり、ちがう点といえば、王政にあたえてやる執行猶予期間の長短だけである。

したがって、無能という点ではジロンド派は一蓮托生《いちれんたくしょう》だった。この弱味をもって、八月十日に出現した新権力、蜂起のコミューンと対決せねばならぬ。

蜂起のコミューンは議会に代表を送り、通告する。パリの区会《セクション》に集合した主権者たる人民は委員を任命し、これら委員たちは、全権限を行使し、小手しらべに、正規のコミューンの総会の権限停止の決議を行なった、というのだ。こうした行動の無効を宣言する決議を提案した議員もあったが、慎重論が優勢を占めた。

国王が議会に避難してくるという報がはいったのはこの瞬間だった。議会は、コミューンにたいしてと同様、決定的な態度をとらず、ともかく避難を認めることにする。

議会は待つ決心をした。最も容易なことだ。王政の勝利と無政府の勝利、宮廷とコミューン、この二つのあいだにはさまれ、どちら側からも食い殺されそうになって、未知にたいしては慎重にかまえ、スフィンクスを前にして恐怖の沈黙を守る。

チュイルリーの庭はひっそりとしていた。まだ夏なのに枯葉が道をうずめていた。国王は、「ことしは落葉が早いな」と言う。マニュエルは、王権は葉の落ちるまでもたないだろう、と予言していたものだ。国王一家は「国王を倒せ！」と叫ぶ群集をやっとかき分けて、議会に到着する。

指定された避難所、議長席のうしろの一室に国王一家がはいったころ、銃声が聞こえ、やがて砲撃のとどろきも聞こえてくる。どちらが勝つか、議会も国王一家もじっと待つ。そして人民の勝利の報がとどく。これは王権の勝利におとらず議会にとって脅威だった。蜂起のコミューンはこれで全能の権力をしっかと握ることになろう。そのコミューンの要求するところは何か。国王の廃位だ。

　議会はどうする気なのか。対策をたてるため特別委員会をつくり、やがてこれを代表してヴェルニヨが提案する。沈みこんだ様子だ、ふところに逃げこんできた窮鳥を猟師に渡さねばならないとは。彼の提案にもとづいて議会はただちに決議したが、それは国王の権限停止、王太子に家庭教師をつけること、国王一家をリュクサンブール宮殿に収容すること、大臣は議会の任命によることの四点にとどまった。これ以上のことは、憲法が議会にあたえている権限をこえるというのだ。最終的決定は、とくにその目的で選出される国民公会にゆだねよう。

　廃位でなく権限停止にとどめたのは、憲法に違反しないため、というのは信じられようか。王政がつづくかどうかわからないのに、王太子の教育について配慮しているのは、ジロンド派の底意を示したものではなかったか。

　ともあれ、いやいやながら、できるだけ抵抗しながらにもせよ、議会はコミューンのあとについてゆくほかはない。かつてのジロンド派内閣を復活させたときも、これに司法大臣としてダントンを加え、反革命容疑者の家宅捜索権をコミューンに認める。審議が終わったのは真夜中すぎの三時。

　王権に、そしてまた議会に勝利をおさめた蜂起のコミューンは、雑多な要素からなっていた。最良の分子は、単純で粗野、真正直な怒りに燃えていたが、寛大になれないわけではなかった。しかし、彼らは不幸なことに、敵を片づけてしまおう、という粗暴で愚直な考えに、最後までとりつかれている。

つぎは狂信的な分子。抽象論を信仰する政治的幾何学者で、コンパスでかいた円周からすこしでもはみでるものは、刀で削り落とそうという分子である。

最後に最悪の分子。おしゃべり好きで演説好きで流血好き。性質も下劣で、混じりけなしの徹底的な悪人。軽率ですげなく、からっぽで無定見である。代表は、医学生でジャーナリストのショーメットと、もとシャンソン作者でもうすぐ新聞『ペール・デュシェーヌ（デュシェーヌおやじ）』で恐るべき名声を得ることになるエベールである。

コミューンを構成する分子は雑多であったが、全体としてパリの人民の復讐心、八月十日の犠牲者のかたきをうとうという衝動を代表していた。そして、人民はまた寛大な心も底に秘めてもいたが、これを代表したのが、ダントンだった。司法大臣という新しい地位にふさわしく、人権を守りぬこうという彼の努力は、だがなかなか実をむすばない。人民の勝利が確固たるものとならないかぎり、復讐心が人民のうちで大きい力をもちつづけたからである。

復讐心の目標の第一は、いうまでもなくルイ十六世だったが、この大事な人質に手をつけるのは不得策だった。それにしても、はじめ議会の考えた収容所、リュクサンブール宮殿では、ヴァレンヌの逃亡の二の舞の恐れがある。コミューンは圧力をかけ、タンプルに幽閉することになった。もとタンプル騎士団の宝物庫で、いまはすっかり荒れはてた、低い陰惨な小塔。白昼のフクロウさながら、にぎやかな商人と職人の町のまんなかにある。ここなら逃げだせまい。

さしあたり、国王は追及できないので、人民の復讐心は王党派と、八月十日の敵、おもにスイス人衛兵に向けられた。彼らを裁くために、区会《セクション》の任命する委員によって構成される特別裁判所を設置せよ、とコミューンを代表してロベスピエールが議会に要求する。議会は抵抗のすえ、ついに屈する。八月十七日、執行猶予を認めることのない最終審の特別裁判所が設置された。

人民の復讐心には、外敵の脅威が作用していたことは考慮に入れる必要がある。七月三十日、亡命貴族軍を加えたプロシア軍がコブレンツを出発。八月十八日、オーストリア軍と合流。二十日、一万の連合軍による東部国境のロンウイの攻囲の開始。そしてラファイエットは、軍をひきいてパリにもどろうとして指揮下の全軍の反抗にあい、国境をこえ亡命してしまう。まさに祖国の危機。防衛にあたるのは、ラファイエットに代わる東部軍司令官デュムーリエと、やはり新任の北部軍司令官ケラーマンである。

議会も立たざるをえない。革命の二つの敵に一撃を加える。祖国にたいして武器をとった亡命貴族については、財産の没収、そしてなお宣誓を拒否しつづける僧侶にたいしては、十五日だけの猶予をおいて追放。

十九日、特別裁判所が審理をはじめた。そして二十一日には、最初の犠牲者として王党派がギロチンにかかる。それから毎日ひとりの割で死刑がつづく。仕事が多すぎて、これ以上能率があがらないのだ。コミューンは、復讐心がすみやかに満たされないのにじれてくる。

二十五日、ロンウイ陥落の報がつく。ただちに、パリおよび近県で三万の兵を徴集することを議会は決定する。二十六日、チュイルリーの庭園で、八月十日の戦死者の国葬がとり行なわれる。革命と祖国との危機とともに、人民の復讐心も高まっていった。

ロンウイにつづいてヴェルダンも敵の手に落ちた。敵軍の着実な前進ぶりを考えると、裏切りがあり、敵が全フランスに情報網をもっているのは確かだった。パリへの進撃を食いとめられるだろうか。パリが反革命の手に落ちたとき、どんなに恐ろしいことになるだろうか。あのラファイエットすら亡命先で土牢に投げこまれたではないか。おそらく、男には死、女には凌辱《りょうじょく》。殺されようとしているのは国民だけではない。フランスの新思想が扼殺《やくさつ》されかかっているのだ。弟子である全世界が剣をかざして迫ってくる。


目が覚めてびっくり仰天したあわれな男を想像してみるがいい。友だちばかりのあいだにいると思いこんでいたのに、目にみえるのは敵ばかり。

「剣をくれ！　わたしの剣はどこだ」

「おまえは剣なんかもってやしないのだ、あわれな狂人め！　おまえの剣はわれわれがもらってしまってある」

これがフランスの姿だ。フランスは目を覚まし不意打ちをくった。世界が巻狩りにとりかかっており、獲物はフランスだ。スペインとサルジニアはうしろから網をしぼってきている。前にはプロシアとオーストリアが槍をかまえている。ロシアはあとおし、イギリスはせせら笑っている。……フランスは巣までしりぞく。……そして巣には裏切り者がいる。


パリには外国人も多ければ、王党派も貴族も僧侶も多い。彼らの手先となった者も少なくはなかったのだ。人民の復讐心はいまや彼らに向けられる。――結果は九月虐殺。

虐殺の悪を攻撃し、犠牲者に涙をそそぐのはよい。また虐殺のために全ヨーロッパを敵にまわすことになったことを責めるのもよい。だがこの局地的一事件のために、祖国防衛のために立ち上がった全フランス国民の崇高な姿に目をとじてはなるまい。全ヨーロッパの暴君たちの無礼な挑戦にあって、正義感を裏切られたことに反撥し、正当な怒りに燃えた永遠の人権の化身こそ、フランス国民なのだ。

敵はまだ五、六十里さきなのだが、パリは要塞《ようさい》都市同然だ。全市民は一心同体、征《ゆ》く者止《とど》まる者すべて、祖国の守りにつく。

このざわめきよりはるか高いところに、一つの大きな声がすべての人々の心のうちにとどろく、無言であるだけによりいっそう深遠な声、……フランスそのものの声が。……市役所の窓々にかかった祖国は危機にありの巨大な旗、恐るべき聖なる旗が、風にはためき、人民の軍団に向かって、ピレネ山脈からスケルト河まで、セーヌ河からライン河まで、急いで進軍せよ、と手まねきしている。

そして、さらにもう一つ、男性的な声も聞こえてくる。ライオンか、それとも牡牛か、あばただらけの、崇高なまでに醜い顔、ヴェスヴィアスかエトナの火山の熔岩《ようがん》さながらの顔、ダントンだ。

この崇高にして不吉な瞬間に、ダントンこそ革命の、フランスの声そのものであった。……こうしたときに、ことばは取るにたらぬ、などと言わないことにしよう。ことばと行動は一つだ。心に確信を吹きこむ力づよい断言は、行動の創造者だ。言ったことを生むのだ。

ダントンにおいては、ことばは行動であり、英雄的〔崇高であると同時に実際的〕なあるものであって、そのゆえに、どんな文学的な分類からもはみだす。彼だけが当時ルソーの子ではない。そしてディドロの子というのも外面だけのことだ。ディドロは大げさで曖昧だが、ダントンは力あふれ断定的だ。繰り返そう、彼のことばはことばではない。具象化されたフランスのエネルギー、祖国の心の叫びだ。

ダントン

八月二十八日、ダントンは議会にたいして家宅捜索権を要求、翌二十九日午後四時、非常を告げる太鼓がとどろき、六時きっかりに家に帰っているよう、市民に告知する。捜索開始は夜の一時だというのに、たちまちパリは砂漠と化す。そしてその夜、家々に「法の名において！」の声が訪れる。収穫は二千梃の銃と三千人の容疑者、だがその大半は翌日釈放された。効果は十分、王党派は震えあがる。

これをきっかけに、くすぶりつづけてきたコミューンと議会との対立が表面化した。この二十日間コミューンのあとを歩み、その事業をこわし、怒ったコミューンが歯をむくと尻ごみする、そうしたことを繰り返してきた議会が、とうとう勇気をふるいおこして、八月三十日、攻撃に出る。二十四時間内に、パリの四十八の区会《セクション》は、新コミューンを選出すべしと決議したのだ。

祖国の救いは自分の独裁的権力による以外にないと信じているコミューンが、これを承知しようはずはない。その夜、書記のタリヤンは、槍で武装した群集をひきつれて議会におしかけ、抗議する。またコミューンの圧倒的な支配下にある区会も議会の決議を無視する。この争いの勝敗ははじめからきまっていた。他の点はともかく、王政をくつがえしたのはコミューンであり、議会は王権への偏向を疑われている。人民の支持がどちらにあたえられるか、明白だったからだ。

こうした内輪もめのあいだにも、敵軍は近づきつつある。そして人民は腹をへらしているのに、アベイ監獄に入れられた裏切り者どもは、金にあかして贅沢三昧《ぜいたくざんまい》、したい放題ではないか。「国境で敵と戦いにゆくというのに、裏切り者どもをこのパリに残しておくのか！」の声が聞こえはじめる。

危機と動揺のうちにあって、人民に迎合せず、恐怖の生んだ卑しい残酷な考えを超越させるには、真に偉大な人間、英雄でなければならない。武器をもたない囚人を虐殺するのは卑怯なことだ、人民の怒りの対象としてふさわしいのは国外からの侵入者のみだ、と人民に説くのは、英雄のみのなしうることだった。

ロベスピエールは権威をもち、ダントンは力をもっていた。だがふたりともこの英雄たりえなかった。

ふたりとも、あえてしえなかった。

ジャコバンの首領は、その荘重さ、執拗さ、精神力にもかかわらず、コルドリエの首領は、その指導力、寛大な本能にもかかわらず、ともにあの崇高な能力、このときの陰惨な憤激に光を投じて変容させうる唯一の力をもたなかった。……このふたりが、この危機にあたって、手を握り一体となって、フランスの名誉を救うために、人間愛の旗こそ祖国の旗なのだ、と宣言したとすれば、従わない者があったろうか。

このふたりは主導権を争っており、協力はむずかしかった。コミューンの過激分子、エベール、コロ゠デルボワ、パニといった連中は血に飢えたマラーの影響下にあった。ロベスピエールにしてもダントンにしても、過激論に反対することはマラー派をライバルの陣営に追いやることになる。そうなれば、自分は無力になりジロンド派に吸収されてしまう。ふたりは牽制《けんせい》しあい、その間隙《かんげき》をぬってマラーの姿がますます大きく浮かびあがってくる。

九月一日の午後五時、コミューンの総会でロベスピエールは、重大な結果をもたらす演説を行なった。人民を救うための残された唯一の手段をとるべきだ。権力を人民にもどすべきだ、と彼は言う。このことばで彼は何を目ざしていたのか。

議会の言うとおりにコミューンを改選することではない。議会の多数派、つまりジロンド派が王位をブラウンシュヴァイクにあたえようとしている、というとほうもない彼の非難でも明らかなように、主権者たる人民に議会を裁かせよう、というのがロベスピエールの意図だった。コミューンの総会は、ロベスピエールの演説に拍手を送ったが、そこまではふみきれない。また当面どうしていいのかわからない。このため翌二日、コミューンの総会は定足数を欠き、十五人の委員中十四人までが過激分子というコミューン監視委員会が事態を支配することになる。これがロベスピエールの演説のもたらした結果だった。

監視委員会のリーダーはふたり、セルジャンとパニだった。セルジャンはもと芸術家で、マラーに反感をもっている。もと代訟人のパニは、国民衛兵隊司令官に任ぜられたばかりのサンテールの義弟ということもあって、しだいに大きい発言権をもつようになる。彼はロベスピエールとマラーとの崇拝者だが、彼のあとおしで九月二日マラーが監視委員会にはいることとなった。コミューンの総会のメンバーでないと監視委員にはなれないのだから、これは非合法的な措置だった。ともあれ、殺戮の権化、この三年間九月二日を要求しつづけてきたマラーが権力を握ったのだ。

四　九月虐殺

九月二日、日曜、朝の九時ごろ議会が審議をはじめるとすぐ、議会とコミューンとの和解をはかるダントンの意を体して、チュリオが妥協策を提案した。首都の重要さを考慮して、パリのコミューン総会のメンバーを三百人に増員し、八月十日の蜂起のコミューンのメンバーも、新たに区会《セクション》の選出するメンバーも、ともに正規のメンバーとするというのだ。これは蜂起のコミューンに譲歩するようにみえて、増員による中和の効果をもつだろう。あくまで全面改選を主張するジロンド派の反対をおしきって、妥協案が採択される。すでに午後の一時。

コミューンもまた朝から集合していた。ヴェルダンあやうしの報にこたえて、その日の夕刻を期してシャン＝ド＝マルスに野営中の義勇兵の進発が決定され、急を報ずるため、ただちに警砲を発射し、警鐘を鳴らし、太鼓を打つことが決定された。結果は恐るべき恐慌状態、そして恐慌的心理ほど残酷なものはない。

コミューンの決定の報告をうけた議会では、ヴェルニヨが祖国防衛の協力一致体制を築くため、コミューンを内閣の、内閣を議会の統制のもとにおくことを提案した。平時ならば合法的、合理的なこの案も、危急存亡の非常事態には適さない。執行にあたるべき内閣にすべてをゆだねるべきではなかったか。だが、ダントンとロランの二つの頭をもつ内閣には、独裁権を握る意志も能力もない。

二時すこし前、議会にやってきたダントンは、ラクロワの協力を得て、独裁権を議会から内閣にあたえるよう最後の努力をかたむける。ダントンは叫ぶ。

「勝利を得るために必要なのは、一にも大胆、二にも大胆、つねに大胆だ。かくてフランスは救われるだろう」

この雄弁に拍手喝采を送り、ダントンの提案に好意的とみえた議会は、やはり提案を委員会に付託して審議を六時までのばした。この引きのばしがなければ、虐殺もなく、したがって全ヨーロッパが反フランスに転ずることもなかったろう。この四時間の遅れが、ヨーロッパの自由を一世紀遅らせることとなった。

議会が大胆な非常手段にふみきるのをためらったのはなぜか。ロランが賛成しておらず、コミューンの友と目されるダントンひとりに独裁権をあたえるのが恐ろしかったのだ。だがダントンはコミューンと一体だったか。

議会を出たダントンは、市役所に行かない。シャン゠ド゠マルスに行く。そして太陽のもと、野営している兵士と大群集にたいして、警砲と警鐘を伴奏に、十字軍を説く。怒りで震えるパリの声、フランス自身の声だ。

ダントンはまだ市役所にでかけない。独裁権はほしいが、コミューンからあたえられたのでは、ロベスピエール、マラーとの三頭独裁になる。それくらいなら、議会からあたえられたほうがいい。彼は議会の決定を待っていたのだ。

さてコミューンの総会は、すでに述べた決議のあと、四時まで休会にはいることにし、解散していた。残るは監視委員会。そこで多数を占めるマラー派は、前夜来、区会《セクション》にはたらきかけて、収監されている僧侶その他の反革命容疑者の死刑要求を決議させようとつとめたが、たいして成功しなかった。決議を行なったのは、四十八の区会中、リュクサンブールとポワソニエールの二区会のみ。それでもマラー派は行動を開始する。

最初の流血は三時すこし前、市役所からアベイ監獄へ移送中の囚人馬車に群集が襲いかかる。これで口火が切られ、アベイ監獄での僧侶やスイス人衛兵の虐殺がはじまる。外敵接近が報じられて以来の恐慌的心理状態が、ついに捌け口をみつけたのだ。アベイには僧侶の収監者はそんなに多くなかった。カルム監獄にはもっとたくさんいるはずだ。虐殺はカルムにも飛び火し、三人の司教と二十三人の僧侶が殺害される。

四時、審議を再開したコミューン総会に、この情勢が伝えられる。ただちに、対策を議会に問いあわせるが、なかなか返事がない。ロベスピエールが、王位をブラウンシュヴァイクにゆだねるジロンド派内閣の陰謀の攻撃をふたたび繰り返し、拍手喝采をうける。この噂がパリじゅうにひろがり、内閣は国民の信任に値しないとコミューンが宣言した、と人々は信じこむ。事態に効果的に対処する力を、かくて内閣は決定的に失ってしまった。

流血はつづく。コミューンの助役のマニュエルが、また議会の代表として、ジロンド派のイスナール、ジャコバン派のシャボが、群集の鎮撫《ちんぶ》につとめるが、効果はない。群集は血と酒に酔いしれて、もう耳もきこえず目もみえない。いちど手を血にひたせば、われを忘れ、とめようもなくなるのだ。そしてうつけ者のように、しょっちゅう同じことばをつぶやいている。「きょうこそ片《かた》をつけなくちゃ」。前線におもむく前に、銃後をかためねばならない。反革命の政治犯だけでなく、普通の犯罪者どもの片もつけたほうがよくないか。

かくて、シャトレ監獄にも虐殺の波が及び、泥棒、にせ金つくりが血祭りになる。二百人近くの囚人のうち、助かったのはわずか四十人。向かいのコンシエルジュリ監獄では、判決をうけたばかりの八人のスイス人衛兵の将校が即刻処刑される。

もう七時、アベイで即製の人民法廷が組織される。七月十四日にも十月五日にも活躍したマイヤール、虐殺には賛成だが、できるだけ合法的な形式を守りたいと思った彼の提案によるものだった。翌日も翌々日も裁判は続行されたが、終始マイヤールが主導権を握り、そのおかげで生命を助けられたばかりか、釈放された者も少なくはなかった。その数は四十三人、王党派でも実際行動に出ていなければ無罪の判決をうけたのだ。マイヤールも宣言したように、人民の裁きは、思想でなく行為を罰するものだった。

九月二日から三日、四日、パリは恐怖に支配された。虐殺は千人には達しなかった。だが想像力が作用してこの数は一万にも、いや十万にもふくれあがる。ぼやを大火と見あやまったのだ。抵抗すればコミューンでも議会でも襲われかねない。

恐怖ですべての権力は麻痺し、大臣たちはパリから逃げだすことしか考えない。ロベスピエールは、パリに出てきたばかりの友サン＝ジュストのもとに身をかくしていた。ダントンはしばらく静観したのち既成事実に屈して、これを自分の統制のもとにおこうと考える。そのためには、虐殺を命じたのはこのわしだ、コミューンは服従しただけだ、とあつかましくほのめかしさえする。この男のなかにはライオンもいるが、キツネもいる、あくまでライオンの皮を着とおそうとするキツネがいる。

かくて押える者のないまま、虐殺は時とともに勢いを得、しかも性格を変え、最悪の分子によって支配されるようになる。はじめは人を殺すには努力が必要だったのに、のちには快楽となり、やがて略奪までもあえてする。

虐殺はフォルス監獄にも波及した。ここでも人民法廷がつくられたが、これを主宰したコミューン代表は、群集を指導するどころか、群集にひきずられ、むしろその道具となる。かくて虐殺は荒れくるう。

虐殺者たちがとくにねらっていたのは、王妃の腹心と信ぜられていたランバル夫人だった。彼女の死骸には残酷きわまる辱しめが加えられ、死化粧をほどこした首は槍の先に突き刺されて、タンプルに送りとどけられた。国王、とくに王妃への見せしめにしようというのだ。そのあと、この恥ずべき戦利品を先頭とする行列が市内を練り歩く。

フォルスだけでなく、ベルナルダン、サン＝フィルマンの両監獄でも、あらゆる種類の囚人がなんの見さかいもなく殺戮されつづける。そして三日夜、マラーの起草になる、監視委員会の回状が発せられ、全フランスがパリにつづくようよびかけていた。これにこたえたのはラン、モー、リヨン、ヴェルサイユのみで、犠牲者は合計百人に満たなかった。

九月四日こそは恐怖の極——ビセートル救済院とサルペートリエール女子救済院の襲撃。前者では百六十六人の貧乏人や気のふれた者が、後者では三十人ばかりの夜の女が血に飢えた群集の手にかかる。

1792年9月，アベイ監獄における虐殺

彼らは旧制度の社会の犠牲者なのだ。むしろ救いの手をさしのべてしかるべきではなかったのか。虐殺の退廃的魔力をこれほどあらわにした蛮行はなかった。

三日間の犠牲者は計九百六十六人。

嵐のあと、パリのどこへ行っても、後悔と精神的虚脱状態が支配していた。

「不幸な事件」とマラーは九二年十月に言った。

「血にまみれた日々、善良な市民はみな後悔のうめき声をあげている」とダントンは言う〔九三年三月九日〕。

「いたましい思い出」とタリヤンも言った〔九月虐殺の二ヵ月後おおやけにした弁明で〕。

たしかに不幸、たしかにいたましい。永久に後悔のうめき声をあげるにふさわしい。

だがしかし、この遅まきの後悔は、名誉に、フランスの感情に加えられた傷をいやしはしない。……ことにパリで、国民の活力が傷ついたかにみえ、一種の麻痺、一種の死が心に根をおろしたかにみえた。

再生をもたらすものは何か。死に瀕しており、まもなく国民公会に座を譲るべき立法議会ではない。勇敢なカンボンが口火を切って、コミューンの暴政、つまり新しい名をもってする王政の復活を攻撃し、人民の支持をうけはしたものの、まだコミューンを押えるには不十分だった。

再生をもたらしたのは、虚脱から脱しはじめた人民の正当な憤激だった。これにつきあげられたコミューンの総会は六日、惰性でつづいていた虐殺にとどめをさし、十八日、ついに監視委員会の廃止を決議した。

マラー派は、人民の反撥におされて、沈黙したかにみえたが、その沈黙はいつまでつづくだろうか。彼らはかねてから、立法議会をこそ虐殺すべきだと主張していた。これが実行に移されるものとすれば、立法議会解散の日こそあぶない、多くの議員はそう信じこんでいた。解散の直前、議会はこの危険な噂についての荘重な宣言を発し、予防措置をパリのコミューンに命じた。それでも安全とはいえない。

ヴェルニヨ

卑俗な心をおびえあがらせる、この予測のなかから、ヴェルニヨが、崇高なインスピレーションを汲《く》みとり、後世が繰り返すにふさわしい神聖なことばを見いだしてくる。

ヴェルニヨは、コミューンの暴政について語り、この新しい王政がくつがえされなければフランスの滅亡だと指摘したのち、言った。

「彼らはあいくちをもっている。それはわたしもよく知っている。……しかし、人民の救いが問題だというのならば、人民の代表の生命がなんだ。……ウィリアム・テルが、息子の頭上の運命のリンゴを射るべく矢をつがえたとき、彼は言った。スイスが自由になるのなら、わたしの名、わたしの記憶が滅びようとなんだ！　と。……そしてわれわれもまた言おう。フランスが自由になるのなら、国民議会が滅びようとなんだ！　フランスの名を汚さないためになら、また、いま精神の力をふるいおこすことによって、あまたの中傷にもかかわらず、この議会に、わずかにもせよ人間性への敬意、公共の徳が存在することを、全ヨーロッパに告げ知らせうるのなら、この議会は滅びてもよい！　……しかり、滅びよう、そしてわれわれの灰をふまえて、もっと幸運な後継者が、フランスの幸福をゆるぎないものとし、自由を築きあげることができるように！」

全議員が起立し、傍聴席の全人民が起立した。この英雄的な世代は、この一瞬、あとにつづく者のために、自己を犠牲にささげたのだ。みな異口同音に繰り返す。

「そうだ！　そうだ！　もし必要とあれば死のう。……そしてわれわれの記憶が滅びようとかまうものか！」

このことばを発した人民にこそ、不滅がふさわしい。――そしてこの瞬間、人民は救われたのだ。三日後、フランスはヴァルミの大勝をかちとるのだ。

九月二十一日、立法議会は波瀾《はらん》の一年の生涯をとじた。

五　挙国一致

　この大雄弁家（ヴェルニヨのこと）は、この崇高な瞬間においては、大革命の法王であった。彼は、英雄的献身ということについての聖句を見いだし、それを述べたのであった。かつてローマのいくつかの戦いにおいては、戦況思わしからず、軍団の動揺したとき、白衣を着た法王が軍の先頭に歩みいで、そして聖なる儀式のことばを述べたものである。すると、デキウスとかクルティウスとかいった英雄があらわれ、そのことばをひとことひとこと繰り返し、人民のために献身したのであった。いま、ここでは、ヴェルニヨがその法王である。だが聖句を繰り返して言うのはひとりの男ではない。それはまさに全人民であった。フランスがデキウスだったのだ。

　否、パリの無秩序をみれば、この時期の性格はだれの目にも明らかである。こうして死とみえたものは、じつは生であった。パリの民衆が国内政治に冷淡だと人はとがめたが、この冷たさは、戦争熱と不可分であった。人民は本能的に、世界の決戦はここパリでは行なわれないと感じていたのだ。

　防衛は手のやることであり、心臓のやることではない。パリ防備をととのえる、それはいつのときでも世にも不吉な兆《きざし》である。王政の鈍重な唯物論がパリに城壁をめぐらしたとき、パリが気力をなくしたことは、周知のとおりである。もしパリを難攻不落のものとしたいのなら、その城壁を打ちこわすがいい。

防衛戦はフランスにふさわしくない。フランスは盾ではない。フランスは生きた剣なのだ。フランスは敵の喉笛《のどぶえ》に自分をつきつけたのである。

毎日千八百人の義勇兵がパリを発った。やがて二万人にもなった。もし抑えなければ、もっと多く義勇兵が出ただろう。議事録を刷らせるための印刷工を仕事場にくりつけておく必要を、議会は感じたのである。武器をつくるのに必要な職工、たとえば金具工などはかってに出発してはならないと、布告せねばならなかった。さもないと、武器をつくる人間がひとりもいなくなってしまう。

教会の光景は驚くべきものであった。教会がこういう姿をみせるのは、ここ数世紀来のことである。中世にそうだったように、教会はふたたび市政および国政の中心としての性格をとりもどしたのだ。政令でひらかれた地区の集会は、フランスのむかしの共同体《コミューン》の集会、あるいは教会でひらかれたイタリアの自治都市の市会を連想させた。聖職者がひとりじめをしていた教会の鐘、人民のこの偉大な武器は、ふたたびかつての姿をとりもどした。都市の偉大な声――人民への訴えとなったのである。中世の教会は、ときに、商売の集《つど》い、市《いち》をそのなかでひらかせた。九二年にも、教会はよく似た光景を示した〔ただし、商売の要素がより少なく、より感動的だ〕。国家を救うためにはたらく愛国的仕事の集いが教会で行なわれたのであった。ここに数千の女性を集め、テントや衣服や軍隊の装備をととのえさせた。彼女らははたらいた。そしてしあわせだった。この仕事で、父親に、息子に衣服をあたえ、これをつつむことができる。いままで暖炉にしがみついていた男たちは、苛酷な冬の戦いに身をさらさねばならない。女たちは、兵士の体をつつむみすぼらしい衣服を、あらかじめ彼女らの息吹きと愛情とであたためておくのである。

女たちのこの仕事場のかたわらで、墓の掘りかえしが、教会の随所でくりひろげられていた。謎めいた、鳥肌だつ光景である。軍のために、棺の銅や鉛を使うことが決定されていたのだ。――なぜそれがいけないのか。墓を掘ったということで、九二年の男たちはどうしてあんなに悪しざまに言われるのか。なんということだ！　生者のフランスは、危急存亡のときにあたって、死者のフランスに救いをもとめ、武器をさずけてもらう権利すらないというのか。こうした行為を裁くためには、当の死者たちの考えを知らねばならぬというのなら、歴史家は、墓をあばかれた先祖の名において、たちどころにつぎのごとく答えるであろう。子孫を救うためなら、喜んで墓を彼らにあたえよう。――おお！　最良の死者にものがたずねられたなら、ヴォバンとかコルベールとかカチケとか大法官ロピタルとか、すべてこれら大市民の意見を問いただすことができたなら、墓、いや祭壇にこそふさわしい死者、オルレアンの乙女（ジャンヌ・ダルクのこと）の神託をうかがうことができるものならば……、この古き英雄的フランスは答えたことであろう。

「遠慮することはない。われらの棺をあばき、かきまわし、もってゆくがいい。いや、棺だけでは不十分だ。われらの骨をもってゆくがいい。われわれの残したものはすべて、ためらうことなく、敵にたたきつけるがいい」

じっさいに一つの棺、不滅のボールペールの棺が、前線から送還されフランスを横ぎったとき、フランスの最も奥ぶかいところで、琴線が鳴ったのであった。その感情は、さきの死者の感情によく似たものであった。ボールペールは、ことばではなく、一つの行為、ただの一撃によって、フランスがこの非常時にあたり何をなすべきかを教えたのである。

重騎兵の士官あがりのボールペールは、八九年来、メーヌ＝エ＝ロワール県の義勇兵として、勇敢な大隊を編制し、その指揮にあたっていたのであった。侵略の報を聞き、この勇者らは遅れてはたいへんと思った。途中、話に興ずることもせず、フランス全土を突撃の速度で一気に駆けぬけ、ヴェルダンに身を投じた。彼らは、裏切り者にとりまかれ、全滅するだろうとの予感をもった。彼らは革命派の某議員に、家族への別れのことばを託した。家族の者をなぐさめてほしい、自分らは死んだと言ってくれ、とたのんだ。——ボールペールは新婚早々だった。若妻と別れてきたのだが、そのため、いささかも弱気になるということはなかった。ヴェルダンの司令官は、作戦会議をひらいた。このとりでを敵に明けわたすことを認めてもらおうというのだ。しかし、ボールペールは卑怯未練な議論のいっさいに反対した。貴族の将校たちは王党派で、心はすでに敵陣にある。そんな連中を相手にしてもむだと悟り、ボールペールは言った。

「死なぬかぎり敵に屈せぬと誓った……。きみたちは恥を忍んで生き残りたまえ……。ぼくは誓ったことは守る。これがぼくの最後のことばだ。ぼくは死ぬ……」

彼は自分の頭を撃ちぬいた。

フランスは自分の姿をここに認め、感嘆でおののいた。フランスはその心臓の上に手をおき、信念がわきおこるのを感じた。なお不確かで曖昧だが、いかに人目にさらされても、祖国フランスはもはや動揺しはしない。フランスは生きている。血肉をそなえた現実である。どの神神に身をささげるべきか、人はほとんど疑いはしない。

義勇兵の出発

真に宗教的感情をもってしたことなのだ、武装もろくにしていない、装備も悪い幾千の人々が、国民議会をたずねてから前線におもむきたいと言ってきたのは。しばしば芝居がかって大げさな彼らのことばは、心に感じていることをうまく表現できなかったことを示してはいるが、にもかかわらず、彼らの心を満たす信念のはげしい感情の痕跡は、そこにうかがえるのだ。この感情をつかむには、どこをみればいいかといえば、彼らの暗記してきた演説ではない。彼らの胸からほとばしりでる叫び、絶叫をみればいいのだ。ある者は言う、「ぼくらはあたかも教会へやってきたようだ」。——すると他の者が言う、「祖国の神父たちよ、わたしたちはここに来ました！　あなたがたの子どもらに祝福をあたえたまえ」

このとき、犠牲をはらったのは文字どおり全国民であり、その犠牲は巨大で、かぎりがなかった。数十万の人々が身も心もささげた。他の人々は、財産を、全心情をあたえた、ひとしく躍動する心をもって……。

人民のこうした無限の贈り物が果てしなく列をなしてつづく。そのなかから、行きあたりばったりに一つの例を選ぼう。

中央市場の貧しい女たちは、四千フランの醵金《きよきん》をした。たぶんこれは、安ものの宝石、結婚指輪を売ってつくった金ではあるまいか……。

地方の多くの女、とりわけジュラ県の女たちは、男たちが出征しても、自分らが歩哨にたてると言ってきていた。同じことを国民議会へ言ってきた者に、サン＝マルタン通りの小間物売りの女がいた。彼女は子どもといっしょにやってきた。この母親は、十字架とハート形の黄金と銀の指貫《ゆびぬき》をさしだした。子どもは、小さな娘だったが、彼女は自分の全財産、銀の小さなティンパニーと十五スー貨幣一枚とをさしだした。この指貫、これは貧しいやもめには仕事道具である。この貨幣、これは子どもの全財産をなすものである！……ああ、宝物！　……こうしたささげ物をうけながら、フランス人はどうして敵に打ち勝たないわけがあろうか……。子どもよ、神は天国においてそれをおまえに返してくれるよ！　この仕事道具の指貫とちっぽけな銀貨でもって、フランスは軍隊を集め、戦いに勝ち、国王たちをジェマップにおいて打ち破ることだろう……。汲めどつきせぬ宝物……。いくら汲んでも、やはりまだ残っている……。敵がおしよせてくればくるほど、それだけやはり……。二年ののち、十二個軍団を養うだけのものがやはり残っているのだ。

注意すべきは、この聖なる時期のフランスには、いかなる党派もふさわしくなかったことだ。いや、むしろこう言おう。国内問題についてははげしい対立はあっても、防衛問題についてはいかなる党派も存在しなかったのである。人民はすばらしかった。そして彼らの指導者はすばらしかった。

ジロンド派、ジャコバン派、そしてダントンにも同時に感謝をささげよう。これら不倶戴天《ふぐたいてん》の敵同士がこのとき意見をひとしくし、たがいに犠牲をはらいあったというわしい行動によってこそ、たしかにフランスは救われたのだ。みなは、国防をひとりの男にゆだねることで一致したのである。その男を、大部分の人々はきらい、憎んでいたのではあるが。

ジロンド派はデュムーリエをきらっていた。そして、それも故《ゆえ》ないことではなかった。ジロンド派こそ、彼を台閣に昇らせたのである。ところが、彼のほうはジロンド派をそこから追っぱらった。忘恩と同時に二枚舌のふるまいであった。デュムーリエは北部軍の片々たる地位にとばされていたが、ジロンド派はその彼を捜しだし、総司令官に任命したのであった。

ジャコバン派も、すこしもデュムーリエが好きでなかった。彼の両天秤をよく見ぬいていたのだ。にもかかわらず、この男がなによりも栄光を望んでいる、勝利を欲していると考えたのである。ジャコバン派のあいだでたいそう影響力のあった青年、すなわちロベスピエールの友人クートンの意見はそうであった。デュムーリエを総司令官の地位に任命することを彼らは認め、支持したのであった。

ダントンはそれ以上のことをした。彼はデュムーリエを指導した。ダントンの頭脳であるファーブル・デグランチーヌ、彼の片腕であり、八月十日の戦士のひとりであるヴェスターマン、このふたりをつぎつぎにデュムーリエのもとにさしむけた。旧制度下の気のきいた策士を、ダントンは革命の大いなる息吹きでつつんだのであった。さもなければ、デュムーリエにそんな息吹きはなかったにちがいない。

こうして、人選について完全に意見の一致がみられた。そして、全兵力を彼の手に集めることについても、同じく意見の一致があった。

指揮権の分け前を言いだしそうな将軍は、遠ざけられるか、それともデュムーリエの下におかれた。老リュクネルは、新規の軍団を編制すべくシャロンへ追いやられた。軍隊の序列ではより上にいるディロンも、デュムーリエに服従すべしとの命をうけた。同じ命令がケラーマンにもあたえられた。こちらはふくれ面をしたが、けっきょく従った。

フランスの全軍、そしてフランスの運命は、ほとんど無名の、そしていままで総指揮をとったことのない一将校の手にゆだねられた。このようにして、革命の至高の精神は、自分の気に入った人物をひきあげる。いろいろな人物を、どうしてこの精神はよく見ぬいたのか。それは、この精神がそうした人物をみずからつくりあげたからなのである。

このたびは、この精神はひとりの男をつくった。低い階級をうろうろし、スパイすれすれの外交をやっていたこのデュムーリエ。大革命は彼をとりあげ、彼を自分の養子とし、彼の実力以上のところへひきあげる。そして彼に告げる、「余の剣となれ」と。

すぐれて勇敢で才気のあるこの男は、じっさい、状況に不適格とは言えなかった。彼は、人並みはずれた活動性、知能をみせた。彼の『覚え書』をみれば、そのことはわかる。しかしながら、彼にまったく欠けていたもの、それは犠牲の精神であり、献身の情熱である。そして、その欠けていたものと、彼はいたるところで出あい、そのおかげで、彼の仕事は容易となったのである。万人の胸に秘められた堅い決意、これが、すべてを投げだしてもフランスを救おうというのだ。生命にとどまらない。財産にとどまらない。人よんで名誉ということの倨傲《きょごう》と見栄をも、それは犠牲にするのである。読者の理解を助けるために、ただ一つの事実をあげておこう。果敢なルヴヌール大佐、この人はナミュールの城塞を占領した〔ひとりで、といっていい〕ことで有名になっていたが、不運にもラファイエットに従って逃げた。彼は後悔し、ひきかえした。一兵卒として軍隊にもどったのだ。そして、ひとことの文句も言わずに、ひらの軽騎兵のサーベルをもった。このことは、新たな軍務が彼の剣をその手にもどすまでつづいた。

こうした人々がいてこそ、一糸乱れぬ作戦が容易となる。パリからやってきた未訓練の義勇兵の隊でさえ、いったん軍の編制に組みこまれると、デュムーリエ自身が白状しているように、古兵たちよりもずっとよく疲労や飢えに耐える優秀な兵隊となったのである。デュムーリエの『覚え書』をみると、彼がこの軍隊のために何をなしたかはよくわかる。しかし、この軍隊が何によってささえられていたかはよくわからない。軍人というのはたいていそうだが、デュムーリエもまた、道義的昂揚ということをあまり重大視していないのである。フランスの挙国一致はドイツ軍にたいへんな印象をあたえたのだが、彼はこのことを考慮に入れていない。ムルト県や、ヴォージュ県や、その他の諸県の山々をおおった国民衛兵の陣地は、彼は目にはいらないふりをしている。ライン河からマルヌ河にいたるまで、武装した農民がその田畑の上に立ち上がっているさまを彼はみなかったが、敵は十分よくみていた。だからこそ、敵はデュムーリエの弱点に乗じなかったのである。だからこそ、敵は弱腰で、十分な戦いをいどまなかったのである。

この戦闘のすべての鍵がここにある。軍事作戦のみにそれをもとめてはならない。なるほど、巨大な混乱がみられた。しかし、それは外面だけのこと、ここには情熱と意志とのふかい一体性があったのだ。そして、ドイツ軍のほうはどうかといえば、秩序と軍規との外観にもかかわらず、手段と目的についての意見の分裂があり、ためらいがあり、どうしようもない不安があったのである。

緒戦を評価するためには、終戦を視野に入れておかねばならない。このとき大革命に抗して旗をかかげたこの十字軍士の果たした役割を正しく評価するためには、これより数年以内に、彼らが何を代価として大革命と和解するにいたるかを、あらかじめ知っておかねばならない。権利と正義についての格調高い名文句をならべたのち、この騎士連中はやがて彼らの正体、つまり盗人という正体を明らかにするであろう。プロシアはライン地方で、オーストリアはイタリアで盗賊行為に出る。いずれも、敵と戦って何一つ得られないので、自分らの味方からいただこうというのだ。なんと驚いたことだ！　連中は、フランスに握手の手をさしのべる。フランス〔勝利せる敵〕のおかげで、彼らの旧友をわがものとしようとする。そして、こんなことを言うようになる。「わたしはきみの生命を奪えなかった。わが友の生命をわたしにくれたまえ」。――こうしてプロシアはドイツの小君主たちを併《へい》呑《どん》し、オーストリアは忠実な同盟者ヴェネチアを吸収するであろう。

まもなく、すべてこうしたことが明らかとなる。だが、九二年現在、そこまで先走りしなくても、北方でおこったあの光景をみるだけで、恐怖をおぼえずにおられようか……。

わたし個人の意見を言えば、わたしはロシアという白熊に人間性を要求しはしないし、それ以上にドイツの禿鷹《はげたか》たちにそれを要求しない。よろしい、ポーランドは食われてもいい。わたしは、そのことに驚きはしない。しかし、この野獣どもが人間の仮面をかぶり、猫撫《ねこな》で声を出し、甘ったるいことばをささやくとは、思ってもぞっとする……。あのプロシアがポーランドに誓い、約束してむりやり自由をおしつける必要がどこにあるのか。なんと！　惨めなやつよ。それも、熊の脅威にさらされたポーランドが、プロシアよ、おまえに、トルンとダンチッヒとをさしだすようにさせるための計略ではなかったか……。しかも、そのロシアがまた、自由をひきあいに出すとは、なんと恐るべきことではないか！あのロシアが、ポーランドが十分自由でないと文句を言いだすとは！　さらに、このいまわしい偽善に嘲笑の味をつけ、犠牲者を責めるのに、ときには王党派であると言い、ときにはジャコバンであると言ったりする！　……けっきょくのところ、この紳士連は、九三年にはつぎのようなことを言いだす。あわれなポーランドが気がかりである。ポーランドは自分で自分を傷つけやしないか。いまよりも、ある程度まで領土をせばめることが、ポーランドにとっての利益だと思う、と。

プロシアとオーストリアは、フランスにおいてこそ、彼らの償いをするはずだった。彼らは征服者として来たり、そして泥棒として去る、まともな戦《いくさ》、戦闘をまじえることもなく。いくつか砲弾がとび、フランス女の喚声をあびたくらいが、彼らの支払った犠牲である。——有名なブラウンシュヴァイク公は逃げさる。二度ともどってくることはない。神よ！　大フリートリヒのプロシアと、死地につれてこられたその優秀な兵隊とを、わたしたちは侮辱したいことはすこしもないのだ。……その司令官のやましい良心、そのときどきの利益を追う不道徳な政治にはつきものの狐疑逡巡、これがかわいそうにあのドイツ兵たちを敗北させ、彼らをお笑いぐさにしてしまったのだ。さらに言うなら、くだらぬ王たちに従うという、彼らの度はずれの人のよさ、おとなしさ、忍耐が、敗北の原因となったのだ。

プロシア軍とオーストリア軍というふたりの泥棒は、けっして一致して行動していたわけではなかった。プロシアはずっと前から単独で講和するようもとめられており、そのことで友邦のオーストリアから疑惑の目でみられていた。フランス王妃の親戚としてふるまっていたオーストリアにしても、やはりこっそり、ひとりでちょいと盗みをやろうと考えていたのである。アルザスやネーデルランドのほうへ手をのばす、ルイ十六世の窮境に乗じる、そういう考えだ。オーストリアはルイ十六世を救いにきたのだが、じつはルイからはぎとるためであった。

こうしたけっこうな考えをもち、秘密のもくろみをいだいていたので、彼らは王弟にフランス国摂政の称号をあたえることはさしひかえた。摂政になれば、王弟は自分のまわりに王党派を糾合し、亡命貴族軍に新たなエネルギーをあたえるかもしれないからである。彼らは、フランス人の手で勝利を得ることは、けっして望んではいなかった。彼らは勝利を欲していた。しかし、勝ちすぎることは警戒していた。彼らは欲しており、欲していなかった。

亡命貴族軍にブイエのように頭がよくて勇敢な将校がいると、人は彼を登用することをひかえ、しんがりにとどめておいた。チヨンヴィル包囲に時間をつぶさせておいた。ラインやスイスや、要するに彼が役にたちそうもないところへとばしたのであった。

この反革命軍がコブレンツやトレーヴのあたりをのろのろと行軍してゆく、そのありさまはまさに見ものである。もっとも、りっぱな軍隊ではある。国王の、また数知れぬ諸侯の軍勢が列をなし、よく組織され、すばらしい輜重《しちょう》を十二分につれた豪勢な軍隊である。総司令官のブラウンシュヴァイクは言っていた、「これは軍隊の散歩だ」と。プロシアの国王は、愛人たちと別れてこの散歩に来ていた。この尊い身柄を守らねばならない。そこで、ブラウンシュヴァイクたるもの、たとえ慎重でなかったとしても、慎重たらざるをえなかったろう。大事なのは勝つことではない。最大の関心事は、プロシア国王の身をあやうい目にさらさぬことなのだ。国王をぶじに帰還させることである。

賢いブラウンシュヴァイクがたえず反芻《はんすう》していたのは、こうした思いなのである。そこにおのずから、遠征軍の成功の限界があった。

ブラウンシュヴァイクはすでに老人だった。彼自身、王侯であった。驚くほど教養を積んだ男で、それだけにためらいがち、懐疑的であった。おおいに知る者はおおいに疑う。彼が信じていた唯一のもの、それは快楽であった。だが、年不相応にまで快楽をもとめた結果、肉体のみならず、意志力までもがにぶっていた。ブラウンシュヴァイク公爵はいぜんとして剛勇、博識、機知に富み、着想と経験とはたっぷりもっていた。彼の失っていたものはただ一つ。そのために彼は去勢されていた。それは何か。意志である。

王と諸侯のこの軍隊にあって、とりわけ目だつひとりの君主がいた。ワイマール公である。そして、彼の友人、ドイツ思想の君主、すでにわれわれのふれたかの有名なゲーテがそのなかにいた。彼は戦争をみにやってきたのだ。そして途々《みちみち》、運搬車の奥で『ファウスト』の第一稿を書いていた。帰ってから出版することになる。世論を忠実に表現し、けっしてその前に出ようとはせぬこの熱心な世論追従者は、このとき、彼流のやり方で、ドイツの腐敗、その疑惑、その士気低下を言明した。彼は至高の作品において、ドイツの道徳的空虚さ、そのはげしい精神的不安に詩的表現をあたえた。ドイツがそこから脱出し、輝かしい姿をみせるのは、信念の人々、シラー、フィヒテ、とりわけベートーヴェンによってである。だが、その時はまだやってきていない。

この軍隊を動かすいかなる思想、いかなる原理もなかった。この軍隊は、前進するなんの理由もないので、自然にそうなるといったぐあいにのろのろと前進した。亡命貴族たちもこのなかにいたが、手をさしのべ、懇願し、こののろさに辛抱できず死にそうだった。ブラウンシュヴァイクはとつおいつ思案していた。なるほど、こう方針を定めることもできる。しかし、あの方針にきめてもいいのだ、第三のもっといい考えが浮かばぬかぎり。といったことで、とうとう彼がなにごとかをしようと思い決したとき、こんどは賢明なプロシア人ホーエンローエ、もっと賢明なオーストリア人クレールファイトがのろのろとその実施にとりかかった。ここ三十年来、戦争というものがなかったということを思いおこす必要がある。大フリートリヒの電撃戦はいささか忘れられたかのようであった。オーストリアの将軍たちのおとなしい作戦がおおいに喜ばれた。ほとんど身動きもせずに最上の結果が得られるというのに、どうしてあわてて前進する必要があるのか。

「それに」と、ブラウンシュヴァイク公は逸《はや》りに逸っているフランスの亡命貴族たちに言った。「あの王党派の連中がわしの助太刀に来てくれるとあなたがたは言うが、彼らにも決断し行動に移る時間を多少は残しておいてやらねばならぬのではないかね。解放された喜びに酔う人民の代表がおそらくやってくるじゃろう。この連中が解放者に敬意を表し、補給の役をひきうけるはずだ。ところが、まだその姿がみえんのじゃ」

その姿がみえるどころか、全線にわたって農民は白い目を向け、じっと動かない。小麦をかくし、納屋にしまいこみ、大急ぎで麦を打ってもちさった。ドイツ軍は、糧食のあまりの少なさに驚いていた。すでにみたごとく、ドイツ軍はロンウイとヴェルダンを攻め落とした。しかしこれは王党派の何人かの将校の裏切り、砲撃を恐れた何人かのブルジョワの恐慌によるものであった。それは二つの偶発事以上のなにものでもなかった。要塞を守っていたアルデンヌ出身の、メーヌ＝エ＝ロワール出身の兵士たちは、降参することを強いられ、猛然と憤慨した。わたしはすでにボールペールの死のことを述べた。プロシア王のもとにヴェルダンの降服文書をもっていくことを命令された若い将校がいた。彼は、いやいやその命令に従ったが、ほんとうに絶望しきったという姿だった。彼の顔は涙でぐしょぐしょにぬれていた。王は青年にその名をもとめた。彼はマルソーであった。

メジエール、セダン、チヨンヴィルは、ヴェルダンよりもよくもちこたえようとする熱意を示した。チヨンヴィルは包囲されたが、それはおびただしい兵力によってであった〔一万二千の援軍で攻囲軍は補強された〕。ここを守ったフランスの将軍ヴァンフェンは奮戦した。彼の防御は攻撃であった。たえず、要塞から大胆に出撃し、敵をお見舞いにいったものだ。

ヴェルダンに入城したブラウンシュヴァイクは、ここがとても居心地がいいので、一週間も滞在した。ここで早くも、亡命貴族たちは、プロシア王をとりかこみ、王に約束の実行を迫りだしていた。この君主は、出陣にあたって、こんな変なことばを述べたのだ〔八ルデンベルクがこれを聞いている〕。「余は、フランスの統治には干渉せぬであろう。ただ、フランス王にその絶対的権力を返すのみである」と。国王に王権を返し、僧侶を教会に、土地所有を土地所有者にもどすこと、それが彼の野心の全部だった。そして、こうした恩恵の代償として、彼はフランスに何をもとめたのか。領土の譲渡はいささかももとめない。ただ、フランスを救うためおこされたこの戦争の経費をもとめるのみである。

土地所有をもどす。このわずかなことばにはふかい含蓄があった。大土地所有者は僧侶階級なのである。九二年一月以来十億フランで売却され、以後、九ヵ月でとほうもなくふくれあがった土地売却を無効とすること、四十億の財産をもとにもどすこと、これが僧侶階級の関心事なのであった。では、このたいへんな財産移動が直接間接のきっかけとなってむすばれた無数の契約はどうなるのか。権利を侵害されるのは、土地を買いとった人、彼らに金を貸した人のみではない。転売された土地を買った連中もその犠牲者なのだ。その他たくさんの人々……。多数の人民、尊敬すべき利害によって大革命と真にむすびついた人民。敬虔《けいけん》な財産贈与者のたてた目標から、この数世紀のうちに、すっかりはずれてしまったこの土地所有を、大革命は真の用途、つまり貧民の生活と生計のほうへつれもどしたのであった。土地所有は、死せる手から生ける手へ、怠け者からはたらく者へ、放縦《ほうしよう》な神父、太鼓腹の教会参事会員、ぜいたくな司祭の手からまじめな労働者の手へと引き渡されたのだ。あのような短期間に、新生フランスが陽の目をみたのであった。しかるに、外国軍をひきいれたこの無知な連中は、そんなことは頭にも浮かばない。プロシア王のもとには、王弟殿下がふたりの使節を送り、ルイ十六世も密使のカラマンを送っていたが、彼らはいずれもこの大問題にふれるとたいへんなことになるとは、プロシア王に警告しなかったのである。

プロシア王はヴェルダンにはいるやいなや、すべての村々の役人たちに命じて〔あるいは、王の名でだれかが命令して〕、立憲僧を追放させ、宣誓を拒否した僧たちを復権させ、彼らに戸籍簿をあたえ、要するに宗教人に彼らに属していたものを返してやったのである。北部戦線でも同じことがおこった。フランス領フランドルの村々には、一時的にオーストリア軍がはいりこんでいたが、その村のどこででも、オーストリア軍の第一にやったことは宣誓を拒否した僧侶たちを復職させることであった。

もし、ダントンやデュムーリエがプロシア王顧問の地位にいたなら、これと同じ処置を勧めたこと、疑いもない。

僧侶たちの復職とか復権とか、そういった意味ぶかいことばを聞いて、農民は耳をそばだてた。そして、フランスにやってきたのはまぎれもない反革命であること、物と人との大規模な異動が行なわれるであろうことを悟ったのである。

みなが銃をもっていたわけではない。が、銃をもつ者は銃を手にとった。鍬をもつ者は鍬を、鎌をもつ者は鎌を手にとった。

六　ヴァルミの戦い

フランスの地表に一大異変がおこった。外国軍が通ると、フランスは突如姿を変えたかと思われた。フランスは砂漠となったのだ。穀物は姿を消した。そして、あたかも竜巻がそれをもちさったかのごとく、穀物は西に去った。進撃する敵のために残されたものとてはただ、青いぶどう、病と死のみであった。

天候が共謀していた。絶え間なく、根気よく雨がプロシア軍の上に降りそそぎ、肌までびしょぬれにした。雨はプロシア軍のあとを忠実に追い、あるいは露払いをした。ロレーヌですでに泥まみれだった。メッツやヴェルダンのあたりでは、大地は水でとけだしていた。そしてついに、シャンパーニュまで行くと、ここは文字どおりの泥沼で、足はふかい白堊《はくあ》の泥のなかにのめりこみ、いたるところで落し穴が待っているかのようだった。

困苦は両軍ともほぼひとしかった。雨、糧食の欠乏、まずいパン、まずいビール。しかし、士気のちがいは大きかった。フランス軍は歌をうたい、ぶどう酒を心にもっている。燕麦《えんばく》や黒麦を食べても、自由というパンのうまみを心ゆくまで味わったのである。

フランス軍を戦場へ導いたかのガスコン気質の勇者もまた、その目とことばのうちに、この陰鬱な季節にさえ輝く南仏の陽光のきらめきをもっていた。デュムーリエのまなざしは人々の心をあたためたのである。二十歳の軽騎兵のとき、敵に打ち破られたことがあったことはよく知られていた。ところで、このときデュムーリエは五十歳。しかも、いささかも衰えをみせていなかった……。将軍は陽気だし、全軍も陽気だった。かつてデュムーリエがフランドル方面で戦ったとき指揮下にいた一隊が、ふたたび彼の下に馳せ参じてきたが、これは戦《いくさ》慣れのした大胆不敵の連中で、はじめの野営地では、ほとんど連日舞踏会を催し、しばしば敵地においてさえ、舞踏会をひらいたのであった。その舞踏でも戦闘でも、まっさきにあらわれるふたりの若く美しい軽騎兵がいた。これはじつは、記録がほんとうならば、ふたりのお嬢さん、申し分なく貞淑な姉妹だったという。

この軍隊は、国内の行きすぎとはまるで無縁であった。行きすぎを耳にしたときは激怒し、シャロンからやってきた賤民部隊にたいし鉄槌《てっつい》をくだした。この部隊は、なかば狂信者、なかば山賊といった義勇兵の群れであった。彼らは、マラーの回状を読み、さっそくそれを実行に移して数名を殺したという連中である。彼らは到着するなりデュムーリエに向かって吠え、裏切り者と叫び、彼の首を斬れと要求したのだ。彼らは驚いたことに、まったく孤立してしまった。だれひとり彼らに話しかける者はいない。翌日、将軍の閲兵。彼らの右には大勢の騎兵たちが、いまにも斬り伏せん勢いで白い目を向けている。左側には砲兵たちがちょっと合図があればたちまち砲火をあびせかけんという態勢。さて、軽騎兵を従えデュムーリエがやってくる。彼らに言う。

「諸君はみずからを辱しめた。きみたちのうちに極悪人がいて、きみらに犯罪をそそのかしている。きみたちの手で彼らを追放せよ。いささかでも反抗の様子がみえれば、余はただちにきみらを粉砕するであろう。人殺しや死刑執行人をここにおいておくわけにはゆかぬ……。ありがたくも仲間に入れてもらったこの軍人たちに見ならうならば、余は父親としてきみたちにのぞむであろう」

彼らは一言も発せず、ごく善良な兵士となった。彼らはこの軍隊の精神を体得したのだ。この軍隊は寛仁大度《かんじんたいど》、勇気と人間性という点で真に英雄的であった。のちにプロシア軍が退却するとき、十分その資質はうかがえた。プロシア軍が飢え、病み、青ざめ、足をひきずっていると、フランス兵はこれを憐れみ、彼らを見のがしてやった。降参してきた連中はみな、フランス軍の野営地がドイツ兵の病院に変貌しているのに気づく。そして、彼らの敵はじつは看護兵だと知るのであった。

はじめとても弱かったフランス軍は、そのかわり、プロシア軍よりはるかに敏捷《びんしょう》、かつ機動的であった。ほうぼうに散った部隊を一つにまとめることが当面の課題であったが、まさにそのことを、デュムーリエはまたたく間に、大胆に成しとげた。驚くべき機敏さである。敵の目の前で、アルゴンヌの森の全隘路《あいろ》を掌握したのであった。ムーズ河をこえたオーストリア軍は、すでにこの森に迫っていた。デュムーリエの作戦をさまたげることはなんでもなかったのだ。デュムーリエは攻撃するとみせかけた。オーストリア軍は、またムーズ河の向こうにひきさがった。彼は天王山をいわばごまかし、呆気《あっけ》にとられているオーストリア軍の鼻先で隘路を手に入れたのである〔九月七日〕。メッツ、トゥル、ヴェルダンの豊沃《ほうよく》な地方と、シャンパーニュの荒地とを分かつこのアルゴンヌの一線を死守せねばならぬ。そう確言し、みなの反対をおしきって固執したのはデュムーリエただひとりであった。人々は、シャロン方面へ退却し、マルヌ河の線を守ろうと主張したが、それは通らない。デュムーリエは人々の反対のつぶやきなど、黙殺しえた人であった。ほかの将軍なら、いやいや譲歩せざるをえなかったであろうが、だがデュムーリエは、戦のあいだ彼の言うことを請けあい、支持してくれる人物を身近にもっていた。ヴェスターマンがそれである。——ということは、とりもなおさずダントンを味方にもっていたということである。

ヴェスターマンのあやまちはただ一つ、つぎのようにパリに書きおくったことだ。「アルゴンヌはフランスのテルモピレーとなるでしょう。彼はアルゴンヌを防衛し、しかもレオニダスの非運にはあわぬでしょう」[※7]。フランスのレオニダスは、スパルタのレオニダスと同じく、あやうく命を落とすところであった。すぐれた人物にのみ見うけられる率直さでもって、デュムーリエは自分で告白している、アルゴンヌの通路の一つは防衛に失敗し

※7　スパルタ王レオニダスは、ペルシア王クセルクセスのギリシア侵略軍を、テルモピレーの隘路に迎えうち、裏切りのため腹背に敵をうけ、勇戦して死んだ。

退路を断たれた〔九月十三日〕、と。

副司令官のうちのふたりは退却中、どこへ行ったかさえもデュムーリエにはわからなかった。オーストリア軍が隘路を突破し、かさにかかってくれば、一時はその数一万五千にまで減ったデュムーリエ軍は、どうしようもなかったところだ。オーストリア軍はまた時機を逸した。雨の降りしきる真夜中、デュムーリエはこっそりと退却した。追撃の手がゆるかったので、その間に彼は軍勢をまとめ、レテルからブールノンヴィルのひきいる一万の援軍を迎えたのである。この退却行は二度、わけのわからぬ恐慌に襲われた。移動砲を若干従えた千五百のオーストリア軽騎兵が、その六倍もの部隊をけちらしたのである。もっと悪いことには、三、四十里を逃走した二千の兵隊が、いたるところで軍が壊滅したと吹聴したことであった。その噂《うわさ》はパリにまで伝わり、デュムーリエみずから、事の真相を国民議会に書いてやるまで、人々は不安におののいた。パリの議会と閣僚たちの態度はみなりっぱだった。この二重の災難にもかかわらず、ジロンド派閣僚もダントンもともに、歩調をそろえてデュムーリエを支持した。世論はやはり断固として退却中の将軍の味方だ。退路を断たれたデュムーリエ、追跡される軍隊は、フランスの不敗の真心にささえられ、ふみとどまったのである。

九月十七日、彼はサント＝ムヌウーに陣をかまえた。それに対峙《たいじ》して、プロシア軍は反対側の丘にやってきて陣を張る。これを人よんで月亭《ラ・リューン》（ここにあった旅館の名）の陣と言った。プロシア軍のほうがパリに近く、デュムーリエのほうがドイツに近い。双方どちらが相手を押えているのか、議論の分かれたところだ。「わが軍が敵をパリから孤立させているのだ」、プロシア側はこう言っていた。が、じっさいのところ、プロシア軍の状況はたいへん不利だった。阻止されたこの鈍重な軍隊は、敏捷で戦意に燃えた、しかもぴったり後尾に迫っている敵軍を前にして、容易に前進しえないのであった。糧食は不自由である。輸送隊は遠くドイツから来るしかなく、それは途中で手間どっている。フランスの大地はプロシア軍を拒否し、口にはいるものとては大地自身しかあたえない。この大地を食べたり、粘土をなんとか利用することが彼らにできるだろうか。いかに王の軍隊らしい装備をしているとはいえ、こうなっては、プロシア軍も、道に戦友を捨ててゆく葬列のごときものでしかない。意気沮喪《そそう》もはなはだしかった。この泥だらけのシャンパーニュにのめりこみ、仮借ない雨をあびては、上からも下からも水にたたられ、彼らは進むというよりのろのろ歩むなめくじ同然の惨めさである。

十九日、ケラーマンと合流したデュムーリエは総数七万七千の兵を得た。プロシア軍よりも多い。後者は七万にすぎない。チヨンヴィルやその他の要塞をわきへ打っちゃり、フランスの奥ふかくはいりこんだプロシア軍は、このとき、フランスの一軍がまさしくドイツにはいったことを知った。キュスチーヌがスピールに向かい、十九日これを襲って攻略したのである。マインツとフランクフルトでもキュスチーヌを呼んでいる。革命的なドイツ、いわばもう一つのフランスが、ライン河の向こうからフランスに手をさしのべ、思いもかけず立ち上がったのである。

こちら側では、人民があまり勇躍して戦いに駆けつけるので当局は恐れをなし、後方におしとどめようとする。ほとんど武器をもたぬ雑多な大衆が、同じ地点に向かって急行するのだ。どうして彼らを宿泊させ、食事をあたえるか、見当もつかない。東部、とりわけロレーヌでは、丘々、おもな宿駅は、カエサル時代のむかしの野営地の趣で、切り倒した樹木を大ざっぱに組みあわせて備えとした野営地となった。ヴェルキンゲトリクスならば、これをみて、まさにガリアにいると思ったことであろう。ドイツ兵がこの人民の野営地を通過し、後方に残してゆくとき、彼らはおおいに考えねばならなかった。帰還するときはどうなるだろう。この敵意に満ちた大衆をくぐりぬけて敗走するときは、どんなことになるか。大きな雪どけ水のように、四方八方から大衆はドイツ兵の頭上に襲いかかるのではないか……。彼らはつぎのことに気づいたはずである。すなわち、彼らが相手にしているのは一つの軍隊ではない、フランスそのものを相手にしているのだ、と。これにくらべれば、七万名のドイツ兵の軍隊などなにものであろうか。それは、武装せる人民というこの恐るべき大海のうちに姿を見うしなう渺《びょう》たるしみのような存在にすぎない。

デュムーリエとケラーマンとが合流するのを、なすすべもなく見おくってしまったとき、ドイツ兵たちのいだいた感慨は以上のごときものであった。ほんとうにたいへんなことになったものだ。七年戦争に従軍したアルザス出身の老兵ケラーマンは、デュムーリエに嫉妬心を燃やしており、その指令には頭から従おうとしなかった。で、彼はデュムーリエからすこし離れたところに陣どった。フランス軍とプロシア軍の双方を分かつ谷間、ヴァルミの水車小屋のあるあたり、岬のように、乳首のように突出したところに、彼は陣をかまえたのである。進むにやすく、退《ひ》くにはじつにまずい陣地。ケラーマンがひきかえすのなら、麾下《きか》の軍隊を通すに一つの橋しかなく、これ以上あぶないことはない。退いてデュムーリエの右翼に合流するには沼地にのめりこむしかない。デュムーリエの左翼への道にもまた、沼がありふかい谷間がある。

というわけで、どのみち退却はむずかしい。だが、それだけに戦うには絶好の、思いきった陣地である。プロシア軍がケラーマンの陣に達するのには、どうでも側面からデュムーリエの猛砲火をあびねばならない。勝利か、しからずんば死か、というにはうってつけの場所だ。熱狂せる、しかし戦歴の浅いこの軍隊を戦わせるには、おそらく退路を断ったほうがよかったのだ。

さて相手方のプロシア軍にとっては、これは大きな教訓であり、反省材料であった。つまり、こういう陣をしいた連中は不退転の決意であるということを思い知らねばならなかったのだ。

これはまじめな物語であり、叙事詩風の状況描写はさしひかえよう。たいていの物語作者は、お飾りなしですますにはあまりに惜しいというわけで、この偉大な国民的事績を飾りたてねばならぬと信じてきたのである。われわれはそれをひかえる。まして、万人の栄光であるものを、かくかくの個人の手柄に帰したがる不細工なつくり話は用心して遠ざけねばならない。

ただ一つ、デュムーリエがじっさい果たした役割を語るにとどめたい。ケラーマンはなるほどデュムーリエの言ったのとはちがうところに、彼の指示にそむいて突出部に陣をかまえたのではあったが、デュムーリエは、右翼からも左翼からもこれを熱情をこめて支援したのである。けちな情念とか敵対意識とかいったものはすべて、この偉大な状況のなかにあっては消えさっていたのだ。旧体制下の将軍たちのばあい、同じようなことがおこっただろうか。にわかには信じがたいのである。宮廷人の将軍たちの敵対意識、陰謀が野戦場にまでもちこされ、そのため、いくたびフランスの敗北を招いたことか！

否、すべての人の心は大きくなっていた。彼らは、彼ら自身を超えていた。デュムーリエはもはやいかがわしい男でも、曖昧な人物でもなかった。彼は寛仁で、無私で、英雄的であった。彼は、フランスを救うために、同僚の光栄のためにはたらいた。デュムーリエはその同僚の前線にみずから出馬し、危難を分かちあい、彼を励まし、彼を助けた。ところでケラーマンは、生涯、騎兵将校であり、勇敢だが平凡な将軍であった。しかし、このときはちがっていた。この日、彼は英雄であった。そして、偉大な人民に比肩しうる人物

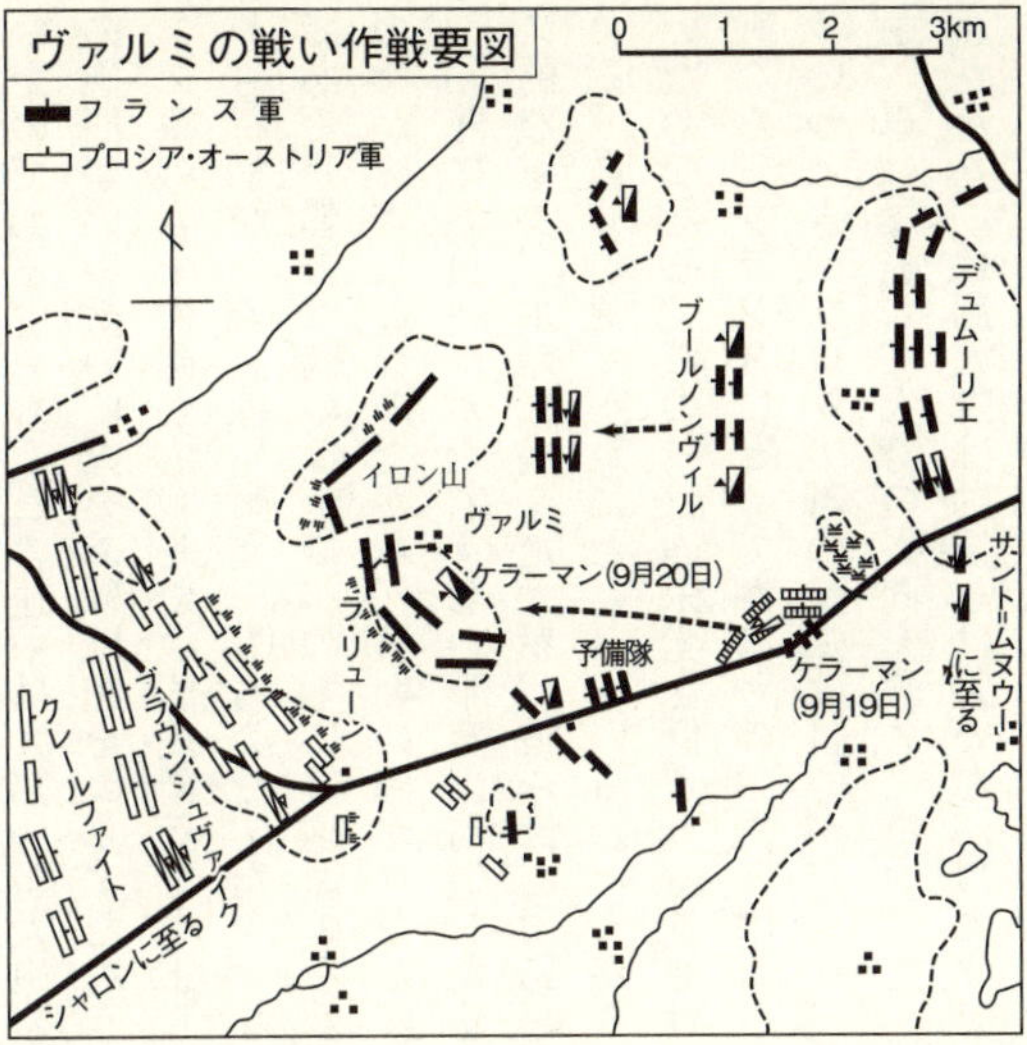

となっていた。というのは、ヴァルミで戦ったのは、軍隊というよりまさしく人民そのものだったからだ。ケラーマンは、たんなる軍人でなく人間であったこの日、彼の俗な魂が一瞬フランスの霊感に打たれたこの日のことを、生涯、愛惜の念とともに思いおこしたのである。彼は、自分の魂がこのヴァルミで眠れるようにと希望した。

プロシア軍は、いまなにものを相手にしようとしているのか完全に知らなかったので、彼らはデュムーリエをとらえたと思い、その退路を断ったと思っていた。亡命貴族たちの言うところの浮浪者、仕立屋、靴職人のこの軍隊は、大あわてでシャロンやランへ逃げこんでしまうものと想像していた。大胆にもこの連中が例のヴァルミの水車小屋に陣どったのをみて、いささか驚いたのである。でも、この連中は大部分が大砲の音を聞いたこともなく、したがって六十の砲門がいっせいに火をふけば胆をつぶすだろう、ぐらいには思っていた。ところがフランス軍の六十の砲が応戦した。国民衛兵をもまじえたこの軍勢は、終日、いかなる戦いよりも苛酷なこの試練に耐え、もちこたえた。すなわち、砲火の下にあってじっと動かぬのである。朝方は靄《もや》のなかで、のちには砲煙のなかでの砲撃。しかし距離はわずかだ。群集のなかに撃ちこむのだから、狙いの確かさなどはどうでもよかった。

初陣に気負いたった若々しい軍勢、前進したくてうずうずしている烈火のようなフランス的な軍勢、生命に満ちた大衆、彼らは、雨あられと降る弾丸をあびてくぎづけになっている。自分の弾丸が敵にとどいているかどうかもわからぬ。おそらく最大の試練をうけていたのである。この一日の栄光を低くみることはまちがいである。攻撃戦、あるいは奇襲戦なら、フランスにとってかほどの栄光とはならなかったであろう。

いっとき、プロシア軍の砲弾は狙いが定まり、混乱をひきおこした。二台の弾薬車に命中、車は爆発し、大勢の人間を殺し、傷つけた。馬車の御者たちは、爆発点からあわてて遠ざかり、数個大隊は動揺しはじめたかのようであった。なお悪いことには、このときちょうど、ケラーマンの馬に弾丸が当たり、彼は地上に投げだされた。彼は沈着冷静に別の馬に乗りかえ、浮足だつ戦線をひきしめた。

プロシア軍は、騎兵に敵前展開させて歩兵を援護せしめ、その歩兵を三つの縦陣にまと

ヴァルミで戦うケラーマンの部隊

めてヴァルミの丘へ前進せしめた〔十一時ごろ〕。ケラーマンは好機いたれりとみて、同じく三つの縦隊を敵に向かってつくりあげ、それから全線に布告した。

「発砲するな。待て。そして銃剣でやつらを迎えるのだ」

しばらく静寂が訪れた。砲煙はいつしか晴れている。プロシア軍はすでに坂をおりきり、フリートリヒの老練な軍隊風の荘重さで中間地帯を横ぎっている。これから坂をのぼってフランス軍におしよせるところだ。

ブラウンシュヴァイクは望遠鏡を向け、そこに、驚くべき、異常な光景をみた。ケラーマンの手本にならい、フランス兵はいっせいに、サーベル、剣、銃剣の切先に帽子をかぶせ、大歓声をあげているのだ……。

三万人の雄叫びは谷間いっぱいにひろがった。歓喜の叫びのようではあるが、驚くべく長い。十五分はたっぷりつづいている。いったん終わると、また前に増した勢いでふたたびはじまる。大地は、ために震えた……。その声は、

「国民万歳《ヴィヴ・ラ・ナシヨン》！」

プロシア軍の兵士たちは確固とした足どり、暗い表情で丘をのぼってくる。個々の兵士はいかに確固としているにせよ、戦線全体はぐらついていた。ときおり空隙ができ、またそれを埋める。というのは、左のほう、デュムーリエの陣から撃ちだす弾丸の雨に見まわれたからだ。

ブラウンシュヴァイクはこの無益な殺戮《さつりく》を中止させた。そして引きあげのラッパを吹かせた。

才知あり経験を積んだ将軍は、正面に対した軍隊のなかに、宗教戦争以来ほとんどみかけたことのない一現象——すなわち狂信者の軍隊をみてとったのであった。そして、いざというときは、これは殉教者の軍隊となる。将軍は、亡命貴族たちにさからい、いつも国王に言っていたこと、すなわち、この作戦は困難であること、この機にプロシアは北方へのびるべきだのに、この連中とここでかかわりあうのは無益でもあり、無謀でもあるということを、王に向かい繰り返し言ったのであった。

王はとても不機嫌になり、立腹した。四時か五時ごろになると、王もこの果てしない砲

撃にうんざりしてきた。こんなことをしていても、敵を戦争に慣れさせるぐらいが落ちである。彼はブラウンシュヴァイクには相談せずに、突撃ラッパを吹かせた。

王はみずから、参謀をつれ、敵陣に近づき、間近にこれら激昂者、未開人の顔をみた。彼は、彼の勇敢で従順な歩兵をヴァルミの丘のほうへ前進させ、散弾の雨をあびさせた。こうして前へ進みながら、王は丘の上で待ちかまえている連中の断固たる態度をあらためて確認した。

この連中は、何時間も前から耳にしている砲撃の音には慣れてしまい、それをはや愚弄しだしている。

フランス側の全戦線には、目にみえて一種の安心感がただよっている。この若々しい軍隊の頭上には、なにかしら英雄的な微光のごときものがたゆとうている。プロシア王には何一つのみこめない〔ただ、プロシアへもどらねばならないということ以外には〕。

この微光とは、「信仰」である。

そして、高みから王を見おろしているこの陽気な軍隊、それはすでに共和国の軍隊なのであった。

九月二十日、ヴァルミの勝利により確立された共和国は、二十一日、パリの国民公会によって正式にその成立を宣言された。

本作品は、一九七九年一二月に中央公論社より刊行された中公バックス〈世界の名著〉48『ミシュレ』（責任編集　桑原武夫）をこのたび、文庫化に際して分冊し、巻末に新たに解説を付記したものです。

中公文庫

フランス革命史《かくめいし》 (上《じょう》)

2006年12月20日　初版発行
2025年 8 月30日　4 刷発行

著　者　ジュール・ミシュレ
訳　者　桑原《くわばら》 武夫《たけお》
多田《ただ》道太郎《みちたろう》
樋口《ひぐち》 謹一《きんいち》

発行者　安 部 順 一

発行所　中央公論新社
〒100-8152　東京都千代田区大手町1-7-1
電話　販売 03-5299-1730　編集 03-5299-1890
URL https://www.chuko.co.jp/

DTP　平面惑星
印　刷　三晃印刷
製　本　フォーネット社

Published by CHUOKORON-SHINSHA, INC.
Printed in Japan　ISBN978-4-12-204788-4 C1122

モ-5-6
ルネサンスの歴史（下） 反宗教改革のイタリア
I・モンタネッリ　R・ジェルヴァーゾ　藤沢道郎 訳
政治・経済・文化に撩乱と咲き誇ったイタリアは、宗教改革と反宗教改革を分水嶺としてヨーロッパ史の主役から舞台装置へと転落する。〈解説〉澤井繁男
206283-2

フ-10-1
ヨーロッパ諸学の危機と超越論的現象学
E・フッサール　細谷恒夫　木田元 訳
著者がその最晩年、ナチス非合理主義の嵐が吹きすさぶなか、近代ヨーロッパ文化形成の歴史全体への批判として秘かに書き継いだ現象学的哲学の総決算。
202339-0

モ-1-2
ユートピア
トマス・モア　澤田昭夫 訳
十六世紀の大ヒューマニストが人間の幸福な生き方と平和な社会のあり方を省察し、理想を求め続ける全ての人々に訴えかける古典の原典からの完訳。
201991-1

か-56-1
パリ時間旅行
鹿島茂
オスマン改造以前、19世紀パリの原風景へと誘うエッセイ集。ボードレール、プルーストの時代のパリが鮮やかに甦る。図版多数収載。〈解説〉小川洋子
203459-4

か-56-2
明日は舞踏会
鹿島茂
19世紀パリ、乙女たちの憧れは華やかな舞踏会！　フロベール、バルザックなどの作品を題材に、当時の女性の夢と現実を活写する。〈解説〉岸本葉子
203618-5

か-56-3
パリ・世紀末パノラマ館 エッフェル塔からチョコレートまで
鹿島茂
19世紀末、先進、躍動、享楽、芸術、退廃が渦巻く幻想都市パリ。その風俗・事象の変遷を遍く紹介する魅惑の時間旅行。図版多数。〈解説〉竹宮惠子
203758-8

か-56-4
パリ五段活用 時間の迷宮都市を歩く
鹿島茂
マリ・アントワネット、バルザック、プルースト――パリには多くの記憶が眠る。食べる、歩くなど八つのテーマでパリを読み解く知的ガイド。〈解説〉にむらじゅんこ
204192-9

か-56-7
社長のためのマキアヴェリ入門
鹿島茂
マキアヴェリの『君主論』の「君主」を「社長」と読み替えると超実践的なビジネス書になる！　現代の君主＝社長を支える実践的な知恵を引き出す。〈解説〉中條高徳
204738-9

各書目の下段の数字はISBNコードです。978－4－12が省略してあります。

か-56-8
クロワッサンとベレー帽　ふらんすモノ語り
鹿島　茂
「上等舶来」という言葉には外国への憧れが込められている。シロップ、コック帽などの舶来品のルーツを探るコラム、パリに関するエッセイを収録。〈解説〉俵　万智
204927-7

か-56-9
文学的パリガイド
鹿島　茂
24の観光地と24人の文学者を結ぶことで、パリの文学的トポグラフィが浮かび上がる。新しいパリが見つかる、鹿島流パリの歩き方。〈解説〉雨宮塔子
205182-9

か-56-10
パリの秘密
鹿島　茂
エッフェル塔、モンマルトルの丘から名もなき通りの片隅まで……時を経てなお、パリに満ちる秘密の香り。夢の名残を追って現代と過去を行き来する、瀟洒なエッセイ集。
205297-0

か-56-11
パリの異邦人
鹿島　茂
訪れる人に新しい生命を与え、人生を変えてしまう街――パリ。リルケ、ヘミングウェイ、オーウェルら、触媒都市・パリに魅せられた異邦人たちの肖像。
205483-7

か-56-12
昭和怪優伝　帰ってきた昭和脇役名画館
鹿島　茂
荒木一郎、岸田森、川地民夫、成田三樹夫……。今なお眼に焼き付いて離れない昭和の怪優十二人を、映画狂・鹿島茂が語り尽くす！　全邦画ファン、刮目せよ！
205850-7

か-56-13
パリの日本人
鹿島　茂
西園寺公望、成島柳北、原敬、獅子文六……。最盛期のパリを訪れた日本人が見たものとは？　文庫用に新たに「パリの昭和天皇」収録。〈解説〉森まゆみ
206206-1

ホ-1-5
中世の秋（上）
ホイジンガ　堀越孝一訳
二十世紀最高の歴史家が、フランスとネーデルラントにおける実証的調査から、中世人の意識と中世文化の生活と思考の全像を精細に描いた不朽の名著。
206666-3

ホ-1-6
中世の秋（下）
ホイジンガ　堀越孝一訳
歴史家ホイジンガが十四、五世紀をルネサンスの告知とはみず、すでに過ぎ去ったものが死滅する時季と捉え取り組んだ、ヨーロッパ中世に関する画期的研究書。
206667-0

ホ-1-7
ホモ・ルーデンス
ホイジンガ
高橋英夫 訳
人間は遊ぶ存在である——人間のもろもろのはたらき、生活行為の本質は、人間存在の根源的な様態は何か、との問いに対するホイジンガの結論が本書にある。
206685-4

マ-10-1
疫病と世界史（上）
W・H・マクニール
佐々木昭夫 訳
疫病は世界の文明の興亡にどのような影響を与えてきたのか。紀元前五〇〇年から紀元一二〇〇年まで、人類の歴史を大きく動かした感染症の流行を見る。
204954-3

マ-10-2
疫病と世界史（下）
W・H・マクニール
佐々木昭夫 訳
これまで歴史家が着目してこなかった「疫病」に焦点をあて、独自の史観で古代から現代までの歴史を見直す好著。紀元一二〇〇年以降の疫病と世界史。
204955-0

マ-10-3
世界史（上）
W・H・マクニール
増田義郎
佐々木昭夫 訳
世界の各地域を平等な目で眺め、相関関係を分析しながら歴史の歩みを独自の史観で描き出した、定評ある世界史。ユーラシアの文明誕生から紀元一五〇〇年までを彩る四大文明と周縁部。
204966-6

マ-10-4
世界史（下）
W・H・マクニール
増田義郎
佐々木昭夫 訳
俯瞰的な視座から世界の文明の流れをコンパクトにまとめ、歴史のダイナミズムを描き出した名著。西欧文明の興隆と変貌から、地球規模でのコスモポリタニズムまで。
204967-3

マ-10-5
戦争の世界史（上）技術と軍隊と社会
W・H・マクニール
高橋均 訳
軍事技術は人間社会にどのような影響を及ぼしてきたのか。大家が長年あたためてきた野心作。上巻は古代文明から仏革命と英産業革命が及ぼした影響まで。
205897-2

マ-10-6
戦争の世界史（下）技術と軍隊と社会
W・H・マクニール
高橋均 訳
軍事技術の発展はやがて制御しきれない破壊力を生み、人類は怯えながら軍備を競う。下巻は戦争の産業化から冷戦時代、現代の難局と未来を予測する結論まで。
205898-9

コ-7-3
若い読者のための世界史 改訂版
E・H・ゴンブリッチ
中山典夫 訳
『美術の物語』の著者がやさしく語りかけるように、時代を、出来事を、そこに生きた人々を活写する。各国で読みつがれてきた〝物語としての世界史〟の古典。
207277-0